利益相关者视角的
社会服务项目循证评估研究

Research on Evidence-based
Evaluation of Social Service Projects
from the Perspective of Stakeholder Theory

戴 洁 著

上海社会科学院出版社
SHANGHAI ACADEMY OF SOCIAL SCIENCES PRESS

图书在版编目(CIP)数据

利益相关者视角的社会服务项目循证评估研究 / 戴洁著. — 上海：上海社会科学院出版社，2024
ISBN 978-7-5520-4369-3

Ⅰ.①利… Ⅱ.①戴… Ⅲ.①社会服务—项目管理—研究—中国 Ⅳ.①C916.2

中国国家版本馆CIP数据核字(2024)第077325号

利益相关者视角的社会服务项目循证评估研究

著　　者：戴　洁
责任编辑：周　萌
封面设计：杨晨安
出版发行：上海社会科学院出版社
　　　　　上海顺昌路622号　邮编200025
　　　　　电话总机021-63315947　销售热线021-53063735
　　　　　https://cbs.sass.org.cn　E-mail:sassp@sassp.cn
排　　版：南京展望文化发展有限公司
印　　刷：上海龙腾印务有限公司
开　　本：710毫米×1010毫米　1/16
印　　张：16
字　　数：281千
版　　次：2024年6月第1版　2024年6月第1次印刷

ISBN 978-7-5520-4369-3/C·232　　　　　　　　定价：98.00元

版权所有　翻印必究

国家社科基金后期资助项目
出版说明

后期资助项目是国家社科基金设立的一类重要项目,旨在鼓励广大社科研究者潜心治学,支持基础研究多出优秀成果。它是经过严格评审,从接近完成的科研成果中遴选立项的。为扩大后期资助项目的影响,更好地推动学术发展,促进成果转化,全国哲学社会科学工作办公室按照"统一设计、统一标识、统一版式、形成系列"的总体要求,组织出版国家社科基金后期资助项目成果。

全国哲学社会科学工作办公室

前　言

　　本书从利益相关者视角探讨社会服务项目的循证评估。伴随着现代福利国家的建设,社会服务项目已被纳入社会福利制度的设置,其规模、投入、影响力持续增强,且呈现出建制化的趋势。同时,组织实施社会服务的第三部门、社会服务的从业人士不断专门化、专业化、职业化,使得社会服务项目已成为公共福利投入的重要领域。社会服务项目的循证评估,与项目立项决策科学化、项目过程管理规范化一道成为对项目科学性、合理性、有效性进行判断的重要依据。

　　社会服务项目由立项决策、服务开展、结果产出、目标达成等内容构成,并非一个简单系统,而是由多元利益主体共同构成的复杂系统。因此,对于社会服务项目的循证评估,并不能仅由某一个利益相关主体提供的信息作为全部依据,而是要辨析出项目的主要利益主体,并寻求不同利益主体针对社会服务项目的评价信息,由此综合地评估项目的科学性、合理性、有效性等。

　　本书以H市在农村福利院开展院舍社会工作项目为依托,运用集中座谈、访问问卷、深度访谈等方法,分析了在此社会服务项目中四类主要的利益主体,即:作为项目决策方、出资方、监管方、评估方的政府职能部门;作为项目接收方与协同方的农村福利院;作为项目执行方与实施方的社会工作服务机构及其派出的社会工作者;作为项目目标群体的生活在农村福利院中的老人。

　　以农村福利院院舍社会工作项目为依托,四类利益主体之间建构起了一种联结,它们拥有一个共同的任务目标,因而在各司其职的同时,需要协同合作:一是项目立项与执行的合作,在政府立项的基础上,需要有资质的社会工作服务机构承接项目,且政府负责有效地监管;二是项目实施过程中,执行项目的社会工作服务机构与接收项目的农村福利院之间的合作与协同,以确保项目顺利实施;三是需要政府对社会工作服务机构与农村福利院间的关系进行协调;四是项目目标群体的主动认知、积极参与,这是确保项目能获得成效的前提条件。

上述四类主体之间在相互合作的同时,亦存在博弈。四类利益主体与项目间的关联方式及其在项目系统中所处的位置各不相同,在项目立项、投入、运行、产出等过程中扮演的角色不同,对项目实施及其结果的影响也不尽相同。由此,四类利益主体对于项目的需求与期待存在差异,进而具有了各自的立场。

其一,政府职能部门。作为项目决策方与监管方,政府职能部门对于农村福利院院舍社会工作项目的评估,主要在于判断项目是否达成立项决策时预期的政策目标,其评估要点包括:一方面,加快农村福利院的管理改革,完善福利院内部管理制度、提升福利院的现代化管理水平;另一方面,提升农村福利院的养老服务能力,使福利院成为农村养老服务体系的有机组成部分,为有需要的老人提供适宜的养老院舍服务。

其二,农村福利院。作为项目接收方与承载方,农村福利院对于院舍社会工作项目的评估,主要在于判断项目是否有利于农村福利院的发展与提升,其评估要点包括:一方面,要改善农村福利院的管理水平和服务质量,使福利院更能得到老年人的认可和满意,老人们愿意到福利院中养老;另一方面,要提高农村福利院中管理者和工作者的能力,使原有在福利院中工作的人员,在职业能力和水平上获得一定的发展。

其三,社会工作机构及其派出的社会工作者。作为项目执行团队,社会工作机构及其派出的社会工作者对于农村福利院院舍社会工作项目的评估,主要在于判断项目执行程度与完成效果,即:一方面,就项目执行过程而言,服务需要符合规范要求,要有专业理论作指导和确定的服务流程与服务方法;另一方面,就项目执行结果而言,需要完成约定的指标与产出,达成良好的服务效果,并提升团队凝聚力、促进团队成员的能力成长。

其四,农村福利院的老年人。作为项目的目标群体,农村福利院的老年人对于院舍社会工作项目的评估,主要在于判断项目对于他们需求的满足程度:一是对于项目提供服务的过程是否满意,是否与社会工作者建立起和谐关系;二是对于项目服务提供的内容是否满意,通过项目开展,是否提升了老年人在福利院中的生活质量;三是对于项目服务持续性的态度,是否愿意持续接受项目提供的服务。

以上四类主要的利益主体,在院舍社会工作项目中,各自扮演不同角色,期望达到的目标也有差异,因而,围绕项目形成了一定的博弈互动。

其一,决策方与执行方的博弈互动。一是价值性目标与工具性目标的博弈。政府期待价值性目标,即以项目推进农村福利院改革成效,而社会工作机构则更关注完成项目的工具性指标。二是服务与监管的博弈。社会工作机构具体提供服务,政府则对社会工作机构提供的服务进行监管,两者也存在博弈互动。

其二,执行方与接收方的博弈互动。一是互相竞争。社会工作机构派出的社会工作者进驻农村福利院,为福利院中的老年群体提供了社会工作服务。尽管社会工作服务与原有福利院中的日常生活照顾服务存在显著的差异性,但因两者面对的服务对象相同,而且服务内容也有交叉重叠,福利院中的管理者和工作者感受到了竞争的压力。二是互相监督。因农村福利院中出现两个提供服务的主体,彼此之间有观察和监督,这使双方感受到了压力。

其三,服务提供者与目标群体间的博弈互动。尽管项目旨在为目标群体提供更好的服务,但是由于受到服务形式、服务内容、服务提供者的专业能力和水平以及环境条件等的限制,可能对于目标群体的某些独特需求难以实现和满足。而在目标群体看来,若项目服务不能以他们期望的方式满足其迫切的需求,则对项目感到有所失望,这反过来又使项目执行团队受到挫败或感到信心匮乏。

尽管不同利益主体在农村福利院院舍社会工作项目中,因各自立场不同而产生了一定的博弈互动关系,但整体而言,各方对于期望项目持续则表现出超越各自立场的共识。一方面,他们支持和赞同农村福利院院舍社会工作项目的持续开展,肯定它是一项极具创新意义的农村院舍养老改革实践,值得坚持,并以此为依托,应不断探索改革和完善农村养老服务体系的有效路径。另一方面,社会服务项目需要在不断探索和实践中持续优化。具体而言:一是政府职能优化,在支持社会服务机构发展、推进政府职能转型的同时,在社会服务项目实施的过程中,更好地发挥监管与协调的功能;二是项目协同优化,执行项目的社会服务机构与接收项目的农村福利院之间需更多地沟通和协同,才能顺利推进项目的开展;三是优化专业服务,社会服务机构的社会工作者与农村福利院的工作者,皆需不断提升专业服务能力和水平,以提升农村综合养老服务质量。

综上,伴随社会服务项目日益建制化和专业化,需要对社会服务项目展开科学评估。本书基于利益相关者视角,依据循证评估理论,在H市农村福利院院舍社会工作项目的实证调研中,发现四类主要的利益相关主体,围绕着项目形成既合作又博弈的关系。在项目完成一个周期的服务之后,他们基于自身立场给出不同的评估信息;但整体而言,他们对项目的可持续性持赞同态度,同时期待项目持续优化。

目　　录

前　言 ·· 1

第一章　社会服务项目的缘起与发展背景 ······························ 1
　第一节　社会问题与社会福利设置 ···································· 1
　　一、社会问题与干预 ·· 2
　　二、社会福利设置 ·· 5
　第二节　社会治理与社会服务项目 ···································· 9
　　一、社会治理改革 ··· 10
　　二、社会服务项目 ··· 19
　第三节　社会组织与社会工作服务 ··································· 23
　　一、社会组织发展 ··· 23
　　二、社会工作服务 ··· 28

第二章　社会服务项目循证评估的理论与方法 ······················· 31
　第一节　循证评估理论：项目循证依据 ······························ 31
　　一、项目的有效性：绩效考量 ······································ 33
　　二、项目的正当性：问责制度 ······································ 38
　　三、项目的认可度：环境适应 ······································ 41
　第二节　利益相关者理论：主体间合作博弈 ·························· 45
　　一、利益相关者分析 ··· 46
　　二、利益相关者关系 ··· 48
　　三、利益相关者结构 ··· 50
　第三节　循证评估的研究方法 ······································· 54
　　一、研究对象 ··· 54
　　二、访谈方法 ··· 55
　　三、问卷方法 ··· 56

第三章 社会服务项目的样本固定 ……………………………… 57
第一节 农村五保制度与福利院设置 ……………………………… 57
一、农村社会福利院的建设 ……………………………… 57
二、农村社会福利院的管理 ……………………………… 60
三、农村社会福利院的服务 ……………………………… 67
第二节 院舍社工项目所在的农村福利院 ……………………… 69
一、农村福利院的院舍与设施 …………………………… 69
二、农村福利院的管理与工作者 ………………………… 73
三、农村福利院居住的老年群体 ………………………… 74
第三节 承接院舍社工项目的社会服务机构 …………………… 76
一、承接项目的社会工作服务机构 ……………………… 76
二、运行项目的社会工作者 ……………………………… 77
三、项目提供的社会工作服务 …………………………… 80

第四章 决策方的循证评估机理 ……………………………… 83
第一节 评估立场：项目的立项决策 …………………………… 83
一、支持乡村社会发展的背景 …………………………… 84
二、农村福利院的现状与困境 …………………………… 92
三、农村福利院改革的政策 ……………………………… 93
第二节 评估路径：项目协调与监管 …………………………… 95
一、确定项目服务的重点内容 …………………………… 95
二、协调项目接收方的配合 ……………………………… 98
三、选择项目执行方与监管 ……………………………… 102
第三节 决策方立场的循证评估结果 …………………………… 104
一、项目整体的结果与效果 ……………………………… 105
二、决策方关注的项目欠缺 ……………………………… 111
三、决策方建议的项目优化 ……………………………… 112

第五章 接收方的循证评估机理 ……………………………… 115
第一节 评估立场：项目接收与协同 …………………………… 115
一、农村福利院需求的变迁 ……………………………… 116
二、农村福利院对项目的理解 …………………………… 121
三、农村福利院对项目的接收 …………………………… 123
第二节 评估路径：与执行方的互动 …………………………… 125

一、社会工作者的入驻安排 …………………………………… 125
　　二、项目实施过程中的关系 …………………………………… 129
　　三、项目实施过程中的互动 …………………………………… 132
　第三节　接收方立场的循证评估结果 ………………………… 135
　　一、项目对于农村福利院的益处 ……………………………… 135
　　二、接收方关注的项目欠缺 …………………………………… 139
　　三、接收方建议的项目优化 …………………………………… 140

第六章　执行方的循证评估机理 …………………………………… 143
　第一节　评估立场：项目的承接与执行 ……………………… 143
　　一、项目的投标与招募 ………………………………………… 146
　　二、项目的培训与督导 ………………………………………… 149
　　三、项目的沟通与互动 ………………………………………… 151
　第二节　评估路径：项目的实施开展 ………………………… 154
　　一、社会工作者的应聘与入驻 ………………………………… 156
　　二、社会工作服务的开展 ……………………………………… 159
　　三、社会工作者的环境适应 …………………………………… 165
　第三节　执行方立场的循证评估结果 ………………………… 167
　　一、项目对于执行团队的益处 ………………………………… 167
　　二、执行方关注的项目困难 …………………………………… 171
　　三、执行方建议的项目优化 …………………………………… 174

第七章　目标群体的循证评估机理 ………………………………… 177
　第一节　评估立场：项目的目标群体 ………………………… 177
　　一、福利院老年人的类型 ……………………………………… 178
　　二、福利院老年人的特征 ……………………………………… 179
　　三、福利院老年人的需求 ……………………………………… 186
　第二节　评估路径：感受项目的服务 ………………………… 188
　　一、目标群体对于项目服务的认知 …………………………… 188
　　二、目标群体对于项目服务的体验 …………………………… 191
　　三、目标群体对于项目服务的认同 …………………………… 199
　第三节　目标群体立场的循证评估结果 ……………………… 201
　　一、项目对于目标群体需求的满足 …………………………… 202
　　二、目标群体关注的项目欠缺 ………………………………… 206

三、目标群体建议的项目优化 …………………………………… 208

第八章 利益相关主体参与循证评估的基本特征 …………… 210
第一节 利益相关主体的分化立场 …………………………… 213
一、项目利益主体多元化 ………………………………………… 213
二、利益主体的不同立场 ………………………………………… 214
第二节 利益相关主体的合作博弈 …………………………… 217
一、利益主体间的合作 …………………………………………… 217
二、利益主体间的博弈 …………………………………………… 218
第三节 利益相关主体的共识达成 …………………………… 219
一、社会服务项目的持续 ………………………………………… 219
二、社会服务项目的优化 ………………………………………… 219

第九章 社会服务项目循证评估的未来展望 ………………… 221
第一节 社会服务项目循证评估的特点 ……………………… 221
一、采用实证研究方法 …………………………………………… 222
二、研究与实践的循环 …………………………………………… 225
三、标准化框架与流程 …………………………………………… 226
第二节 社会服务项目循证评估的局限 ……………………… 230
一、行动主体的缄默 ……………………………………………… 230
二、情境场域的隐没 ……………………………………………… 232
三、价值关怀的退却 ……………………………………………… 233
第三节 社会服务项目循证评估的优化 ……………………… 235
一、行动主体的回归 ……………………………………………… 235
二、情境场域的显现 ……………………………………………… 236
三、价值伦理的观照 ……………………………………………… 238

结 语 ………………………………………………………………… 240

第一章　社会服务项目的
　　　　缘起与发展背景

　　社会成员的美好生活需求,与社会福利(welfare)和福祉(well-being)密切关联。比如:生活的物质基础,如工作和收入;生活所需的服务,如教育和医疗;良好的生活环境,如自然生态和公共安全;生活中重要而无形的精神文明和文化等;它们共同构成美好生活的重要内涵。社会福利,是指"国家和社会通过社会化的福利设施和有关福利津贴,以满足社会成员的生活服务需要并促使其生活质量不断得到改善的一种社会政策"[①]。在社会福利体系中,社会服务是一种实现社会福利的形式。

　　社会服务通常有广义和狭义两种界定。一是广义的社会服务,是指面向普通群体的、具有普遍福利性质的服务,如教育、就业、住房、医疗、康乐等社会服务;二是狭义的社会服务,是指面向脆弱群体的、具有特定救助性质的服务,如老年人照料、康复服务、家庭干预和治疗、社区矫正服务等。以项目形式提供社会服务被称为社会服务项目,常指政府、企业或基金会等项目决策机构和出资者,经由一定的程序确定项目,并委托或资助第三部门的社会组织,承接和开展专业性、公益性的社会服务。

第一节　社会问题与社会福利设置

　　工业革命不仅使经济生产方式发生了根本性变革,而且深刻地改变了人们的社会生活方式。在传统农业社会中,土地是主要的生产资料与物质生活的来源,在土地上日复一日地耕作是社会成员的主要生产与生活方式。然而,科学技术革命推动了机器化的工业生产,城市中建起了密集的工厂,需要大规模的劳动人口在专业化劳动分工的基础上开展协同生产并高效率

---

① 郑功成:《社会保障学:理念、制度、实践与思辨》,商务印书馆2020年版,第19页。

地产出工业产品。在此背景之下，原本附着于土地的劳动者，纷纷主动或被动地流向城市，在工厂中从事生产与劳作。由此，城市人口快速增长，同时出现了一系列的社会问题。

一、社会问题与干预

在现代社会中，人们通常将自身在社会生活中遇到的烦忧与困扰，归结为个体性的因素或具体化的情境，并在面对困境时感到迷茫困惑和无能为力。在米尔斯看来，这是因为"普通人所直接了解及努力完成之事总是由他个人生活的轨道界定"[①]，"人们一般不是根据历史的变迁与制度的冲突来确定他们所遭受的困扰。他们一般不将自己所享受的幸福生活归因于他们所处社会的大规模起伏变动。因为他们对自身生活模式与世界历史的潮流之间错综复杂的联系几乎一无所知"[②]。这意味着日常生活中的个体普遍缺乏一种对于社会整体的想象力。

社会想象力是将个体生活中发生的事件与隐藏在个体之后的、却又深刻影响个体生存与生活的社会力量联结起来的能力，使个体能从时代性的背景和制度性的安排之中理解自己正在经历和体验的社会生活。米尔斯指出："运用社会学的想象力所作的最有成果的区分是'环境中的个人困扰'和'社会结构中的公共议题'。"[③]前者主要指由于个体自身的原因及个体身处的具体情境所产生的困扰问题；后者则超越了个体的内在世界及其局部环境，关涉一定数量规模的社会成员与社会组织，他们共同感到他们所珍视的某种价值受到了威胁，即成为一种社会整体失调的问题，且需要以集体行动的干预予以调整和缓解。[④]

在工业革命早期，新的科技革命推动机器化大生产，城市需要大规模的劳动人口，但是当数量巨大的劳动者从乡村进入城市之后，却发现社会生活成了一个严峻的问题，因为当时的城市并无良好的设施和条件容纳快速涌入的人口。恩格斯指出：在生产中，劳动者受到资本家的严重剥削；在生活中，工人的衣食住行，无不处在捉襟见肘、难以为继的境地。"伦敦有 50 000 人每

---

① [美] C.赖特·米尔斯：《社会学的想象力》，陈强、张永强译，生活·读书·新知三联书店 2016 年版，第 3 页。
② [美] C.赖特·米尔斯：《社会学的想象力》，陈强、张永强译，生活·读书·新知三联书店 2016 年版，第 3~4 页。
③ [美] C.赖特·米尔斯：《社会学的想象力》，陈强、张永强译，生活·读书·新知三联书店 2016 年版，第 8 页。
④ [美] C.赖特·米尔斯：《社会学的想象力》，陈强、张永强译，生活·读书·新知三联书店 2016 年版，第 8~9 页。

天早晨醒来都不知道下一夜将在什么地方度过。"①

不仅如此,劳动者缺乏受教育的机会,"教育设施和人口数目比起来,少得很不相称。……没有一个地方实行义务教育。此外,有大批的儿童整个星期都在工厂和家里工作,因而不能上学"②。同时,过度劳累的工作和朝不保夕的生活,严重损毁着劳动者的道德意识与情感,"如果一个人从童年起就每天有 12 小时或 12 小时以上的时间从事于制针头或锉齿轮,再加上像英国无产者这样的生活条件,那么,当他活到 30 岁的时候,也就很难保留下多少人的感情和能力了"③。当时城市中严重的犯罪行为与此密切关联。

食不果腹、衣不蔽体、居无定所的贫困,加之时刻受到失业、生病、死亡等威胁,大量劳动者的生活陷入困顿之中,"工人不但没有吃的,而且也没有住的,只好成为流浪汉了,而根据法律,流浪汉是毫不容情地要被送到监狱里去关一个月的"④。艰难的生活不断引发劳动者的反抗,"鞭子对一个注定流浪和贫穷的男人来说并不可怕"⑤。当社会中出现了大规模的贫穷、生活难以为继的群体,且他们在密集的城市空间中聚集时,其问题并非由个体原因所导致,而主要是社会结构、条件、环境性因素的结果。

在现代国家对社会贫困等问题实施制度性的干预之前,由于个体因素或环境原因而身陷困境的人们能得到救助的途径主要有以下几种。

血缘共同体的救助。传统社会以家庭、家族、亲属为核心关系建构的生活共同体中,血缘是互助的基础,家庭、家族和亲属是最重要的互助群体。家族中经济条件好、社会地位高的成员,有义务帮助生活困难的家族成员,包括物质生活的接济及对儿童的抚养、病人的看护、老人的照料等。

地缘群体的救助。在同一城邦、村庄中共同生活的社会成员有互相扶助的义务。《孟子·滕文公》有云:"乡田同井、出入相友、守望相助、疾病相扶持。"在西方中世纪的诸多城邦法规中,共同生活在城邦的人们应履行互相帮助的誓约,城邦内的所有市民应当基于友爱相互扶助。"城墙使他们获得了共同的利益时,他们不久便懂得,他们此后既能抵抗内部的敌人(领主)的侵害,也能击退异族敌人的侵袭。自由的新生活开始在有防御设备的地

---

① 朱秀梅:《解读〈英国工人阶级状况〉》,吉林出版集团股份有限公司 2014 年版,第 49~50 页。
② 朱秀梅:《解读〈英国工人阶级状况〉》,吉林出版集团股份有限公司 2014 年版,第 60 页。
③ 朱秀梅:《解读〈英国工人阶级状况〉》,吉林出版集团股份有限公司 2014 年版,第 65 页。
④ 朱秀梅:《解读〈英国工人阶级状况〉》,吉林出版集团股份有限公司 2014 年版,第 49 页。
⑤ Trattner, W. I.: *From Poor Law to Welfare State: A History of Social Welfare in America*, New York: The Free Press, 1989, p.9.

区中发展起来。这样就诞生了中世纪的城市。"①

行业团体的救助。同一行业的从业者自发组织的行业团体,在西方中世纪的社会生活中发挥着重要的救助功能。在中世纪的行会中,"如果一个会友的房子被烧掉了,或者他的船遭了难,以及他在朝香的旅途中遭遇了不幸,那么所有的会友都必须帮助他。如果一个会友患了重病,就必须有两个会友在床边看护他,直到他脱离危险;如果他死了,……在他死后,如果需要的话,他们还必须抚养他的子女,他的寡妻则时常成为行会的一个姊妹"②。

宗教团体的救助。在人类社会中,宗教团体一直是社会救助、慈善与救济的重要力量。如中国古代的寺院,"唐代寺院设立的悲田院专门关注那些老而无依者,饥饿施粥,有病给药,死则安葬。而从悲田院这些慈善职能中分离出来的'医院',则对灾民中的病号进行集体熬药救治"③。又如西方中世纪的基督教教会,教区会将其什一税收入的 1/4 或 1/3 用于救济穷人,修建救济院、医院、精神病院、罪犯赎罪机构等。④

综上,在传统农业文明时代,社会成员被土地所束缚,生活居住地相对稳定。对于生活陷入困顿之中的人们,血缘、地缘、行业、宗教团体所给予的援助是主要的社会救助来源。但是,工业革命之后,工业化生产集中在城市且不受土地的约束,人口的流动性极大增强。离开家乡的居住地,意味着在一定程度上与原有的血缘、地缘、行业、宗教等社会团体相分隔,不再能享有它们所能提供的帮助和救济,因而个体成员在面临困境时可能遭遇的风险迅速增加。

当城市中聚集大规模人口,他们由于工作和生活的基本条件难以得到保障而深陷贫困、疾病、失业等困境,会引发犯罪率快速上升。这时,传统的救助方式已不能有效应对新出现的社会问题,需要国家和政府提供制度化的保障,制定法律和政策等进行干预。在西方早发展国家,伴随工业化、城市化迅速扩张的步伐,国家对社会事务的管理和社会问题的干预亦在相应地推进,相继颁布社会救济、社会慈善、社会保险等法律法规和政策。例如,德国在 19 世纪末通过三大社会保险法,1911 年英国颁布国民保险法,1935 年美国通过社会保障法等。西方主要发达国家相继建立起了现代的社会保障制度。

---

① [俄]克鲁泡特金:《互助论》,李平沤译,商务印书馆 1963 年版,第 158 页。
② [俄]克鲁泡特金:《互助论》,李平沤译,商务印书馆 1963 年版,第 164~165 页。
③ 龚汝富:《浅议中国古代社会保障体系》,《光明日报》2001 年 12 月 4 日。
④ Popple, P. R. and L. Leighninger: *Social Work, Social Welfare, and American Society*, Boston: Allyn and Bacon, 1990, p.106.

社会保障制度，是指国家通过制定正式的法律、法规和政策，不断保障与满足社会成员的基本生活需要的制度体系。一方面，社会保障具有显著的救助功能，由国家通过法律法规界定有特殊困难的群体，比如儿童、老年人、严重病患者、失业者等，以制度化的方式给予其收入补助等，保障其生活安全。另一方面，社会保障具有预防功能，以建立养老保险、医疗保险、失业保险、工伤保险、生育保险等社会保险制度为核心，政府和个人共同承担相应的社会保险费用。这种制度能有效地预防社会成员因年老、生病、失业、工伤、生育等人生重大事件而在一定时期退出劳动力市场、无法获得收入时，陷入经济与生活困顿的境地。

二、社会福利设置

社会福利（social welfare），是指一种社会性、整体性的幸福。如柏拉图所言："我们的立法不是为城邦任何一个阶级的特殊幸福，而是为了造成全国作为一个整体的幸福。它运用说服或强制，使全体公民彼此协调和谐，使他们把各自能向集体提供的利益让大家分享。"[1]这意味着，社会福利并非以特殊个体或群体的利益为依归，而是致力于人类整体的福祉和幸福。

社会福利是使社会不断趋于发展完善的重要路径。如阿马蒂亚·森所言："我们生活的世界仍然存在大规模的剥夺、贫困和压迫。不仅有老问题，还有很多新问题，包括长期的贫困与得不到满足的基本需要，饥荒和大范围饥馑的发生，对起码的政治自由和基本的自由权的侵犯，对妇女的利益和主体地位的严重忽略，对我们环境及经济与社会生活的维系力不断加深的威胁。许多这样的剥夺，都可以以这样或那样的形式，在富国和穷国观察到。"[2]因而，缓解和克服人类社会出现的种种困境和难题是社会福利与社会发展的主旨和依归。

社会福利作为一种社会整体的福祉，意味着国家和社会需要有相对富足的物质和经济条件，并在此基础上实现人类发展的目标，使社会成员享有有基本保障的、适度安全的、公平正义的、幸福美好的生活。社会福利，美国社会工作协会（NASW）如此界定："最经常地被定义为旨在改善弱势群体的状况的'有组织的活动'、'政府干预'、政策或项目。……社会福利可能最好被理解为一种关于一个公正社会的理念，这个社会为工作和人类的价值

---

[1] ［古希腊］柏拉图：《理想国》，刘申丽译，台海出版社2016年版，第204页。
[2] ［印］阿马蒂亚·森：《以自由看待发展》（序言），任赜、于真译，中国人民大学出版社2013年版，第23~24页。

提供机会,为其成员提供合理程度的安全,使他们免受匮乏和暴力,促进公正和基于个人价值的评价系统,这一社会在经济上是富于生产性的和稳定的。这种社会福利的理念基于这样的假设:通过组织和治理,人类社会可以生产和提供这些东西,而因为这一理念是可行的,社会有道德责任实现这样的理念。"[1]

由此可见,社会福利的内涵和外延极其丰富,具体而言,社会福利主要有三个层级的内容与目标:

一是保障社会成员的基本生活所需,让困难群体免于基本物质条件的匮乏。这是狭义的社会福利,社会福利能"减轻受困者的贫穷,从而改善社会中受害者的生存状况"[2]。对于在社会生活中易于遭受经济和社会风险,或已经处于困顿之中的特殊群体,如因年老、疾病、生育、失业而失去生活来源的群体,失去家庭庇护的群体,陷入贫困的群体,遭受灾害侵袭的群体等,在他们遇到困难需要帮助时,能确保其获得生存所需的最低限度资源,如衣食住行等基本物质生活保障、基本医疗卫生条件等。社会福利体系能缓解深陷困顿者的困境,改善弱势群体的生存状况。

二是关照普通社会成员的日常生活所需,使全体社会成员的生活条件普遍得到提升。社会福利,"目的在于保护个人及其家庭免除因失业、年老、疾病或死亡而在收入上所受的损失,并通过免费医疗等公益服务和家庭生活补贴以提高其福利,社会福利可以包括社会保险计划、保健、福利事业和各种维护收入的计划"[3]。这是扩展意义的社会福利,"不仅要保障人们的基本生活,更重要的在于不断满足人们日益增长的物质文化生活需求,提高人们的生活质量"[4]。社会福利"涵盖了大众的福祉和利益,包括了民众在生理上、教育上、心智上、情绪上、精神上和经济上的需要"[5]。因此,社会福利不仅有安全型导向,即确保人们的生存安全;亦有一种发展型导向,随着社会发展水平的提升,使全体成员在教育、就业、收入、居住、医疗、生态环境等方面享有更高质量的生活。

三是让社会成员感到幸福和满足,使人们对于美好生活的期许能够实现。这是更高层次的社会福利,具体而言,在保障社会成员的基本生存需

---

[1] 转引自陈银娥主编:《社会福利》,中国人民大学出版社2009年版,第2页。
[2] Dolgoff, R. and D. Feldstein: *Understanding Social Welfare*, New York: Longman, 1993.
[3] 转引自丁建定:《社会福利思想》,华中科技大学出版社2009年版,第1页。
[4] 郭崇德:《社会保障学概论》,北京大学出版社1992年版,第35页。
[5] [美] O.威廉·法利、拉里·L.史密斯、斯科特·W.博伊尔:《社会工作概论》(第11版),隋玉杰等译,中国人民大学出版社2010年版,第6页。

求、提升物质文化生活质量的基础上,不断满足人们对美好生活的向往与追求,不断促进社会公平正义,形成有效的社会治理、良好的社会秩序,使人们的幸福感、获得感更加充实、更有保障、更可持续。[①]

第二次世界大战(简称"二战")之前,由国家提供的社会福利相对有限。具体表现在:一是覆盖的人群范围比较窄,申请社会福利的条件苛刻,如只对年老、体弱、残疾的贫困者,居无定所、失去工作的流民等开展救济;二是社会福利的内容较少,只有养老、工伤、疾病等社会保险,较小规模的社会救助,较低水平的最低工资等;三是社会福利尚未体系化,每一种社会福利法规和政策,常常是单独地考量一个社会问题,拟定相应的解决之策,结果是各个措施之间相互分隔、彼此孤立。

"二战"结束前后,英国的社会保险和相关服务部际协调委员会在1942年发布《贝弗里奇报告:社会保险和相关服务》,报告指出:"英国社会保障计划的主要特征是,它是一个抵御因谋生能力中断或丧失而造成的风险,或覆盖因出生、婚嫁、死亡而产生的特殊支出的社会保险方案。"[②]英国政府采纳报告提出的建议,将之作为战后社会恢复重建的纲领性文件,并据此通过一系列法案,如《家庭津贴法》《国民保险法》《国家卫生服务法》《国民救助法》等,多部法案的制定与实施,使英国在战后步入所谓的"福利国家"。

"二战"之后,面对经济衰败、社会溃散、人心伤痛的局面,人们希望国家与政府承担更多的公共福利和服务责任,以提升社会生活领域的福利水平。在英国的影响下,西方各国逐步完善了社会福利制度,相继进入福利国家的行列。社会福利制度建设,对于保障社会成员的经济社会安全、促进国家经济社会的发展产生了显著效果,使西方国家迅速从战争的破坏和损失中恢复,进入了一个快速发展的时期。

"二战"后至20世纪七八十年代,西方社会福利制度体系之所以能迅速建立与发展起来,主要得益于三个方面的因素。一是经济发展的基础。在第三次科技革命、全球资本主义和金融体系构建等力量的推动下,战后的西方国家经历了一个经济繁荣期,与20世纪20~40年代的平均经济增速2.3%相比,50~70年代的经济增速达到5.3%,是战前的2倍多,经济繁荣为福利国家的建设提供了重要的资金保障。二是政府职能的扩展。经历了20世纪二三十年代的经济大萧条后,西方国家采用凯恩斯主义调控经济与社

---

① 习近平:《决胜全面建成小康社会 夺取新时代中国特色社会主义伟大胜利——在中国共产党第十九次全国代表大会上的报告》,2017年10月18日。
② [英]W.H.贝弗里奇:《贝弗里奇报告:社会保险和相关服务》,劳动和社会保障部社会保险研究所译,中国劳动社会保障出版社2004年版,第6页。

会发展,政府的公共管理与服务职能大为增强。三是社会力量的推动。战后,西方国家掀起了一系列以增进公民权利、促进公平正义为主旨的社会运动,在民权运动、女权运动、学生运动等社会力量的推动之下,保障公民的生存与发展权利的社会福利体系不断建立与完善。

社会福利体系主要由以下四个部分构成。①

一是社会保险体系。国家通过立法实施强制性的社会保险,保险费用一般由政府、企业、个人三方共同负担,确保人们在遭遇某种特定风险,如年老、疾病、失业、工伤、生育等特殊情境时,能获得基本的生活保障。

二是社会救助体系。国家以立法的形式,给予因自然、经济及社会原因等陷入生活困境的社会成员以救助,保障其基本生活。社会救助的资金一般由国家财政资金负担,体现国家的救助职能。

三是公共福利体系。与经济发展的水平相适应,国家通过财政预算,提供公共福利以改善与提升社会成员的生活质量,使全体国民共享经济与社会发展的成果。公共福利主要有两种类型:既有为特定人群提供的特殊福利,如老年人、残障者、女性、儿童等群体享有的福利;亦有社会成员普遍享有的福利,如劳动就业、公共卫生、公共教育、公共服务等普惠型福利。

四是社会互助体系。以民间力量为主体,如个人、家庭、社区、社会团体、企业等,通过自愿的方式组织起来,为有需要的社会成员提供帮助。社会互助体系的经费主要来自个体、企业、慈善组织的捐赠与捐助等。

随着社会福利体系的建立和完善,尤其是提升国民生活质量的公共福利部门的扩展,社会领域呈现的一个结果是,社会福利项目迅速增多,"主要包括为个人尤其是特殊群体,如为儿童、老年人、残疾人等提供专业服务的社会工作以及政府的各种社会福利项目"②。

20世纪30年代以前,社会福利体系的运作,主要是国家制定政策,由符合条件的个体向政府申报,批准之后得到相应的救助资金或物资。由于政府规模较小、可支出的经费有限,对经济和社会的干预和调控能力较弱,因而并未出现大规模的就业、居住、教育、医疗等社会福利项目。

当时特殊困难群体的需求满足,主要是依靠志愿者、社会团体、慈善组织的慈善活动。"公共服务基本上是个人和志愿组织的义务和责任。地方慈善组织善事活动的对象则是穷人、残疾人和麻烦家庭。"③在20世纪初的

---

① 参见景天魁等:《福利社会学》,北京师范大学出版社2010年版,第139页。
② 转引自景天魁等:《福利社会学》,北京师范大学出版社2010年版,第8页。
③ [美]彼得·罗西、霍华德·弗里曼、马克·李普希:《项目评估:方法与技术》,邱泽奇等译,华夏出版社2002年版,第10页。

睦邻友好运动中,慈善组织的志愿者,"用篮子装上食物和衣物,施舍给那些不幸的人们"①;或是给病人、残疾者、穷人和陷入困境的家庭提供义务的诊疗服务等。慈善机构、慈善医院、无家可归者的收容中心、公立学校、慈善养老院舍,构成当时主要的社会服务体系。

大萧条时代的到来与自由市场体制的"失灵",使西方国家的经济陷入了重重危机。与之相对应,人们的社会生活亦受到剧烈冲击,普遍失业、贫困、生活难以为继。志愿者、社会团体、慈善组织的力量,难以满足大规模的社会救助和公共服务的需求,需要政府予以干预和支持。由此,政府的公共职能迅速扩张,公共管理权责增强、公共服务水平提升,开始采用以社会项目的形式提供公共产品和公共服务。

举例而言,1933年,美国国会通过《联邦紧急救助法》成立联邦紧急救助署(FERA),开展国家层面的救助:一方面,国家和政府投资基础设施型工程项目,创造工作机会,以森林保护、水土保持、道路建筑、水利工程等项目吸纳社会成员就业;另一方面,提供公共福利,如实施职业培训、女性就业、食品救助等社会项目,帮助社会成员渡过生活难关。

"二战"以后,美国在肯尼迪和约翰逊时代,兴起了反贫困运动和美好社会运动,在社会福利领域投入了大量资金和资源,以缓解失业、犯罪、居住困难、医疗资源短缺、社区解组、社会凋敝等问题,推动社会福利体系快速发展。社会福利投入的资源,转变成了一个个社会项目。与原有的民间慈善组织的慈善项目有所不同,慈善组织的项目通常目标明确、操作简单、规模较小;而由国家和政府投入的社会项目,尤其是全国性的公共教育、医疗卫生等项目则要复杂得多。

第二节 社会治理与社会服务项目

社会项目的兴起,与社会治理理论的提出及社会治理实践的深入密切相关。治理(governance)一词,源于拉丁文,原意有控制与引导之意;但在20世纪八九十年代,在世界银行的一份报告中,它被赋予新的含义,即与政府管理(government)相对,意指诸多主体对于社会事务的共同合作管理。全球治理委员会(Commission on Global Governance)指出:"治理是各种公共的

---

① [美]彼得·罗西、霍华德·弗里曼、马克·李普希:《项目评估:方法与技术》,邱泽奇等译,华夏出版社2002年版,第10页。

或私人的个人和机构管理其共同事务的诸多方式的总和。它是使相互冲突的或不同的利益得以调和并且采取联合行动的持续的过程。这既包括有权迫使人们服从的正式制度和规则,也包括各种人们同意或以为符合其利益的非正式的制度安排。"①

一、社会治理改革

伴随现代社会的转型,世界各国的社会治理,相继经历了多次变革。

(一) 西方社会治理变革历程

工业革命以来,西方主要发达国家相继步入从传统向现代转变的历史时期,国家的经济与社会生活面貌持续变迁。工业化的生产方式,一方面使生产中的劳动分工日益精细化、劳动流程日益标准化、劳动组织日益制度化,从而显著提高了生产效率、促进了生产力的发展;但另一方面,全面的工业化亦导致一系列的社会问题。伴随着工业化与现代化进程,西方政府的行政管理职能转变与社会治理体制变革,主要历经了三个阶段。

1. 早期的自由放任阶段

近代西方科学技术与工业产业的发展引致划时代的变革,不断产出物质和经济增长的丰硕成果,社会生产力突飞猛进,以历史上前所未有的速度高速发展。马克思和恩格斯充分肯定了工业革命带来的经济成就:"资产阶级在它的不到一百年的阶级统治中所创造的生产力,比过去一切世代创造的全部生产力还要多,还要大。"②经济部门成为国家和社会中最重要的核心部门。

经济发展与劳动分工密切关联,"劳动生产力上最大的增进,以及运用劳动时所表现的更大的熟练、技巧和判断力,似乎都是分工的结果"③。"像这样一个小工厂的工人,虽很穷困,他们的必要机械设备,虽很简陋,但如果他们勤勉努力,一日也能成针十二磅。以每磅中等针有四千枚计,这十个工人每日就可成针四万八千枚,即一人一日可成针四千八百枚。如果他们各自独立工作,不专习一种特殊业务,那么,他们不论是谁,绝对不能一日制造二十枚针,说不定一天连一枚针也制造不出来。"④分工的原因是人类社会

---

① 转引自俞可平主编:《治理与善治》,社会科学文献出版社2000年版,第4页。
② 马克思、恩格斯:《共产党宣言》,人民出版社2014年版,第32页。
③ [英] 亚当·斯密:《国民财富的性质和原因的研究》(上卷),郭大力、王亚南译,商务印书馆1972年版,第5页。
④ [英] 亚当·斯密:《国民财富的性质和原因的研究》(上卷),郭大力、王亚南译,商务印书馆1972年版,第6页。

有互相交换、互相贸易、互通有无的倾向,人们可以从交易和交换中获得更多的益处。

在主张放任经济自由的学者看来,如果国家和政府不人为地对各种交易行为进行干预,会更有利于经济的发展与繁荣。经济生产、交换、分配和消费过程不应受到市场以外的力量干扰,个体、企业应能自由地进入和退出市场,商品的价格由市场交易中的供求关系决定,企业在市场中自由地竞争,盈利与亏损的奖惩机制让企业自然地实现优胜劣汰,如一只"看不见的手"自动地调控生产、分配、交换、消费的全过程。

在西方资本主义发展的早期阶段,由于当时的社会生产受到封建主义生产关系的限制与重商主义的制约,社会生产力未能得到充分的释放。正是在此种背景之下,自由放任主义思想兴起,主张祛除种种传统体制的束缚,排除市场之外的力量影响,给予个体和私有企业在经济生产、分配、交换、消费过程中更大的自由,建立起真正的市场机制,即"买者和卖者相互作用并共同决定商品或劳务的价格和交易数量的机制"①。

当自由放任主义逐渐被工业革命早期的西方国家接受,并以此作为经济和社会政策制定的主要思想基础,其引致的结果亦是双重性的。一方面是解放了社会生产力,使市场经济飞速发展,生产效率极大提升,人们的物质生活得到显著改善,并日渐丰裕。但是另一方面,放任的自由市场体制亦引致日益严重的贫富分化,资产者和无产者的矛盾不断累积和激化,社会成员普遍面临严重的精神危机,社会居于不安与不稳定之中。当时新兴的资产阶级政府为维护工业资本主义的利益,对经济采取自由放任的态度,且对社会并未做出积极的保护。

17世纪英国通过的《伊丽莎白济贫法》,即产生于封建主义庄园制开始瓦解、资本主义城市工业兴起的时期。"最初,制定法律的目的是想以惩治流浪和乞讨的方法来防止人们离开土地,并且要求那些无法养活自己的人不要在国内游荡,而是要回到他们出生地的教区"②,防止大规模的社会不稳定及秩序的破坏,并严格规定贫困者能够获得救济的条件,健康的穷困者必须工作,而不论其工作与生活条件如何恶劣,以此保证资本主义劳动力市场拥有充分供给的劳动者。因此,当时政府的社会政策主要是为了支持资本主义的工业化进程。

---

① [美]保罗·萨缪尔森、威廉·诺德豪斯:《经济学》(第十六版),萧琛等译,华夏出版社/麦格劳·希尔出版公司1999年版,第21页。
② [英]哈特利·迪安:《社会政策学十讲(第二版)》,岳经纶、庄文嘉、温卓毅译,格致出版社/上海人民出版社2015年版,第22页。

2. 强有力的政府调控阶段

进入20世纪,资本主义经济社会发展遭遇了重大危机事件,数次经济危机与大萧条、两次世界大战与社会解组,促使西方国家的政府反思:不能继续采取对经济自由放任、对社会不予保护的态度,而应强化政府职能,加强经济宏观调控与干预,并保护人们的社会生活。

其一,调控经济发展。20世纪二三十年代爆发的经济大萧条,使西方国家从盲目地对自由市场的依赖与确信中清醒。自由市场只能有限度地发挥资源有效配置的功能,但是其作用并非无限扩展的,当市场在调节资源时出于诸多原因而导致的负向效应累积到一定程度,即会出现失效与"失灵"的情形。在彼时,经济大萧条到来的前夕,市场还呈现一派繁荣景象,而后却在很短时间内迅速跌入谷底。

经济大萧条引致的严重后果是实体产业与金融行业的全面受挫与溃败。具体表现为:企业破产,商店关门;工厂存货堆积,销售困难;劳动者失业率迅速上升,人们失去购买商品的经济能力;金融机构倒闭,股票市场崩溃,民众辛苦多年的积蓄付诸东流。对于自由市场危机而导致的社会混乱和无序,人们深感不满与恐慌,呼吁政府采取政策和措施干预自由市场,恢复经济与社会的秩序。

在此背景之下,美国以"罗斯福新政"为纲领,实施了经济复兴、社会救济、政府管理的制度与政策改革。其中一项重要的举措是,大规模启动公共设施建设项目,既有全国性大型公共工程,亦有地方性小型民用工程,如学校校舍、公路桥梁、排水系统、医院邮局等公共设施建设项目。由国家进行投资的公共工程项目,迅速地为全国一半以上的劳动力提供了就业岗位,推动了经济复苏与发展。在美国政府成功应对经济萧条危机的过程中,投资发展项目是一个重要经验。

20世纪40年代,西方主要国家政府对经济发展的调控与管理的成效日益显著,它们在分析和梳理工业革命以来经济转型历程的基础上,提出了国家与社会现代化发展的理念,认为西方以工业革命为契机,走出了一条从传统社会向现代社会转型与发展的道路。在他们看来,这条道路引导西方走向现代文明,是人类文明史上的巨大进步,而且非西方国家可通过借鉴西方的经验同样走上现代化发展之路。

"二战"结束以后,世界各国面临战后重建与发展问题。美国作为世界强国,1947年启动了"欧洲复兴计划",通过产业、技术、金融、项目等形式展开发展援助,帮助西欧各国复兴工业经济、恢复社会秩序。西欧在复兴计划启动的短短数年内,出现了历史上最快的经济增长,不仅迅速恢复到战前的经济水平,而且进入一个持续快速发展阶段,较快实现了经济腾飞。

相比而言,亚非拉等经济与社会发展落后的第三世界国家,在世界大战中受到了更严重的损害。他们经历了殖民统治与强权的欺凌,经济濒于崩溃,社会动荡不安。它们在战争结束后摆脱了殖民统治,成为独立的民族国家,对照西方强国的发展盛况,它们发奋图强、迎头追赶。第三世界国家努力向西方学习,希望在借鉴西方发展经验的基础上,能较快实现国家与社会的现代化发展。

后发展国家的发展道路,是主动向西方国家学习,由政府自上而下进行推动的道路。进言之,现代化发展道路有两种主要形式:一种是自发式发展,根据西方发达国家的经验,它们的发展是在进化过程中自然而然地实现"增长与复杂化的过程";另一种则是有计划的发展,依据后发展国家的实践,发展并非一定是自然地发生,它可以是"有意识、有计划的行动"。

其二,建设福利国家。数次经济危机和大萧条,两次世界大战的爆发,使得西方主要国家的政府深刻认识到:作为政府的职能,不仅在于支持资本主义物质生产和经济发展,而且需要充分运用政府宏观调控的能力,克服市场内在的局限性和弱点,预防经济危机;同时,政府更需要注重对社会的保护,保障社会成员的生活,改善人们的生活条件、提升其生活质量,致力于增进人类社会整体的福祉。

与此同时,工业产业发展创造的繁荣和持续的经济积累,也为社会福利增长提供了物质基础。比如,《济贫法》得到修订,对于那些确实是身处困境、需要帮助的穷困者,法律不再强制要求他们留在济贫院才能得到资助,而可以在院外得到资金或食物的救济;身体有疾病的贫困者可以得到医疗的救助;政府建立强制性的公共教育体系,为社会成员提供受教育的机会;建立社会保险制度,有助于减轻救济制度的污名化效应;大规模改善公共卫生环境和公共设施、提供公共服务等。

因此,西方主要国家在"二战"结束前后,积极建构和完善了社会保障体系,以缓解资本主义工业生产方式引致的诸多社会问题,如贫富分化加剧、贫困者的生活无从保障、阶层对立而导致的社会矛盾激化等,进而有利于国家秩序的稳定及持续的经济与社会发展。因此,国家通过加强社会救助、完善社会保险等法律法规和政策,为社会成员应对"从摇篮到坟墓"的生活风险,建构起制度性的社会保障和福利体系。到20世纪50年代,西方主要发达国家相继步入所谓的福利国家。

3. 新管理主义兴起阶段

政府对经济和社会的全面管理,在20世纪80年代以后受到激烈的挑战。原因可能是多方面的,而科学技术、经济生产、社会结构持续地快速转型,是与之密切关联的重要因素。70年代发端的新一轮科学技术进步,以计算机及其衍生的信息通信和智能技术为主导,使人类的经济和社会生活迅速步入信息化时代,这引发了对原有管理形式的反思。

20世纪80年代以后,西方国家出现大规模的政府管理改革和组织再造的运动,即"新管理主义""新治理主义"范式。如奥斯本和普拉斯特里克指出:全面管理已经不能很好地满足时代的需求,因而需要对"公共体制和公共组织进行根本性的转型,以大幅提高组织效能、效率、适应性以及创新的能力,并通过变革组织目标、组织激励、责任机制、权力结构以及组织文化等来完成这种转型过程"[①]。归纳而言,针对政府行政管理体系的改革,学者们基于管理创新的视角,主要提出以下四种类型的改革模式。[②]

第一类改革模式为市场化、企业化的公共管理。

其一,绩效目标。在原有的科层制行政结构中,组织的绩效目标并未得到足够的重视。一是在行政组织内部,公务人员工作稳定、享有终身制,而且他们的薪酬与资历密切相关,他们在组织中所能达到的层级和位置,过度依赖于资历年限的规则,而与工作产出的绩效并未显著关联。二是在行政组织外部,缺乏如同企业组织在市场竞争中的持续压力,因而其并不十分重视自身的绩效。行政组织改革的目标,是要制定核心战略,聚焦组织的绩效目标,并以此为导向提升组织绩效。

其二,需求驱动。借鉴企业组织以顾客为导向的经验,政府管理亦应以民众的需求为驱动。原有的科层制组织在此方面有所欠缺:一是它的以管理为中心的倾向,强调行政管理规则制定的权威性,以及规则实施的严格性,而并不敏锐地关注民众的具体需求以及需求变化的趋势,因而有滞后于民众需求的风险;二是它的非人格化倾向,行政管理的规则和政策体系一旦陷入僵化,则难以应对民众日益个体化、个性化的需求。因此,以民众的需求为驱动,能让政府管理更具服务意识。

其三,结果导向。重视投入的结果,是行政管理改革的又一个重要方向。原有科层制政府的主要工作是投入,即把通过税收等方式集中的资金,投入到经济管理和社会服务的各个领域。在投入的过程中,可能存在的问

---

① [美]戴维·奥斯本、彼得·普拉斯特里克:《摒弃官僚制:政府再造的五项战略》,谭功荣、刘霞译,中国人民大学出版社2002年版,第14页。
② 参见[美]B.盖伊·彼得斯:《政府未来的治理模式》,吴爱明、夏宏图译,中国人民大学出版社2013年版;[美]拉塞尔·M.林登:《无缝隙政府:公共部门再造指南》,汪大海、吴群芳等译,中国人民大学出版社2013年版。

题有两个方面:一是过于随意地决策,而并非通过科学决策将资源投入与需求相适应的地方;二是不关注投入的回报,比如忽略财政投入可能产出的经济与社会收益等。因此,结果导向的改革,不仅能增强政府工作者的责任意识,同时也能改善政府收入与支出的均衡。

其四,效率意识。政府组织管理具有一定的权威性和刚性,因而行政管理工作的效率意识通常较弱。与之相比较,在企业组织的运作中,提升生产效率、节约成本和开支、降低产品的价格等,是企业能够在市场竞争中得以生存和发展的重要原则。借鉴企业组织的经验,政府需要缩减开支、提升效率,一是为了应对日益庞大的社会福利和服务支出,二是通过减少政府组织内部的运行成本,可回应民众要求政府厉行节约的呼声。

第二类改革模式为弹性化的公共管理。

其一,组织内部管理的弹性化。科层制组织在运行过程中,日复一日地按照既定规则运作,若组织内部缺乏协调和改进,则有可能陷入严重的僵化。向弹性化政府的转型,是要使组织具有"流动的、灵活的、完整的、透明的、连贯的"[1]特质。科层制组织强调职能的分化和分工,但同时亦应重视,在工作任务专门化的基础上为共同的事业合作和协调。在科层制组织的架构之上,可以培育职能交叉、协同共进的工作团队,以项目组的形式配置资源,弥合由科层层级和职位分化可能引致的相互隔离。

其二,组织外部管理的弹性化。科层制组织"一个最明显特征就是,具体的工作和规程被标准化,并被组织成一个个正式单位的程度"[2]。为消除行政工作可能区别对待不同的群体和个体,原有的行政管理要求工作者以规范的程序,稳定地、标准化地处置所有民众的需求,因而并不考虑需求的个体性差异,以及需求随时间而发生的变迁。如今,需要增加组织的外部弹性,通过持续培训和提高政府工作者的专业能力,给他们更多的自主权,鼓励他们在工作中创新,从而弥合政府与民众之间的隔阂,及政府管理的规范、规则与民众的个体化、个性化需求之间的缝隙。

第三类改革模式为放权式的公共管理。

其一,行政组织内部的放权。政府组织内部管理有严格的等级体系,每一层级的职权和职责明晰,下级有服从上级的义务,在工作中听从上级的指示并对上级负责,因而,在政府管理组织中权力是相对集中的。权力的集中

---

[1] [美]拉塞尔·M.林登:《无缝隙政府:公共部门再造指南》,汪大海、吴群芳等译,中国人民大学出版社2013年版,第4页。
[2] [美]史蒂文·科恩、罗纳德·布兰德:《政府全面质量管理》,孔宪遂、孔辛、董静译,中国人民大学出版社2002年版,第63页。

有助于组织形成井然的秩序,以及贯彻一致的行动,但同时也会带来对创新和改革的抑制。因此,需在政府组织内部调整权力的配置形式,赋予组织成员更多的自主决策权,柔化上下级之间严格的权力关系,加入合作协同的因素,鼓励组织成员协同创新,这些有助于提升工作人员的士气及对工作的责任感,使政府组织更具灵活性和创新精神。

其二,行政组织外部的放权。政府有对经济和社会发展的各个领域实施行政管理的职责,以维护公共秩序与社会生活。由此,政府制定一系列规章制度,并依法依规开展管理行动,以保障其行政管理功能的实现。规章制度是维护公共秩序的重要根据,但是若行政规范过于烦琐、管理标准陈旧僵化、管理者官僚主义作风盛行等,则可能会使规章制度的既定目标发生异化,而不能有效地应对现实需求。因此,政府组织的管理需简政放权,解除不必要的管控和规制,使经济和社会生活更具活力。

第四类改革模式为参与式的公共管理。

其一,掌舵而非划桨。政府承担公共管理的责任日益增多,一定程度上使民众自我管理的能力不断减弱,而民众自我管理的意识和能力的弱化,又反过来促使人们更加依赖于政府提供的管理和服务。若政府组织凡事亲力亲为,一方面会增加政府工作者的数量,进而使组织更庞大、结构更臃肿,另一方面社会力量得不到有效动员,蕴藏在民众之中的丰富的社会资本无所作为。因此,政府应集中精力做好的是决策,同时通过政策调动社会成员自我管理和服务的积极性,减少民众对政府资源的过度依赖。

其二,开放而非封闭。政府组织在选拔工作人员时有规范的程序,通过对组织成员持续地培训使他们胜任专业化的工作职位。然而严格的规则和管理秩序,同时给组织带来一定程度的封闭性。此种封闭性,使得组织外的民众难以了解政府组织的决策、运行过程和绩效等,导致政府组织和民众之间产生隔阂。吸纳民众参与政府的公共管理,是要在政府和民众之间搭建对话和交流的平台,让民众能贡献智慧,也能表达观点,共同参与政府决策、管理过程和项目实施等,共享经济与社会发展的成果。

综上,"新管理主义"运动,旨在推动政府行政管理改革,以适应新技术革命时代经济和社会发展变迁中涌现出的新情况和新问题。政府原有的等级严格、层级众多的科层体系遭遇挑战,而改革的方向可归纳为四个主要方面:市场化、企业化的变革,让政府管理更有效率、更能考虑民众的需求,同时节约运行成本、提高组织绩效;弹性化的变革,更能协调政府组织内部部门之间以及与外部民众之间的关系,弥合各种可能产生的缝隙;放权式的变革,在政府组织内部给组织成员赋权、激发组织活力,同时精简对经济和社会生活的不必要管制;参与式改革的主旨则在于,既促进社会成员的自我管理,又引导社会公众参与政府管理。

(二) 我国的社会治理改革历程

改革开放之前,我国实行高度集中的计划经济体制,政府作为总体性权威,对经济和社会资源实施全面管理,同时直接提供公共服务。改革开放以来,我国实施社会主义市场经济体制改革,推动经济体制由计划向市场转变、社会结构由封闭向开放转型,这极大释放了经济与社会的活力。伴随经济生产和社会生活的加速变迁,政府管理亦在持续进行改革。

20世纪90年代以来,在经济与社会治理全球化的影响下,我国启动经济与社会治理改革的核心议题是:如何使政府管理适应经济和社会发展新需求,更具有灵活性、适切性和创新性?在原有科层制组织形式的基础上,实施项目制运作是政府管理改革的重要举措。项目化运作,是以项目的形式达成组织的具体目标,在管理实践中有多样化的形式。

其一,经济管理改革:投资发展项目。

国家和政府不再以指令和计划直接干预经济发展的具体运行过程,而是充分尊重市场对资源配置的基础性作用,并在此基础上进行宏观调控,其中调控经济的一个重要形式,是投资发展型项目。

一是政府投资建设项目。该类项目以调节经济发展方向和速度为核心,比如,建设轨道交通、公路、铁路、机场等基础设施项目,开发水利、油田等资源能源项目,实施南水北调、西气东输等资源调控项目等。国家投资建设项目,一方面可发挥对经济的宏观调控功能,调节一段时期内社会的总投资额,引导投资的结构和方向,使经济稳定均衡发展;另一方面又能给民间投资创造良好的投资环境,成为一个地区吸引和保障民间投资的基石。

二是政府与私人组织合作投资公共项目。该类项目即 PPP(public-private-partnership)模式项目,是指政府与企业之间,以特许权协议的形式,合作投资公共项目。合作双方形成伙伴式关系,签署合同明确双方的权利和义务,以确保合作目标达成,产出比单方行动更优的结果。针对有收益的公共项目,政府可采取招投标方式选择企业,由企业投资,政府赋予企业以项目的特许经营权。

国家统计局2018年9月发布的报告显示,自改革开放以来,我国固定资产投资保持快速增长,成为拉动经济增长的重要力量。1981~2017年全社会投资累计完成490万亿元,年均增长20.2%。2017年,全国固定资产投资中施工项目建设规模达132万亿元,而1980年仅为4 822亿元;2017年施工项目89万个,投产项目62万个,均为改革开放后历史最高水平。①

其二,政府管理改革:实施行政项目制。

20 世纪 90 年代中期以来,我国实施国家财政制度改革,即由原来的包干制变革为分税制。分税制一般是指在中央和地方政府之间,通过明确地划分事权、管理权及税收权限,将税种分为中央税收和地方税收而形成的财政管理体制。分税制有效地提升了"两个比重",即"财政收入占国民生产总值的比重和中央财政收入占全国财政收入的比重"。分税制改革,使中央的财政权得到加强,并且以转移支付等方式实施宏观调控的能力增强。

随着"两个比重"的提高,中央财政收入不断增加,与此同时,中央又通过转移支付、专项拨款等方式将财政资金适宜地转移给地方。财政资金的转移,通常不以"条块"的形式,由中央直接拨付给地方政府,而是以"条线"的形式,由政府各个部门以"专项支付"和"项目资金"的方式向下分配,而且越来越成为主要的财政支出手段。② 因此,项目制成为一种新的管理形式,将国家从中央到地方的层级关系以及社会领域统合起来。

以国家扶贫工作为例,1994 年前只有专项扶贫贷款、以工代赈和财政发展资金等少量扶贫资金。"国家八七扶贫攻坚计划"开启了救济式扶贫向开发式扶贫的转变,转移性支付、多部门共同参与等综合治理方式使扶贫项目迅速增多,包括扶贫产业、教育、医疗、文化、科技、生态、妇女、儿童项目等。③ "十三五"规划全面建成小康社会,提出 2020 年使 7 000 多万贫困人口脱贫,在"精准扶贫"战略指导下,每年上千亿的扶贫资金以扶贫项目的形式运作,包括普惠型项目和特惠型项目,帮助贫困人口和贫困地区脱贫。

其三,社会管理改革:发展社会项目。

在改革开放前,一方面,国家对社会实施全面管理,以户籍制度区分城市人口和农村人口,即在城市实行单位制,在农村实行人民公社制,分类管理人口的流动和社会的秩序;另一方面,社会福利体系完全由国家供给,即农村实施土地保障,同时社会福利弱于城市,城市以单位供给制为主,辅之以社区制,负责给城市居民提供生育、教育、医疗、工伤、养老等社会福利。

改革开放后,社会主义市场经济体制逐步建立,国家机关、企事业单位

---

① 参见《改革开放以来我国投资保持快速增长》,http://www.gov.cn/xinwen/2018 - 09/06/content_5319899.htm,2018 年 9 月 6 日。
② 参见折晓叶、陈婴婴:《项目制的分级运作机制和治理逻辑》,《中国社会科学》2011 年第 4 期;周飞舟:《财政资金的专项化及其问题:兼论"项目治国"》,《社会》2012 年第 1 期。
③ 参见许汉泽、李小云:《精准扶贫视角下扶贫项目的运作困境及其解释》,《中国农业大学学报(社会科学版)》2016 年第 4 期。

相继实施体制机制改革,将原有附属于单位的社会福利功能,与单位制相脱离。原来由城乡差异,以及单位所有制、单位级别、单位规模等因素而导致的不同成员社会福利的巨大差异,由此得到缓和和均衡,建立了相对统一的社会福利体系,推进了基本公共服务的均等化。

党的十八届三中全会提出:社会领域要"紧紧围绕更好保障和改善民生、促进社会公平正义深化社会体制改革"。由此,需"加快形成科学有效的社会治理体制,确保社会既充满活力又和谐有序","创新社会治理,必须着眼于维护最广大人民的根本利益,最大限度增加和谐因素,增强社会发展活力,提高社会治理水平","确保人民安居乐业、社会安定有序"。

在《中共中央关于全面深化改革若干重大问题的决定》中,强调政府职能转变,即政府实施简政放权改革,一方面充分发挥市场配置要素资源的基础性作用,另一方面充分发挥社会各主体协商、合作参与社会治理的积极作用。在社会治理领域,要激发慈善部门、社区、社会组织的活力,帮助它们提升专业能力,让其承接政府转移的公共服务职能。

党的十九大报告进一步提出,要加强社会治理制度建设,完善党委领导、政府负责、社会协同、公众参与、法治保障的社会治理体制,提高社会治理社会化、法治化、智能化、专业化水平,形成多元主体共建、共治、共享的社会治理格局。同时,加强社区治理体系建设,推动社会治理重心向基层下移;发挥社会组织作用,实现政府治理和社会调节、居民自治的良性互动。

提供公共产品和服务,是国家和政府的一项主要职能。在社会管理体制改革之前,通常是由政府及其所属的事业机构等直接为人民提供公共服务。但是,伴随经济与社会的持续发展,人民对于美好生活期待的增加,由政府直接提供公共服务的形式难以满足人民日益增长的美好生活的品质化、多元化、个性化的需求。因而国家推动了社会治理体制创新、政府职能转移改革,将诸多公共服务以社会项目的形式,交由社会组织等承担或实施。

二、社会服务项目

社会服务项目,是以项目的形式提供社会服务,社会服务是社会福利体系的重要构成。社会福利旨在满足社会成员的需求,增进社会整体的福祉,它主要有两种形式:一是直接供给物质生活所需,为人们提供衣、食、住、行等生活资源;二是开展社会服务,相对于物质供给而言,社会服务是无形的,旨在解决社会问题,提升个体、群体、社区的功能等。在20世纪中叶以前,社会福利通常采取直接供给物质资源的形式;但60年代以后,尤其是伴随政府社会治理职能的改革,社会服务项目愈来愈成为社会福利体系的重要构成。

（一）项目形式的出现

伴随 19 世纪的工业革命浪潮，经济、政治和社会生活中不断涌现出新的现象、问题和需求，需要有新的管理方式予以应对。在企业组织的管理中，手工业的小作坊被机器化大生产取代，大型生产组织需要现代化的管理体系。泰勒提出科学管理的思想，将技术工人和管理者区分开来，建立层级式的管理结构，监督和管理全部生产过程，提升生产效率。彼时，组织架构、管理和运作的主要方式是层级式的体系。

与此同时，在政府的行政组织中，马克斯·韦伯观察到层级分明、规则明确的科层体系得到广泛应用，通过自上而下地分配资源和管理监督，达到提升行政组织效率的目的。在科层制的组织结构中，职位具有显著的等级属性，组织成员的职权和职责与其职位等级的位置密切关联；每个职位的权利和职责及其与其他职位之间的关系，有明确的制度化规定和说明，且一般不轻易变动；职位关联着工作者所能获取的报酬，职位的"升迁"需要按照层级的结构晋升。[1]

到 20 世纪五六十年代，无论是企业组织，抑或政府组织中的层级式管理体系开始呈现一些弊端，难以适应快速变迁的经济、政治、社会生活领域出现的新需求。伴随科学技术的进步日新月异，经济生产方式的变迁速度加快，社会生活的复杂程度日益提升，原有的层级式管理体系很难对持续变动的环境作出灵活的、及时的反应。同时，层级之间由于长期的分隔，易于出现相互封闭和沟通的鸿沟。

在此背景下，一种新的组织形式得以出现，以项目的形式进行组织和管理变得日益兴盛。1965 年，国际项目管理协会（International Project Management Association，简称 IPMA）成立，主要研究项目管理，提供项目管理的教育和培训，制定和推广项目管理的行业标准等。1969 年，美国项目管理协会（Project Management Institute，简称 PMI）成立，致力于建设全球性的项目管理研究和信息交流平台，探讨和传播项目管理的价值理念和实施标准等。

对于新出现的"项目"形式，不同的研究机构和学者有诸多界定。美国项目管理协会（PMI）指出，"项目是为创造独特的产品、服务或成果而进行的临时性工作"[2]。"项目的一个主要特性就是项目的新奇性，项目经常会

---

[1] 有关行政科层制组织的特征，参见［德］马克斯·韦伯：《经济与历史 支配的类型》，康乐等译，广西师范大学出版社 2010 年版，第 306 页。

[2] ［美］Project Management Institute：《项目管理知识体系指南》（第六版），电子工业出版社 2018 年版，第 4 页。

进入未知的、带有风险和不确定性的情景中。世界上没有两个一模一样的项目。"[1]"项目是为完成某一独特的产品或服务所做的彼此相互关联的一次性任务或活动。"[2]归纳而言,项目是针对需求而开发,组织和运用一定资源,在一定时间限度内,为创造一种独特的产品或服务而进行的一次性活动。根据上述定义可知,项目形式与组织的日常运行形式有所不同,具有显著的特质。具体包括以下方面:

一次性。项目与日常的运作不同,它不是周而复始的循环往复,而是有明确的起点和终点,是一项有开始和完结的一次性工作。

目标性。项目针对具体需求而开发,有明确的目的和目标;如若目标在实施过程中发生替代或更改,项目将不能产出期望成果。

独特性。一是每个项目在实施和开展的过程中,所面临的环境和情境是独特的;二是项目所要达成的结果,具有具体性和独特性。

约束性。项目受一定约束性条件的限制,如时间条件、资源条件等,项目所能调配的时间、人员、物力、资金等资源是有限的。

关联性。项目在实施和开展过程中,可能会涉及多方面的利益关联者,他们作为一个关联的整体,共同影响项目的过程和结果。

系统性。项目是一个系统工程,需要在系统范围内进行人员、物力、资金等资源配置,各种活动构成一个系统工作的整体。

流程性。项目有相对标准化的运行流程,包括项目的策划和准备、项目的实施和管理,项目的产出和评估等,形成一个项目周期。

开放性。在项目的各个阶段,需要的人员和资源等各不相同,因而项目具有一定的开放性,人员和资源围绕项目而流动。

完成性。项目需要一个有完结性的成果,来表示项目完成和结束;而且,项目的结果一旦完成,除非重启新项目,它不能再修改。

(二) 社会服务项目兴起

早期的社会服务,以民间的志愿和慈善服务为主体。诞生于19世纪80年代伦敦东区的汤因比馆睦邻友好服务,即民间的社会力量自发地组织起来,为当地社区中需要帮助的贫困人群提供文化、教育等服务,培养居民的自助和互助精神,共同解决工作和生活中遇到的困难,同舟共济、共渡难关,营造友爱和善的社区氛围,并倡导社会改革的社会行动。

---

[1] [英]丹尼斯·洛克:《项目管理》(第10版),杨爱华、毕婧圆、周雯译,中国电力出版社2015年版,第1页。

[2] 方巍、张晖、何铨:《社会福利项目管理与评估》,中国社会出版社2010年版,第1~2页。

20世纪30年代的经济大萧条,以及"二战"之后西方国家的社会福利体系的建设,使政府认识到需要承担起供给社会福利的公共职能。早期,政府供给社会福利的主要特征有:一是社会福利的内容,以提供有形的物质产品为主,诸如衣食住行等物质生活保障。二是社会福利的形式,常是由政府成立专门的机构,配备政府工作者,直接规划、配置和提供。

20世纪五六十年代以后,由于全球化的经济和社会格局日益形成,经济与社会转型速度加快,经济与社会中的创新性、灵活性因素快速增加,政府职能亦相应地发生转变,由政府机构直接提供社会福利的形式面临挑战。其中,社会服务领域革新的重要内容包括:一方面,实现社会服务资金来源的多元化,由原来主要依靠政府的公共服务支出,转变成以政府的公共财政资金为主,同时,鼓励企业、慈善组织和个人的捐助;另一方面,促进社会服务提供主体的多样化,将政府直接提供服务的形式,转变成政府及其他主体出资支持社会服务项目,并交由社会服务机构实施。

自此,社会服务愈来愈多地以项目的形式提供,社会服务项目如雨后春笋般蓬勃发展。社会服务主要有两种内涵:狭义的社会服务,特指为处于生活困境之中的脆弱群体,如贫困者、残疾者、无家可归者等提供救助性、福利性的服务。广义的社会服务,则包括为普通社会成员提供多元化的基本公共服务,如教育、就业、医疗、养老等,以增进人们生活的福祉。伴随社会生活需求丰富多样,社会服务项目的种类亦日益增多。

其一,依照社会服务项目覆盖群体的范围,主要有:一是针对特殊群体的服务项目,即专门帮助在社会生活中处于困境、面临生存和生活危机的特殊群体。二是涵盖普通社会成员的服务项目,如社区服务等。

其二,依照社会服务项目的主要目的分类,主要有:一是基本型的社会服务项目,满足社会成员的基本生活保障。二是发展型的社会服务项目,满足社会成员在社会生活中教育、卫生、健康、就业等领域的发展需求。三是享受型的社会服务项目,满足社会成员高层次的幸福生活的需求。

其三,依照社会服务项目的目标对象分类,主要有:儿童服务项目,即儿童权益的保护与防范伤害、特殊儿童的寄养和领养安排、困境儿童的院舍照顾项目等。青年服务项目,即青年的接受教育、工作机会、社会适应、婚恋辅导项目等。老年服务项目,即老年人的健康维持、生活照料、精神慰藉、社会融入项目等。女性服务项目,即防范女性权益受侵害,促进女性接受教育、拥有就业机会,婚姻家庭咨询,帮助未婚母亲和单亲母亲的服务项目等。

其四,依照社会服务项目的主体内容分类,主要有:一是健康照顾领域的社会服务项目,如健康医疗服务项目、精神照顾服务项目、残障人士服务项目等。二是职业和工作领域的社会服务项目,如就业促进项目,职业保护项目,收入维持项目等。三是严重偏差行为、违法和犯罪领域的社会服务项目,如偏差行为干预、酒精和药物滥用防治、司法矫正项目等。

其五,依照社会服务项目的实施地点分类,主要有:一是针对个体和家庭的服务项目,通常在个体和家庭的生活场景中展开。二是在组织和机构中实施的社会服务项目,通常指在福利院、养老院、医院、学校、监狱、戒毒所、工读学校等场所开展的服务项目。三是在社区中实施的社会服务项目,包括社区邻里互助计划、社区行动计划、社区营造和发展项目等。

第三节　社会组织与社会工作服务

随着社会服务项目数量日益增多、规模不断扩大、复杂程度增强,社会服务项目的立项、运作和评估有两个主要的支持性因素:一是专业的致力于社会福利和公共服务的社会组织,由它们承接社会项目的策划和设计、运作和管理、评价和改进等工作;二是专业的福利和服务领域的人才队伍,包括训练有素的、掌握社会项目的批准、监督和检查等行政工作的政府和公共行政的专业人员,以及经过专业教育和实务培训的社会工作服务人士和广大的志愿者群体。

一、社会组织发展

近现代以来,人们的经济与社会生活高度地依赖各种类型的组织。"组织的存在影响到——甚至可以更确切地说是侵蚀了——几乎当代社会生活的每一方面。"[1]关于组织的界定,不同学者从不同视角出发,提出了多种观点。"组织的显著性特征是它们都是为了实现特定目标而正式建立的"[2],"组织是一种人与人之间有意识、彼此协商和有目的的协作"[3],"不论是否为法人单位,也不论是政府公营还是私营单位,所有具有独立职能和管理系统的公司、社团、商号、企业或协会或其中的任何一个部分"[4]等。

---

[1] [美] W.理查德·斯科特、杰拉尔德·F.戴维斯:《组织理论:理性、自然与开放系统的视角》,高俊山译,中国人民大学出版社2011年版,第1页。

[2] Blau, P. M. and W. R. Scott: *Formal Organizations: A Comparative Approach*, San Francisco: Chandler Publications, 1962, p.5.

[3] Barnard, C. I.: *The Functions of the Executive*, Cambridge, MA: Harvard University Press, 1938, p.4.

[4] [美] H.詹姆斯·哈林顿、达里尔·R.康纳、尼古拉斯·L.霍尼:《项目变革管理》,唐宁玉、陶祁、张岩译,机械工业出版社2001年版,第3页。

根据组织主体、目标、性质、内容不同,组织类型的划分,主要有三种:

企业组织:追求效率和利益,利用一定的生产要素组织进行生产。

政府组织:拥有法定权力,运用公共权力对国家和社会实施管理和服务。

社会组织:与经济组织和政治组织并行的"第三部门"组织,运用社会资源满足社会成员在社会生活中的需求。

(一) 社会组织兴起

"二战"后西方主要发达国家相继建成社会福利体系,在福利国家的体系中,以社会项目的形式开展公共服务,以实现社会福利制度的功能和目标的做法,日益普及化和制度化。社会服务的内容繁多,且要求日趋专业化,如果由政府直接提供服务,则需要庞大的政府机构和工作人员规模,很难被社会公众所接受。因此,政府考虑与非营利组织进行合作,由其承接和开展专业的社会服务。

不仅如此,社会福利和公共服务的经费来源,虽然以政府的财政资金为主,但是企业、慈善组织、基金会、个人的捐赠捐助也是有益的补充。在多方资金的支持下,社会项目遍及社会福利各个领域,而非营利组织则是社会项目的主要承接者,由它们运作和实施社会项目,提供社会服务。

非营利组织(non-profit organization,简称 NPO),又称非政府组织(non-government organization,简称 NGO),其基本特征如下:

非政府:不隶属于政府组织,以非公共资产成立且独立运作;

非营利:不以营利为目的,所获利润用于组织发展,而非进行分配;

自愿自主:社会组织的成员通常是自愿参与且组织自主管理;

特定目标:满足社会生活需求、提供社会性产品、开展社会服务等。

在社会福利和公共服务中,需要非营利组织运作社会项目,原因主要在于它能有效地弥补政府和市场在此领域一定程度的"失灵"。

政府"失灵"。一是难以回应个性化的、多元化的社会需求,即人们的社会需求既具有类型的普遍性,又具有情境的特殊性,在具体的情境中人们的需求总是千差万别,若是由政府直接提供社会服务,必须经由一定的正式决策过程、标准化的流程,且产出同一化的产品和服务。对于社会成员的个体化和多元化需求而言,它显得机械、千篇一律且效率较低。二是政府直接提供社会服务,存在可能由于缺乏灵敏的监督而出现"寻租"的风险。

市场"失灵"。一是市场以营利为目标、以经济效益为导向,而社会产品和服务是社会福利的内容,它为有需要的社会成员提供社会服务,以社会效益为导向,以有助于社会安全、稳定与和谐为目标。二是社会产品和服务,通常需要持续投入,同时产出的外部效益高,因而企业缺乏投入的动力。三是在社会福利和服务的出资者(政府等出资方)和享用者(福利和服务对象)分离的情形下,由于信息不对称等原因,企业可能有缩减服务、降低成本以获取更大利润的倾向,从而可能偏离社会福利和服务的目标。

政府与市场在直接生产社会福利和服务领域存在一定程度的"失灵",从而给非营利组织留下了发展的空间。非营利组织具有"非分配约束(non-distribution constraint)",即不能将组织的净收入用于分配,因而能一定程度地避免道德困境。[①] 但是,在非营利组织发展的早期,其主要经费来源于企业家捐赠和捐助的私人基金会,而未得到政府制度化支持和市场协同合作,独自发展的非营利组织同样存在着"失灵"的风险。[②]

慈善供给不足。一是慈善经费来源不稳定,若缺少政府资金的支持,加之慈善组织的非营利性质,可能出现生存危机;二是福利的需求一般总是大于福利的供给,若无正式的制度性支持,慈善组织难以稳定发展。

慈善服务范围有限。由于慈善的供给不足,因而大多数慈善组织只能照顾到特殊群体,如残疾者、病人、受虐待儿童等,而很难提供普惠性服务。

慈善的权威作风。若慈善组织的经费主要来源于私人慈善基金,其服务内容可能以经费提供者的偏好为导向,而非服务对象的需求。

慈善的非专业化。由于组织运作资金的缺乏,慈善组织难以招募到接受过专业教育和训练的人士,可能导致其提供的服务并不专业。

因此,到20世纪80年代,政府和非营利组织在社会福利和服务领域开始展开合作,并逐渐制度化。如伍思努所指出:当不止一个部门的组织提供相似的服务,则组织之间存在竞争关系;当不同部门的组织集中各自资源解决同一社会问题时,它们之间是合作关系。[③] 政府、市场、社会组织各有优势,且结构和功能有互补之处,增强三者之间的合作,是社会福利领域的新趋势。

(二) 我国社会组织的发展

改革开放以来,我国社会组织的兴起,与经济社会转型、政府职能转变密切关联,其中,有两次重要的变迁推动了社会组织发展:一是经济体制由

[①] Hansmann, H. B.: The Role of Nonprofit Enterprise, *The Yale Law Journal*, 1980, 89(5): 835~901.

[②] Salamon, L. M.: Rethinking Public Management: Third-Party Government and the Changing Forms of Government Action, *Public Policy*, 1981, 29(3): 255~275.

[③] Wuthnow, R.: *Between States and Markets: The Voluntary Sector in Comparative Perspective*, Princeton: Princeton University Press, 1991.

计划向市场转变,二是政府职能由重视经济建设向提供公共服务转变。

1. 社会组织的界定

我国规范性法律文件中将社会组织分为三类,即社会团体、民办非企业单位、基金会。其中,社会团体是指"中国公民自愿组成,为实现会员共同意愿,按照其章程开展活动的非营利性社会组织"①。譬如行业性社团、学术性社团、专业性社团、联合性社团等。基金会"是指利用自然人、法人或者其他组织捐赠的财产,以从事公益事业为目的,按照本条例的规定成立的非营利性法人"②。基金会分为公募基金会和非公募基金会。民办非企业单位是指"企业事业单位、社会团体和其他社会力量以及公民个人利用非国有资产举办的,从事非营利性社会服务活动的社会组织"③,涵盖教育、卫生、文化、科技、体育、劳动、民政、中介服务、法律服务及其他服务等十大类。具体结构如图 1-1 所示。

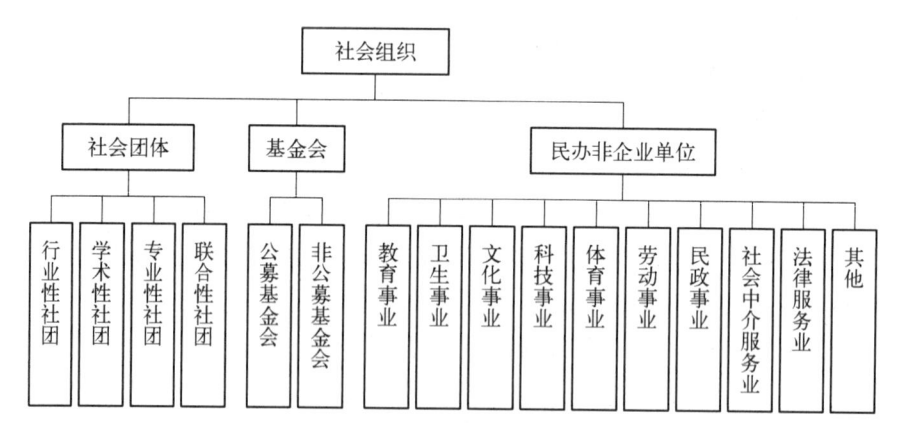

图 1-1 我国正式的社会组织类型

按照国家法律规定,合法的社会组织,是指在政府相关管理部门正式登记注册或依据法律法规政策正式备案的社会组织。

2. 社会组织的发展

21 世纪以来,我国社会组织加快了社会化发展的步伐。2001 年,国务院撤销了 9 个国家局,其关联和管理的 256 家行业协会,由 15 个国家经贸

---

① 《社会团体登记管理条例》,中华人民共和国国务院令第 250 号,1998 年发布,2016 年修订,https://www.gov.cn/gongbao/content/2016/content_5139379.htm。
② 《基金会管理条例》,中华人民共和国国务院令第 400 号,2004 年发布,http://www.gov.cn/xxgk/pub/govpublic/mrlm/200803/t20080328_31616.html。
③ 《民办非企业单位登记管理暂行条例》,中华人民共和国国务院令第 251 号,1998 年发布,https://www.gov.cn/zhengce/202203/content_3338119.htm。

委直管的协会代管;2003年国家经贸委撤销,行业协会开始向非政府化发展。2006年10月,党的十六届六中全会通过《关于构建社会主义和谐社会若干问题的决定》,首次提出并系统论述"社会组织"概念。2007年10月,党的十七大报告提出以民生为核心的社会建设,突出"社会组织"的功能。

2012年,党的十八大提出,围绕构建中国特色社会主义管理体系,加快形成"党委领导、政府负责、社会协同、公众参与、法治保障"的社会管理体制,加快形成"政社分开、权责明确、依法自治"的现代组织体制。2013年,党的十八届三中全会的《决定》提出"适合由社会组织提供的公共服务和解决的事项,交由社会组织承担。支持和发展志愿服务组织。限期实现行业协会与行政机关真正脱钩,重点培育和优先发展行业协会类、商会类、科技类、公益慈善类、城乡社区服务类社会组织",为社会组织发展指明了方向。

由此,党的十八大以后,社会组织迎来前所未有的发展契机。根据民政部公布的相关数据,截至2017年底,全国共有社会组织76.2万个,比上年增长8.4%;吸纳社会各类人员就业864.7万人,比上年增长13.2%。其中,全国共有社会团体35.5万个,比上年增长5.6%;有各类基金会6 307个,比上年增长13.5%;有民办非企业单位40万个,比上年增长11%。[①]

表1-1 我国历年社会组织规模

类型	年份(年)							
	2010	2011	2012	2013	2014	2015	2016	2017
社会团体(万个)	24.5	25.5	27.1	28.9	31.0	32.9	33.6	35.5
基金会(个)	2 200	2 614	3 029	3 549	4 117	4 784	5 559	6 307
民办非企业单位(万个)	19.8	20.4	22.5	25.5	29.2	32.9	36.1	40.0

党的十九大报告进一步指出,"发挥社会组织作用,实现政府治理和社会调节、居民自治良性互动",积极鼓励社会组织在社区建设、基层治理、环境治理、党组织建设等领域发挥积极功能。在中国特色社会主义新时代,国家政策不仅鼓励社会组织规模扩大和质量提升,更关注促进社会组织在社会治理中发挥积极功能,成为全社会共建共享共治的重要力量。

---

① 参见中华人民共和国民政部:《2017年社会服务发展统计公报》,https://www.mca.gov.cn/mzsj/tjgb/2017/201708021607.pdf。

3. 社会组织功能

美国霍普金斯大学非营利机构比较研究中心对世界非营利组织的实证调研结果显示,非营利社会组织普遍具有积极的社会功能。在我国特色社会主义发展的新时代,社会组织的社会功能主要体现在如下方面。①

广泛参与社会治理,提供社会产品和服务。一方面,群团性社会组织,为其成员提供多样化社会服务,比如,行业协会组织为会员提供协调、共享、支持性服务等。另一方面,在多元共治的社会治理格局中,社会组织是政府购买公共产品和服务的主要承接者,协助政府为社会公众提供公共产品和服务:如在养老体系中承接居家养老、社区养老、院舍养老等服务;在灾后重建中承接协助重建、心理辅导、精神健康等服务;在社区建设中承接社区营造、社区发展等服务;在公益慈善中承接针对各特殊群体的社会服务等。社会组织提供的服务内容涵盖文化教育、科学研究、社区发展、环境保护、卫生健康、民政事业等各个领域。

创造就业机会。尽管社会组织是非营利组织,但它自身是创造就业机会的重要渠道。截至2016年底,社会组织吸纳相关就业人员达763.7万,比上年增长3.9%;到2017年底,吸纳各类人员就业快速增长到864.7万人,比上年增长13.2%。伴随政府公共服务职能持续向社会转移,需要大力发展社会组织承接政府购买的各种社会服务。社会服务的日益兴盛推动社会组织的发展空间不断扩大,就业吸纳能力持续增强。

推进基层治理协商,完善公共政策。伴随改革的深入和社会组织的蓬勃兴起,社会组织活跃在文化教育、科学研究、社区发展、卫生健康、环境保护、扶贫开发、权益保护、照顾服务、慈善救济等城乡社会生活的前沿。社会组织在提供社会产品和服务的过程中,广泛地接触民众、服务民众,因而具有较高的认可度和影响力;它们真切地了解广大民众的生活需求和利益诉求,有助于不断发现新的社会问题,保障公共政策顺利实施和执行,以及持续推进完善公共政策,日益成为新时代社会建设和发展的重要力量。

二、社会工作服务

社会组织的蓬勃发展,与社会工作密切关联。社会工作的前身,是19世纪末的慈善服务和志愿活动。早在美国殖民地时期,人们的生活条件颇为艰辛,于是,聚居在一起的邻里、朋友相互照顾、解决生活中的困难;同时,

---

① 参见戴洁:《社会组织从业人员统战工作类型化探索》,《河北省社会主义学院学报》2019年第2期。

对于陷入贫困、疾病等深度困境的苦难者,人们开展志愿活动予以帮助。"伴随1873年的经济萧条,社会出现了混乱状态和大量个人、家庭和社区等方面的问题。美国的慈善组织运动出现了,其主要模式效仿了欧洲的改革。这一运动推行数十年后,出现了数量众多的私人慈善机构和社区福利委员会。"①

在慈善服务和志愿活动的基础上,19世纪末在欧洲和美国出现了方兴未艾的睦邻友好运动。"美国在15年内建造了大约100个睦邻之家"②,帮助贫苦的人们学习工作和生活技能;并倡导运用社会力量改革社会问题,利用社会政策改善社会环境。"当有人认为贫民区居民生活悲惨、可怜而需要同情或矫治之时,睦邻之家的居民们认为他们同样有权利像其他社会成员一样受到尊重。19世纪90年代在这里生活和工作的很多青年男女带着这种态度到他们日后从事的社会工作、商业、政府事务和艺术活动中。"③

20世纪初,慈善和志愿活动,渐渐成为一种专门的工作。1915年,亚伯拉罕·弗勒斯纳(Abraham Flexner)在全国慈善和矫治大会上发表"社会工作是一门专业吗"的演讲,提出了社会工作的专业性问题。其后,里士满(Richmond)著述的《社会诊断》,首次系统地阐释社会工作作为一种专业性工作的方法和技术。1955年,美国全国社会工作者协会(NASW)成立,在全国性组织的统筹引导下,逐步确定了社会工作的伦理守则、专业知识、实务能力和行为准则等。

社会工作使社会服务领域日益专业化。"一个新专业在我们的鼻子底下日渐成熟。它就是社会工作。一度被视为是'拎着篮子'帮助穷人的社会工作,现在已是一个学科,有着科学的方法和艺术手法,对社会上一些地方存在的问题采取补救措施。"④社会工作可以是"一门艺术,一门科学,一个专业,它通过社会工作实践帮助人们解决个体、群体(特别是家庭)和社区的问题,并帮助人们获得满意的人际关系、群体关系和社区关系"⑤。

在社会工作专业化的同时,它亦在成为一门专门的职业。社会工作者

---

① [美]O.威廉·法利、拉里·L.史密斯、斯科特·W.博伊尔:《社会工作概论》(第11版),隋玉杰等译,中国人民大学出版社2010年版,第24页。
② [美]莫拉莱斯、谢弗主编:《社会工作:一体多面的专业》,顾东辉、王承思、高建秀等译,上海社会科学院出版社2009年版,第44页。
③ [美]莫拉莱斯、谢弗主编:《社会工作:一体多面的专业》,顾东辉、王承思、高建秀等译,上海社会科学院出版社2009年版,第44~45页。
④ [美]O.威廉·法利、拉里·L.史密斯、斯科特·W.博伊尔:《社会工作概论》(第11版),隋玉杰等译,中国人民大学出版社2010年版,第7页。
⑤ [美]O.威廉·法利、拉里·L.史密斯、斯科特·W.博伊尔:《社会工作概论》(第11版),隋玉杰等译,中国人民大学出版社2010年版,第9页。

活跃在社会组织中,在20世纪60年代,与非营利社会组织的迅速发展同步,社会工作被日益广泛地接受。比如,美国劳工统计局指出:儿童、家庭、学校社会工作者,能"提供社会服务,协助儿童及其家庭提高他们的社会和心理功能,使家庭安康最大化,儿童学习能力最大化。(社会工作者)可以帮助单亲人士,安排领养,为弃儿或受虐儿童寻找寄养家庭。在学校里,……(他们)也可以在如何对付问题儿童方面给老师提出建议"[①]。

社会工作专业教育与职业规划在我国的发展,与社会组织的发展进程基本同步。2009年,民政部《关于促进民办社会工作服务机构发展的通知》第一次正式提出:社会组织的"专职工作人员中至少有三分之一通过全国社会工作者职业水平考试,并在民政部门登记"。2014年,财政部、民政部联合发布的《关于支持和规范社会组织承接政府购买服务的通知》中第三条规定:"社会组织承接政府购买服务,应当具备的条件是有必要的专职工作人员。"

社会组织长远、规范化发展,需要专业的社会工作人才队伍。2010年,中央发布的《社会工作专业人才队伍建设中长期规划(2011—2020)》提出,到2015和2020年,社会工作专业人才要分别达到50万和145万的发展目标。在规划中提出,要大规模开发社会工作服务人才,以适应社会管理创新和公共服务转型的需要,满足人民日益增长的个性化、专业化服务需求。

2011年,中央组织部、中央政法委、民政部等18个部门和组织联合发布了《关于加强社会工作专业人才队伍建设的意见》,它是中央第一个关于社会工作专业人才的专门文件,是社会工作专业人才队伍建设的指导性纲领。这个文件将社会工作专业人才界定为:"具有一定社会工作专业知识和技能,在社会福利、社会救助、慈善事业、社区建设、婚姻家庭、精神卫生、残障康复、教育辅导、就业援助、职工帮扶、犯罪预防、禁毒戒毒、司法矫治、人口计生、应急处置等领域直接提供社会服务的专门人员。"[②]截至2017年,全国社会工作持证人员达32.7万人[③],专业的社会工作者在社会组织及社会服务中发挥了重要作用,已成为社会治理和社会服务事业的重要主体之一。

---

① [美]莫拉莱斯、谢弗主编:《社会工作:一体多面的专业》,顾东辉、王承思、高建秀等译,上海社会科学院出版社2009年版,第25页。
② 参见《〈关于加强社会工作专业人才队伍建设的意见〉发布》,http://www.gov.cn/gzdt/2011-11/08/content_1988417.htm,2011年11月8日。
③ 参见中华人民共和国民政部:《2017年社会服务发展统计公报》,https://www.mca.gov.cn/mzsj/tjgb/2017/201708021607.pdf。

第二章 社会服务项目循证评估的理论与方法

近年来,政府职能转变,将适合由社会组织提供社会服务的事项,以政府购买服务的方式交由社会组织承接。"充分发挥社会组织在公共服务供给中的独特功能和积极作用,有利于加快转变政府职能,创新公共服务供给方式,提高公共服务供给水平和效率;有利于培育和引导社会组织,加快形成政社分开、权责明确、依法自治的现代社会组织体制;有利于推动整合利用社会资源,增强公众参与意识,激发社会发展活力。"[1]

在现实层面,社会服务的重要性日益凸显。一方面,国家对社会服务投入的资金逐年增多,比如,社会服务事业费支出,由2010年的2 697.5亿元,增长至2017年的5 932.7亿元,增长了约1.2倍;2017年比上年增长9.1%,占国家财政支出比重的3.4%。[2] 另一方面,社会服务被社会政策体系纳入,并日趋制度化。

伴随着社会服务项目的数量、规模和影响力的持续扩大,它已成为社会福利制度安排的重要领域,由此而来的一个问题是,社会服务项目的投入是否合理、能否获得预期的效果?对于此问题的回答,不能仅凭主观的看法和判断,而需要基于证据的实践检验。由此,便产生了社会项目的循证评估。

第一节 循证评估理论:项目循证依据

项目的循证评估,在客观性较强的领域应用得较早,而在人文性特征显著的社会服务领域出现得较晚,主要原因在于如下方面。

---

[1] 参见《关于支持和规范社会组织承接政府购买服务的通知》,http://www.gov.cn/xinwen/2014-12/18/content_2793736.htm,2014年12月18日。
[2] 参见中华人民共和国民政部:《2017年社会服务发展统计公报》,https://www.mca.gov.cn/mzsj/tjgb/2017/201708021607.pdf。

其一，早期的社会服务源于睦邻友好和邻里互助的慈善行动，属于私人领域，并不具有规模化和制度化的特征，亦不需要系统的循证评估。譬如，在中国传统社会，邻里间的关系很紧密，"乡田同井，出入相友，守望相助，疾病相扶持"，在相互支持、互相照应中，形成了绵密的社会生活支持网络，人们在生活中遇到疾病、贫困等困境时，由支持网络提供帮助和支援。又如，在美国大移民时期，移民们在新大陆聚居地共同生活，展开互动和互助，家庭之间联结成社区，社区中若有人陷入生活困境，邻里们给予慈善的关怀和照顾，助其渡过难关。如此生活中的互助，并不需专门的评估。

其二，早期的睦邻友好与邻里互助，通常是个体化的慈善行动，备受社会的赞誉。人在社会生活中的种种需求，首先由个体自身及其家庭提供资源予以满足；当个体和家庭难以处置困境时，社区中互助互惠的人际支持网络可以提供帮助。此种非正式的社会互助和慈善服务，体现了人类对于脆弱群体的同情和关怀，更帮助人类整体在互助互惠中提升生存机会和生活质量，因而慈善服务的提供者常受到社会赞誉。

但是，伴随社会服务的规模化和建制化，原本属于私人领域的慈善互助，转变成了公共领域的制度设置和安排，则需要说明其合理性。

社会服务制度化。由于现代经济与社会发展的需要，国家和政府日益承担起照顾国民生活、改善社会环境、提升社会福祉的责任，尤其是现代福利国家的建设，给国民提供公共产品和服务，已经成为现代国家的一项重要职能。与此同时，由于政府将社会福利纳入了国家制度和社会政策体系，并以购买的方式由专业社会组织和社会工作者承接和实施服务，社会服务出现了日益制度化的趋势。

社会服务提供机构与从业群体日渐专门化、专业化和职业化。在制度化的社会服务体系中，一方面，有专门提供社会服务的机构，即非政府、非营利部门与社会服务组织；另一方面，有专门从事社会服务行业的专业人士，即社会服务不再是个体间的慈善互助行为，而是形成以社会服务为专业和职业的特定群体，他们属于公共服务部门的专职从业者。

因此，伴随社会服务体系的建制化，对于社会服务项目的要求，也如同其他公共领域一样，需要证据证明其合理性。循证评估，最早出现在医学领域，《循证医学：如何实践与引导》一书提出了 EBP（evidence-based practice）模型，以此论述医疗服务需要遵循的循证原则及步骤：

将服务信息转化为可回答的问题；

寻求最佳信息证据，以回答问题；

对于证据的有效性、影响力、环境的适用性作出评判；

将评判与医生、病人独有的价值观和偏好相结合考量；

评估以上四个步骤的效果与效率。①

EBP 模型是循证评估在医疗服务领域的开创性应用，并很快扩展到其他社会服务领域。对于社会服务项目的循证评估，即要以一定的证据，评判社会服务项目的合理性：绩效考量要求社会服务项目具有有效性；公共部门问责制的普及，需要以公共资金为主要来源的社会服务项目说明其合法性和正当性；社会服务项目依托在一定的社会环境中展开，因此，需要说明项目与环境的适应性，即环境对项目的认可度。

一、项目的有效性：绩效考量

在功效主义和工具理性思潮的影响下，社会服务项目要论证项目的有效性。

（一）功效主义

近代西方工业革命与资本主义经济的发展，建立在机器化生产和精细化分工的基础上。"有了分工，同数劳动者就能完成比过去多得多的工作量，其原因有三：第一，劳动者的技巧因专业而日进；第二，由一种工作转到另一种工作，通常会损失不少时间，有了分工，就可以免除这种损失；第三，许多简化劳动和缩减劳动的机械的发明，使一个人能够做许多人的工作。"②

机器化生产和精细化分工能极大提升社会生产效率和效益。近现代工业社会对于效率和效益的重视，与功效主义思想密不可分。功效主义最初的理论来自斯密、休谟等思想家，至 18~19 世纪，由边沁、穆勒、西季威克等学者发展成一个颇具影响力的理论流派，英文为 utilitarianism，指功效、效用、利益、用处等。功效主义又称功利主义，但非道德评判的自私或自利，而是指以一种效用分析来理解社会世界。

1. 重视结果和效果

以康德为代表的义务道德论，主张道德与行动原则的合理性相关，而与行动的后果无关；即是说，与道德相关的，并非行动的结果，而是行动的意图。"有一种律令，它直接命令某个行为，而不以通过此行为来达到某个意图，作为此行为的条件。这个律令就是定言律令。即不考虑行为的质料和

---

① ［美］戴维·罗伊斯、布鲁斯·A.赛义、德博拉·K.帕吉特：《项目评估：循证方法导论》，王海霞、王海洁译，中国人民大学出版社 2018 年版，第 11~12 页。

② ［英］亚当·斯密：《国民财富的性质和原因的研究》（上卷），郭大力、王亚南译，商务印书馆 1972 年版，第 8 页。

行为所意向的结果,而只考虑此行为的形式和它所出自的原则的律令。行为本质之善就构成了此行为的意图,而不管行为的结果怎样。这样的律令可被称作道德律令。"①意味着,基于义务论的道德,就是有好的意图,即良善的意志。

然而,与义务道德论的主张不同,功效主义则是一种后果道德论,主张应当依据行为所产生的实际结果来判断其是否在道德上是适宜的。好的行为,即能产生幸福或免除痛苦的行为。如穆勒指出:"所谓幸福,是指快乐和免除痛苦;所谓不幸,是指痛苦和丧失快乐。……唯有快乐和免除痛苦是值得欲求的目的,所有值得欲求的东西之所以值得欲求,或者是因为内在于它们之中的快乐,或者是因为它们是增进快乐避免痛苦的手段。"②

诚然,康德等义务道德论的思想家并非完全否定行为的结果所可能产生的道德意义,但是,相比某种行为事实上能否带来益处或幸福的经验而言,他们更关心的是行为是否符合道德的理性原则。"每一个经验的东西不但完全不配成为道德原则的一个成分,而且甚而会有损于道德实践自身的纯粹性。因为,在道德里,一个绝对的善良意志所固有的不可估量的价值,正在于行为的原则摆脱了所有来自只由经验提供的偶然根据的影响。"③

但是,后果道德论的思想家却并不认同这样的理念。他们批判义务道德论过于重视行动的道德原则,却忽视行动结果的重要性,因而可能造成诸多悖论,很多时候"通往地狱的路是由善良的意愿铺成的"④。功效主义抛却纯粹观念的探讨,转而考察行为的事实结果,坚信道德并非只是一种意图和原则的正当性,而应"把'功利'或'最大幸福原理'当作道德基础的信条主张,行为的对错,与它们增进幸福或造成不幸的倾向成正比"⑤。

在现实生活中,对于判断行为的合适性,既可见义务道德论、又可见后果道德论的主张。譬如,是否能说谎?若以义务道德论为依据,它的逻辑是,道德原则是普遍的,可适用于任何人,如果所有人都说谎,是否是可接受的行为?如果不能接受,那道德原则就要求,任何人在任何情境下不能说谎,即使面对的是敌人。而后果道德论则会考虑,说谎的后果是什么,能减少苦痛、增进幸福吗?若在某些情境下确是如此,那善意的谎言就是被允许的。

---

① [德]伊曼努尔·康德:《道德形而上学基础》,孙少伟译,九州出版社2007年版,第55页。
② [英]约翰·穆勒:《功利主义》,徐大建译,商务印书馆2019年版,第8~9页。
③ [德]伊曼努尔·康德:《道德形而上学基础》,孙少伟译,九州出版社2007年版,第79页。
④ [美]罗伯特·所罗门、凯思林·希金斯:《大问题》,张卜天译,广西师范大学出版社2014年版,第340页。
⑤ [英]约翰·穆勒:《功利主义》,徐大建译,商务印书馆2019年版,第8页。

2. 重视现实的利益

现实的利益如此重要,如边沁所言,一个人总会追求自身的利益,那是生存和发展的基础。"自然把人类置于两位主公——快乐和痛苦——的主宰之下。只有它们才指示我们应当干什么,决定我们将要干什么。是非标准,因果联系,俱由其定夺。凡我们所行、所言、所思,无不由其支配:我们所能做的力图挣脱被支配地位的每项努力,都只会昭示和肯定这一点。一个人在口头上可以声称绝不再受其主宰,但实际上他将照旧每时每刻对其俯首称臣。"①

利益,常常意味着一种需求被满足。如奥塔锡克所言:"利益是人们满足一定的客观产生的需要的集中的持续较长的目的;或者这种满足是不充分的,以致对其满足的需求不断使人谋虑;或者这种满足(由于所引起的情绪和感情)引起人的特别注意和不断重复的、有时是更加增强的要求。它们通常表现在经常不断地、非常有力地、坚定而又往往充满激情地追求满足这些需要的人的活动上,人们以此使利益发挥作用和得到实现。"②

利益或功效,与需要和需求相关。需要和需求,不仅限于物质和经济领域,而是遍布在社会生活的各个领域。概括地说,有三种主要类型:物质需求,满足人的经济和物质生活的需要;社会需求,满足人的社会和交往生活的需要;精神需求,满足人的精神和文化生活的需要。"人不是简单的自然存在物,而是具有理智的人的自然存在物,人不像动物那样无意识地适应自然界,而是在适应自然界的同时使自然界适应自己,满足自己的需要。"③

需要和需求,来自个体在现实生活中的生存、延续和发展。尽管需要和需求表现出个体性,但它同时也是历史性的,不同历史时期人的需要和需求不尽相同。人一般无法完全依靠自身满足需要和需求,而要在一定的人与人结合而成的社会关系中,经由社会交互和交换而实现。进而言之,个体的需要和需求的满足程度,与社会发展的水平密切关联。

个体为了追求自身利益,会产生行为的动机。个体为获得利益和效用的行动,是一种符合逻辑的理性行动,即个体行动的目的在于谋求需要和需求的满足,且是长久持续、不断增强地满足。每个个体的行动交织在一起,就会发生互动,个体在互动中为谋求自身的利益而交换,并通过资源交换,

---

① [英]边沁:《道德与立法原理导论》,时殷弘译,商务印书馆2000年版,第58页。
② [捷]奥塔·锡克:《经济-利益-政治》,王福民、王成稼、沙吉才译,中国社会科学出版社1984年版,第263页。
③ [法]奥古斯特·科尔纽:《马克思的思想起源》,王瑾译,中国人民大学出版社1987年版,第75页。

满足各自的需求和效用。

每个个体致力于追求利益,在社会生活中寻求需求的最大化满足。若行动者是理性的,能判断做什么、怎样做,对自己而言是最有利的,那么,他自然会发现维护自身利益、又不伤害他人利益,以合作提升效率、以互惠增进效益等方式对自己和他人而言,都是良好的选择。但是,此种理想的情形,并不会自然发生,而是需要一系列规范予以保障。

综上,功效主义对于现代社会影响颇为深远,在功效主义的视野之下,社会服务项目需要考量社会服务的产出和结果,以及所能产生的效益和效用。基于功效主义对于利益的关注,社会服务项目要重视利益相关主体,尤其是项目目标群体的现实需求,以及需求的有效满足。同时,对于社会服务项目实际产出的效益和效用,则需采用一定标准予以计算或衡量。

(二) 工具理性

在韦伯看来,以西方工业革命为开端的现代化工业文明,其核心是一种理性化(rationalization)的产物。此处的理性,是指"手段-目的的合理性",即为达到目的而寻找和采用最有效的手段。韦伯提出理想型的概念,它是由研究者从纷繁芜杂的社会现象中抽象而来,能反映社会事物本质的类型化意义。韦伯指出社会行为主要有四种理想类型:[1]

工具理性行为:行为手段和目的之间有可观察、可说明的逻辑关联,行动者为达成目标,而力图采取最有效的手段。

价值理性行为:依据某种价值信念,比如正义、善良、真理、信仰等价值,而开展的行动,并不计较有效性和功利性。

情感行为:由感觉、感情、情绪激发的行为。

传统行为:由传统的习惯主导的行为。

在现代社会生产和生活中,追求"手段-目的的合理性"的工具理性行为占据着绝对主导地位。"目的理性行动的成立,是行动者将其行动指向目的手段和附带结果,同时他会去理性地衡量手段之于目的、目的之于附带结果,最后也会考量各种可能目的之间的各种关系。"[2]此种理性理念自经济生产领域开始,向社会生活的各个领域渗透。

可预期的市场体系。若市场体系不可预期,则不能进行理性的计算和权衡,只有在现代工业生产方式之下,建立起大规模可预期的原材料市场、

---

[1] 参见[德]马克斯·韦伯:《社会学的基本概念》,顾忠华译,广西师范大学出版社2011年版,第51页。
[2] [德]马克斯·韦伯:《社会学的基本概念》,顾忠华译,广西师范大学出版社2011年版,第53页。

劳动力市场、产品销售市场、货币金融市场等,理性的经济体系才能确立。

可确知的知识体系。在现代工业社会之前,人类关于自然世界和社会世界的知识,以思辨的哲学为主导,对于世界的认识是模糊和不确定的,如孔德所言,人类经历了神学时代和形而上学时代。现代社会之后,人们开始追求确切的知识体系,以实证主义为导向的自然科学和社会科学建立起来。①

非人格的社会关系。传统社会中的社会关系,具有鲜明的人格化特征,即建立在具体、特定、有独特人格的个体之间,是一种身份关系。现代社会中的社会关系,则以契约型关系为主,是一种客观、抽象、超越特定人格的关系,由正式规则、标准化程序、非人格化互动等构成。

理性的法理型权威。在韦伯看来,前现代社会中的权威,主要来源于传统世袭的权力。现代社会中的权威则主要来源于法理,即依据法定程序制定的正式法律和法规。人们服从抽象的法律制度,而非个人权威。②

科层制的组织管理形式。组织类型主要有两种:一种是建立在强烈的个人情感和关系纽带之上,如家长制(patriarchal)或世袭制(patrimonial)组织;另一种则是以抽象的、普遍性规则为组织制度,如科层制(bureaucratic)组织。③ 在现代社会中,组织管理多以科层制的形式出现。

理性的宗教伦理。理性对于宗教的影响,在于它"一步步坚定地把不确定的、神秘的和诗意的东西击退"④,从此世界可以得到理性的阐释和说明。理性实现了对于宗教的祛魅,"人们曾一度透过面纱——仪式和典礼、女神和吐火龙、日常生活中无数可怕的意外——来理解世界;现在,每天开通的火车就可以把游客带到特兰西瓦尼亚的城堡中"⑤。

综上,现代社会崇尚的工具理性,是一种手段-目的理性,即认为在手段和目的之间存在确定的逻辑,经由一定的手段能达到预期的目的。手段-目的理性是推动现代生产和生活的核心引擎,在工具理性思潮的渗透之下,一切神秘祛除了面纱、一切事务皆可计算、一切不确定皆能控制、一切行为追求效用最大化,自然世界和社会世界为手段-目的理性所接管。

---

① 参见[法]奥古斯特·孔德:《论实证精神》,黄建华译,商务印书馆1996年版,第2页。
② 参见[德]马克斯·韦伯:《经济与历史 支配的类型》,康乐等译,广西师范大学出版社2010年版,第297页。
③ 参见[德]马克斯·韦伯:《经济与历史 支配的类型》,康乐等译,广西师范大学出版社2010年版,第305~306页。
④ [美]兰德尔·柯林斯、迈克尔·马科夫斯基:《发现社会》,李霞译,商务印书馆2014年版,第219页。
⑤ [美]兰德尔·柯林斯、迈克尔·马科夫斯基:《发现社会》,李霞译,商务印书馆2014年版,第219页。

现代工业生产和发展,受益于工具理性的倡导,即为达到确定目的而不断寻求最有效的手段。"归根到底,产生资本主义的因素乃是合理的常设企业、合理的核算、合理的工艺和合理的法律,但也并非仅此而已。合理的精神,一般生活的合理化以及合理的经济道德都是必要的辅助因素。"①因此,即使是原本备受道德赞誉和奖赏的社会服务领域,也日益受到工具理性精神的渗透和深刻影响,需要说明其服务的效用和效率。

二、项目的正当性:问责制度

在权利与责任相当的问责制度影响下,社会服务项目应论证其正当性。

(一) 正当性与合法性

韦伯在阐述"支配的类型"时,将"支配"界定为"一群人会服从某些特定的(或所有的)命令的可能性"②。通过支配行为,构建出一种"支配-服从"关系,使号令得以服从、秩序得以建立。在韦伯看来,支配的发生,主要来源于显在权力或潜在的影响力,而服从的行为则可能出自诸多动机。

权力与权威并非完全等同的概念。前者是指:"在社会关系内,行动者具有可以排除各种抗拒以贯彻其意志的可能性,不论此一可能性基础为何。"③权力的实施,可以诉诸野蛮的武力、残忍的暴力,其目的是使权力的对象畏惧而屈服。而"支配或'权威'可能会基于非常不同的服从动机:由最单纯的习惯性服从,到最纯粹理性的利益计算。因此每一种真正的支配形式都包含着最起码的自愿服从之成分"④。意味着,权威是指行动主体具有对他人的正当权力,而被权威支配的对象怀有最起码的自愿服从。

韦伯关注的一个重要命题,即支配-服从关系得以发生和维持的正当性或合法性的基础。尽管以物质利益为基础的经济手段,可以产生一定程度的支配,如在经济组织中常见的那样,劳动者出于利害关系的考虑,服从于上级管理者的意志。但是纯粹的物质利益或利害考量,并非一个稳定的支配关系得以维系的基础,物质利益的变动性强,以利益相聚,也容易因利益而分离。同时,在社会生活中,情感、理想、习惯等能在一定程度上弥补物质利益的不足,但依然不足以成为稳固的支配力量。

---

① [德]马克斯·韦伯:《世界经济通史》,姚曾廙译,上海译文出版社1981年版,第301页。
② [德]马克斯·韦伯:《经济与历史 支配的类型》,康乐等译,广西师范大学出版社2010年版,第291页。
③ [德]马克斯·韦伯:《经济与历史 支配的类型》,康乐等译,广西师范大学出版社2010年版,第291页。
④ [德]马克斯·韦伯:《经济与历史 支配的类型》,康乐等译,广西师范大学出版社2010年版,第291~292页。

因此，必须考虑一种正当性的理念，即在正当性的基础上建构权威的主要形式。权威并不建立在强制的权力基础之上，人们并不是被迫同意和屈服。具有正当性的权威，主要有三种形式：①

传统权威型。渊源悠久的历史和文化传承，不断内化为一代又一代人信奉的传统观念，使人们确信权威者具有传承的正当性。

卡里斯玛型。权威者的魅力，来自个人的超凡、神圣、英雄气概或其他特殊气质，使人们愿意服从于他们制定的规范和秩序。

法理权威型。在理性的基础上，确信法令、政策必须依法制定，人们愿意服从由法律法规建构的客观、非个人、非情感的秩序。

支配者拥有权威，而使支配对象服从。在传统型权威中，人们服从历史规定的传统义务，对支配者恭顺和服从；在卡里斯玛型权威中，人们折服于领袖"天赐"般的非凡禀赋，愿意追随和服从；而在法理型权威中，人们的服从义务是有限的，只在法定义务范围内服从法令、政策和规范，同时人们服从的并非特定领导者，而是依法拥有支配权的职位。

从发展历程来看，"历代相传""君权神授"的权威曾占据过相当长的历史时期。直至19世纪以来，欧洲在工业革命契机下，推动以民族自治和自决为基础的民族国家，成为世界主要的国家和政体形式。由于国家管理的国民众多，则需要成立一个特别的政治团体——政府，组成政府机构的管理者被委托制定法律法规和政策，并由他们执行和实施。

现代政府作为公共管理的主体，其拥有的权威主要是法理型的。法理型权威，通常"有一套正当的流程来确保服从：正式、符合逻辑、有理可依"②。即是说，它并非出自支配者的个人意志，或传统上因循沿袭的陈规。法律法规和政策，由立法主体，在符合理性的基础上，经过法定程序加以制定和编纂，适用于所有国民。法律规范依据一定的抽象原则，形成逻辑一致的体系，如有违抗，则会有强制性的措施加以惩罚和纠正。在组织内部，组织成员间的权利和义务关系，也需接受法律规范的制约。

（二）问责制度的普及

工业革命以来，由于社会从传统向现代转变，引发公共管理的权威不断由传统型、卡里斯玛型向法理型权威转型。而在由法理型权威构建的公共管理和服务体系的架构中，权力、权威与义务、责任需要具有一定程度的相

---

① 参见［德］马克斯·韦伯：《经济与历史 支配的类型》，康乐等译，广西师范大学出版社2010年版，第297页。
② 参见［英］克里斯·格雷：《简单有趣的组织学》，张潇予译，上海交通大学出版社2012年版，第27页。

当性和适配度，由此产生了问责制度。

1. 政府部门的问责

在"二战"之前，西方国家的政府是小政府，多实施自由主义经济政策，政府对经济社会生活的管理和干预相对较少。但在"二战"之后，政府的权力和责任迅速扩张，主要原因在于：一是战后重建的任务艰巨，政府需在宏观层面整体把控；二是为抑制资本主义周期性经济危机，需增强国家对经济的调控；三是为缓解资本主义社会危机，需推动福利国家建设。

种种影响因素推动政府部门规模扩大，政府对于经济社会生活的调控能力增强。政府增加税收征收，所得财政收入主要用于公共事务，投入经济发展项目和社会服务项目等。政府有公共行政的权责，在政府行政权力有限的时期，少有针对政府的问责；但伴随政府权力日益增强、再分配权持续扩张，公众对于政府的要求和监督不断增长。

依据行政权力与责任相对等的原则，政府开始采纳并施行问责制度，即在一定行政范围内，制定政策、执行事务、行使权力的主体，需要承担与职权相对应的职责，且对行政过程中所产生的消极结果负有可追究的行政责任。问责制的施行，使公共政策和公共项目的决策者和执行者日益重视政策与项目的正当性，以获得公众的普遍认可。

2. 第三部门的问责

在20世纪60年代以前，西方国家由第三部门发起和实施的项目，常是一些小规模的公益慈善项目。它有三个突出特征：一是资金主要来源于私人部门的资助，如个人或企业捐赠；二是慈善捐助的规模不大，常由社区和社会组织展开，如社区邻里关爱和互助项目等；三是由于慈善工作有天然的价值崇高性，人们对于慈善服务及其提供者并无过高的苛求。

然而，"二战"之后，伴随政府公共部门的扩张，公共资金购买第三部门的社会服务迅速增多，社会服务项目的主要资金来源，不再是个体和企业的偶然性或小规模捐助，而日益走向常态化、制度化和规范化的发展之路。在第三部门就业的工作者持续增加，社会服务工作逐渐成为一门稳定的职业，公众对于社会服务提供者的评价，也更加专业化、职业化。

因此，社会服务项目需要更好的绩效以应对问责。如里佐和福琼所言："需要拿出社会服务的成本效益的证据，以说服政府官员、决策者和卫生管理人员，让他们认识到这些服务是至关重要的。"[1]又如耶茨指出："我们需

---

[1] Rizzo, V. M. and A. E. Fortune: Cost Outcomes and Social Work Practice, *Research on Social Work Practice*, 2006, 16(1): 5~8.

要研究低成本高效率的方法进行服务和干预,所以我们可以利用循证交付系统为大多数人提供循证服务,以减少每个人不必要的资源支出。"[1]

在政府部门主动接受问责制对其制约的同时,社会服务部门同样需要面对问责制的挑战。这意味着社会服务项目需要在法律法规的范围内开展服务,以满足法律规范的要求;社会服务机构需要具备正式的组织形式,社会服务人员需要具有职业资质,以确保能提供专业化的社会服务;社会服务项目需要接受监管方的监督,并回应公众对于项目的关切。

三、项目的认可度:环境适应

政府、企业、慈善组织或爱心人士,以购买服务或资助捐赠等方式,委托第三部门的社会组织及社会工作专业人士,开展公益性、福利性的社会服务,表现为多元主体共同参与社会治理与社会服务的形式。进言之,社会服务项目的展开,一定处在一个特定的社会环境之中,与环境系统中的诸多要素密切关联,因此,社会服务项目的合理性,还体现为项目所在环境对其的认可和认同程度。

(一)项目是一个系统工程

18世纪,物理学学科的兴起改变了人类原有的思辨式思维模式,发展出机械决定论思维,即认为物质及其运动具有机械式发展的规律。对于客观事物的运动规律而言,机械论思维有助于研究必然的、客观的、有因果联系的规律。但是,此种思维很快扩展到认知生物及人类社会现象,比如,将人视为一种物质性存在,其行动遵循机械式法则。

如伏尔泰所指出:"我们是有两只脚和两只手的同大机器的小齿轮类似的东西……我们具有来源于自然女王的普遍运动的素质,我们没有给出任何东西,却获得了一切,我们所具有的思想并不比我们静脉中的血液循环多。每一存在方式必然服从普遍规律。虽然众多的星星不能使我们成为我们的行为和意志的绝对主宰,虽然宇宙本身也不就是奴隶,但如果认为人是一切的源泉,那是可笑的,也是不可能的。"[2]此种论述即是以典型的机械决定论的方式看待人。

机械决定论将人还原成一种物理和化学的过程。"用物理学和化学的术语说,生命有机体是许多过程的聚集体,如果有充分的研究和知识,这些

---

[1] Yates, B. T.: Delivery Systems Can Determine Therapy Cost, and Effectiveness, More Than Type of Therapy, *Perspectives on Psychological Science*, 2011, 6(5): 498~502.

[2] 转引自[美] E.马奎特:《规律、因果性和机械决定论的社会根源》,邹中建译,《哲学译丛》1988年第3期。

过程是能够用化学结构式、数学方程式和自然定律来定义的。"①然而,至 19 世纪,伴随社会科学的发展,研究者发现,人类社会事务与自然界客观事物的规律,并非完全相同。因而,将社会视为一个由相互关联要素构成的整体,类似于复杂生物有机体的看法,在孔德和斯宾塞的时代开始出现。

如斯宾塞所言,人类社会如同生物体一样,是一个复杂的有机体。生物有机体的器官有分工,各个部分都在为有机体整体输送营养、运输物资、运送产品、排泄废物、指挥其他器官活动。社会有机体同样如此,有收集原材料的机构,有传输物质和信息的渠道,有刺激或限制经济部门的制度安排,有地方政治组织或教会控制权力等,通过各种各样机构和组织的活动,使社会秩序得到维持,社会生活得以运行。②

到 20 世纪初,在生物学和心理学领域,研究者进一步发现,面对复杂的生命现象,只有将生物视为一个统一的整体,才能对其进行理解和解释,系统的理念由此萌发。30 年代,理论生物学家贝塔朗菲结合生物学和社会科学的思维和方法,提出了一般系统理论,用系统的视角看待生物和社会现象。

一般系统理论指出,一个系统构成的主要条件有:

边界:系统具有一定的边界,边界之外是系统所处的环境;

要素:系统需要由两个以上的要素组成;

关系:系统的要素之间,存在着相互作用和关联;

结构:要素通过关系结合在一起,形成系统的整体结构;

功能:具有一定结构的系统,常拥有特定的目标和功能。

贝塔朗菲指出,应当将系统思维应用在自然科学和社会科学的各个研究领域。在他看来,经典的物理学定律,并不能完全解释生物生命和社会现象,而需要用系统的观点加以理解和分析:自然与社会现象是整体性的,而非个体性的;是相互关联的,而非互相隔绝的;是动态发展的,而非静态均衡的;是具有多层次的,而非诸多现象并行处于同一层级。

进言之,基于一般系统理论③而言,项目系统主要具有如下特性。

项目整体与构成要素的辩证统一。一方面,要素的特性是项目整体特性的基础,若无要素的特性,项目整体特性则会失去根基;另一方面,项目的

---

① [美]冯·贝塔朗菲:《一般系统论:基础,发展和应用》,林康义、魏宏森等译,清华大学出版社 1987 年版,第 130 页。
② 转引自[美]乔纳森·H.特纳:《社会学理论的结构》,邱泽奇、张茂元等译,华夏出版社 2006 年版,第 24~25 页。
③ 参见[美]冯·贝塔朗菲:《一般系统论:基础,发展和应用》,林康义、魏宏森等译,清华大学出版社 1987 年版。

特性并非所有要素特性的简单集合,而是经由要素关联之后产生的整体特性,整体具有要素可能不具备的新特性。

项目的边界性。项目有着明确的边界,边界将项目内部和外部环境分隔开,若无边界,项目则不可能成为系统。

项目的结构性。项目具有特定的结构,结构由边界、要素及要素间的关系构成;要素之间以一定的方式联结,并保持常态的互动。

项目的交换性。项目与外部环境之间,存在着信息、资源、能量的交换。若项目的边界渗透性强,项目与环境间的互动和交换频繁,则项目呈现出开放的状态,形成开放系统;反之,则构成封闭系统。

项目的功能性。项目具有独特的目标和功能。项目功能的发挥,一方面与项目内部结构密切相关,结构影响功能的特性,另一方面则与项目在外部环境中所处的位置有关,不同位置发挥的功能各异。

项目的成长性。项目与外部环境的物质和能量交换,使得系统具有一定的成长性。在交换过程中,构成项目的要素及要素之间的关系趋于复杂,促使结构持续不断地分化,结构分化的同时促成功能的专门化。

综上,在系统论思维的影响下,人们看待项目的方式,与机械论的理念有显著差异,它将项目视作一个系统工程:

输入:物质、资金、人力、技术和管理等要素的系统投入;

运作:项目的运作和实施;

输出:产出的产品和服务;

反馈:将得到的产出反馈给投入决策,影响项目的可持续性。

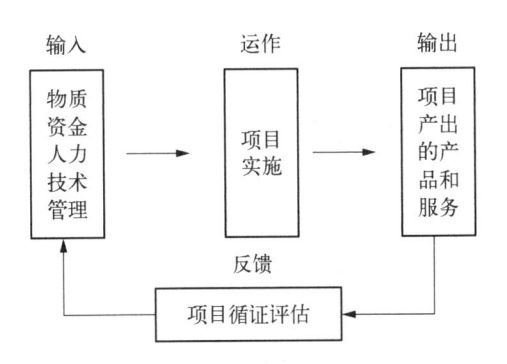

图 2-1 项目运作与循证评估

由此可见,项目是一个系统工程:需要多种资源参与其中,如资金、技术、人力、管理资源等;需要运用行政、经济、社会、法律等多种手段,对资源进行合理配置和利用;需要多元利益相关主体的配合和协调;需要各个利益相关主体间形成良好的关系和联结,共同促进项目目标的实现。

(二) 项目在环境中

社会生态系统论是在一般系统论的基础上发展形成的。具体而言,若系统的构成要素相对客观、简单,系统受环境因素的影响较小时,分析系统的结构和功能、控制和反馈等,即能很好地理解和解释系统。但当系统的构成要素复杂,系统与环境之间的互动频繁,系统深受环境因素影响时,则需要更深入、更复合的理论框架探讨系统与环境之间的关联。

人类生活于环境中,环境是影响人类社会的重要力量。社会生态系统论学者布朗芬布伦纳指出:环境是"一组嵌套结构,每一个嵌套在下一个中,就像俄罗斯的套娃一样"①。"社会-生态系统、人类-环境系统或经济-生态系统,并不是简单的此消彼长关系,而是一个具有非线性关系、环形反馈、时滞、遗传效应、阈值、异质性和突变性等特定的复杂系统。"②处在复杂环境中的系统,其运作过程和结果会受环境复杂性的深刻影响。

奥斯特罗姆指出,所有自然生态与社会世界,都是社会生态系统(society ecosystems)的一部分,而社会生态系统的特征主要有以下方面:③

层级性:社会生态系统由不同层级的子系统构成,正如蛋白质构成细胞、细胞构成组织、组织构成器官、器官构成生物有机体一样;④

嵌套性:社会生态系统,由子系统一层层嵌套构成,一方面子系统自成为一个系统,另一方面其又是更高一层系统的构成要素;

复杂性:不同层级的子系统相互嵌套,且相互之间产生复杂的关联,故子系统的细微变化可能会导致系统整体出现复杂变化;

不确定性:由于子系统与环境、子系统之间的相互关联,时刻处在复杂多变的情境之中,故难以明确地预测社会生态系统的结果。

因此,奥斯特罗姆指出:对于深受环境影响的复杂系统而言,不能用简单线性思维的方法,通过分析与控制系统自身去寻求所希望的结果。由于复杂系统深受环境持续变动的影响,系统的运作不再遵循线性规律,子系统之间、系统与其他系统之间、系统与环境之间,皆呈现出显著的非线性关联。即使发生一些细微的改变,亦可能导致复杂系统的结果充满不可预知的变化。

---

① 转引自[美] Shaffer, D. R. and K. Kipp:《发展心理学》,邹泓等译,中国轻工业出版社2013年版,第57页。
② 转引自蔡晶晶:《诊断社会-生态系统:埃莉诺·奥斯特罗姆的新探索》,《经济学动态》2012年第8期。
③ 参见 Ostrom, E.: A General Framework for Analyzing Sustainability of Social-Ecological Systems, *Science*, 2009, 325(5939): 419~422。
④ 参见 Pennisi, E.: Tracing Life's Circuitry, *Science*, 2003, 302(5651): 1646~1649。

综上,当项目作为一个复杂系统时,它与环境会形成紧密关联:

开放:一个开放系统,与环境保持互动和交换;

动态:系统的参数伴随其与环境的互动而持续变化;

控制:输入信息经过施控环节转变为控制信息,控制信息作用于受控环节后转变为输出信息,输出信息经由反馈渠道转变为反馈信息;

闭环:项目系统由控制和反馈等形成一个闭环,但是,在此过程中持续受到外部环境的影响,同时系统对环境也有反作用。

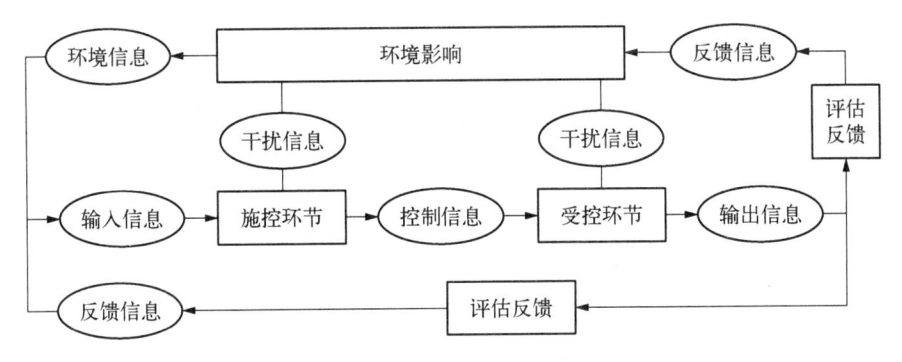

图 2-2 项目与环境的交换

因此,环境对于项目的立项、实施、可持续而言,显得尤为重要。在生态系统理论看来,环境主要有三种类型:一是项目所处的直接和当前的环境,是一种微观环境;二是微观环境间的相互关联,是为中观环境;三是对项目有深远影响的文化传统和制度政策安排等,即为外层环境。

进言之,制度主义学派更为鲜明地探讨了制度环境对于组织或项目存续的影响。依据制度学派的观点:一个组织或项目所处的环境,尤其是制度环境,比如,法律制度、文化期待、社会规范、思想观念、传统伦理、主流价值等,即环境之中广为流传、为公众所共同接受的社会事实,对于组织或项目而言意义重大,影响社会对组织或项目的认可程度。

第二节 利益相关者理论:主体间合作博弈

由于社会服务项目是一个系统,在决策立项、开展实施、目标达成的过程中,会关联和涉及诸多的利益相关主体。以循证为基础的项目评估,需要考察不同利益相关主体,提供有关社会服务项目合理性的多方面、多渠道的证据和信息,并以此考察项目作为一个综合性系统的整体效果。

一、利益相关者分析

利益相关者理论,起源于经济学和管理学。对于企业所有权性质的分析,有两种相对的观点。

股东中心论(shareholder primacy theory):企业由出资人投入资本而形成,他们付出人力、物力、财力,并承担运营风险,因而拥有企业所有权。[1]

利益相关者理论(stakeholder theory):对股东中心论有所质疑,主张与企业有关的利益相关者,都对企业注入了一定的专用性投资,并与股东和出资人一起,为企业作出贡献,并分担企业的风险,因而企业应是利益相关者共同所有。[2] 如唐纳森(Donaldson)和普雷斯顿(Preston)所言:"公司本质上是一种受多种市场影响的企业实体,而不应该是由股东主导的企业组织制度;考虑到债权人、管理者和员工等许多为公司贡献出特殊资源的参与者,股东并不是公司唯一的所有者。"[3]

对于利益相关者的界定,不同学者有不同看法。

具有代表性的观点,由弗里曼(Freeman)提出:广义的利益相关者,"是能够影响一个组织目标的实现,或者受到一个组织实现其目标过程影响的人";而狭义则是指"企业为了维续生存所依靠的个体和组织"[4]。

有关利益相关者的分类,不同学者基于不同的标准划分出不同类型。

弗里曼将利益相关者分为三类:[5]一是所有权利益相关者,企业股票所有者是企业的所有权利益相关者;二是经济利益相关者,与企业有经济利益的关联者,如经理人员、企业雇员、债权债务人、消费者、供应商、同行竞争者等;三是社会利益相关者,即与企业无直接经济利益相关,但有社会利益的关联,如政府组织和监管部门、公共媒体、企业捐助对象等。

弗雷德里克(Frederick)将利益相关者分为两类:[6]一是直接利益相关

---

[1] 参见 Hart, O. and J. Moore: Property Rights and the Nature of the Firm, *Journal of Political Economy*, 1990, 98(6): 1119~1158。

[2] 参见 Freeman, R. E.: *Strategic Management: A Stakeholder Approach*, MA: Pitman Publishing, 1984。

[3] Donaldson, T. and L. E. Preston: The Stakeholder Theory of the Corporation: Concepts, Evidence and Implications, *Academy of Management Review*, 1995, 20(1): 65~91。

[4] Freeman, R. E. and D. L. Reed: Stockholders and Stakeholders: A New Perspective on Corporate Governance, *California Management Review*, 1983, 25(3): 88~106。

[5] 参见 Freeman, R. E.: *Strategic Management: Stakeholder Approach*, MA: Pitman Publishing, 1984。

[6] 参见 Frederick, W. C.: Moving to CSR: What to Packfor the Trip, *Business & Society*, 1998, 37(1): 40~59。

者,与企业有直接利益相关关系者,如股东、经理人员、企业雇员、债权债务人、消费者、供应商、同行竞争者等;二是间接利益相关者,与企业无直接利益关系,但有间接利益关联者,如政府部门、社会团体、公共媒体、公众等。

查卡姆(Charkham)根据是否与企业存在合同关系,将利益相关者分为两类:①一是有合同关系的契约型利益相关者,二是无合同关系的公众型利益相关者。

查克森(Clarkson)依据是否自愿与企业发生利益关联,如给予企业投资、承担企业风险等,将利益相关者分为自愿利益相关者和非自愿利益相关者;同时,依据与企业利益关联的紧密程度,分为首要利益相关者和次要利益相关者。②

惠勒(Wheeler)等学者采用两个维度标准——社会性与直接性,将利益相关者分为四类:③一是主要的社会利益相关者,与企业利益直接关联,且与人有互动关系,如企业经理、雇员、供应商等;二是次要的社会利益相关者,与企业利益间接关联,且与人有互动关系,如政府、社会团体、竞争对手等;三是主要的非社会利益相关者,与企业利益直接关联,但不与人有互动关系,如资源和环境等;四是次要的非社会利益相关者,与企业利益间接关联,也不与人有互动关系。

另有一种影响甚广的分类法,由米歇尔(Mitchell)等学者提出,主张对于利益相关者的界定和分类,主要考察三个维度属性:④

合法性:与企业有法律、道德及其他特定利益关联;

权力性:对企业决策有影响力、能力和方法手段;

紧迫性:能够引起企业管理层及时、密切的关注。

依据上述三个维度,可以将利益相关者分为三类:

权威型利益相关者。同时具备三种属性的利益相关者,是企业的核心关联群体,如股东、雇员、顾客等。

具备两种属性的利益相关者。一是关键型利益相关者,拥有合法性和

---

① 参见 Charkham, J. P.: Corporate Governance: Lessons from Abroad, *European Business Journal*, 1992, 4(2): 8~16。
② 参见 Clarkson, M. E.: A Stakeholder Framework for Analyzing and Evaluating Corporate Social Performance, *Academy of Management Review*, 1995, 20(1): 92~118。
③ 参见 Wheeler, D. and M. Sillanpa: Including the Stakeholders: the Business Case, *Long Range Planning*, 1998, 31(2): 201~210。
④ Mitchell, R. K., B. R. Agle and D. J. Wood: Toward a Theory of Stakeholder Identification and Salience: Defining the Principle of Who and What really Counts, *Academy of Management Review*, 1997, 22(4): 853~886.

权力性,如企业的投资者、政府监管部门等;二是从属型利益相关者,拥有合法性和紧迫性,如公共媒体、社会团体等;三是危险型利益相关者,拥有权力性和紧迫性,但不具有合法性,如极端势力、激进组织等。

仅有一种属性的利益相关者。一是酌情型利益相关者,指短期内仅拥有合法性,但不排除将来成为拥有两个或三个属性的利益相关者;二是潜伏型利益相关者,仅拥有影响性;三是请求型利益相关者,仅拥有紧迫性。

综上,利益相关者理论发展,大致经历了三个阶段:

影响企业生存:以影响企业生存环境的视角,看待利益相关者;

实施战略管理:以企业规划、制定、实施发展战略视角,引入利益相关者;

参与利益分配:以参与企业利益分配的视角,纳入利益相关者。

二、利益相关者关系

利益相关者理论自提出以来,产生了深远的影响。项目管理中很快采用利益相关者理论,展开了项目管理和评估。项目利益相关者主要有:

投资方:给项目投入专用资产者;

实施方:实施项目的团队及成员;

管理方:项目的管理者和负责者;

监管方:监督项目实施及其质量者;

受益方:项目的直接和间接受益者;

支持方:支持项目开展的人士和环境因素;

在地组织:项目所落地的地方组织和机构;

受影响方:受项目影响的个体、群体、家庭和社区等;

其他利益相关者:如公共媒体、普通公众等。

美国项目管理协会对于项目利益相关者的界定,"是指可能影响项目决策、活动或结果的个人、群体或组织,以及会受或自认为会受项目决策、活动或结果影响的个人、群体或组织。项目相关方可能来自项目内部或外部,可能主动或被动参与项目,甚至完全不了解项目。项目相关方可能对项目施加积极或消极影响,也可能受项目的积极或消极影响"[①]。

关于项目利益相关者之间的位置关系,有如下几种模型。

其一,独立模型。在弗里曼看来,利益相关者与项目的关系,即以项目为中心,所有利益相关者与项目形成一一对应、相互独立的关联。在此基础

---

① [美] Project Management Institute:《项目管理知识体系指南》(第六版),电子工业出版社2018年版,第550页。

上,弗里曼提出一种利益相关者战略管理模型:

利益相关者行为分析:观察和分析利益相关者的行为;
利益相关者行为解释:理解和解释利益相关者的行为;
利益相关者联盟分析:分析利益相关者联盟的可能性;
利益相关者战略纲要:制定纲要性战略;
利益相关者特定策略:实施具体性策略;
利益相关者综合管理:执行综合性管理。

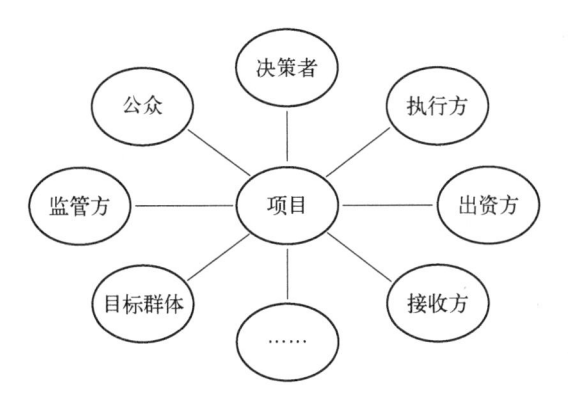

图 2-3 项目利益相关者的独立模型①

其二,评分模型。在米歇尔等学者看来,利益相关者之间的位置关系,与他们所拥有的合法性、权力性、紧迫性等属性有关:

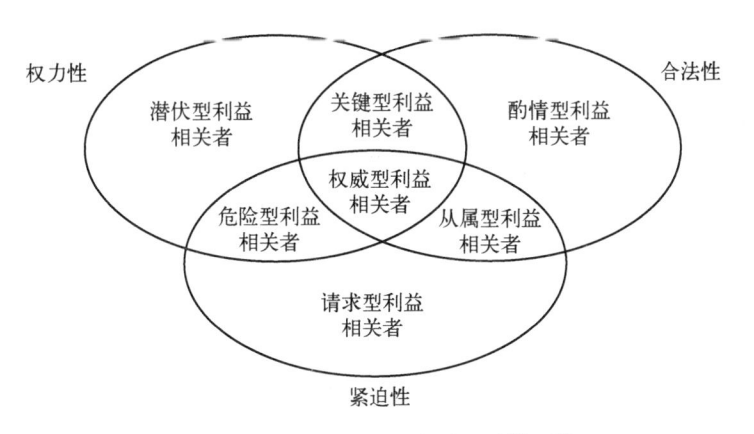

图 2-4 项目利益相关者的评分模型②

---

① 参见 Freeman, R. E.: *Strategic Management: Stakeholder Approach*, MA: Pitman Publishing, 1984。
② Mitchell, R. K., B. R. Agle and D. J. Wood: Toward a Theory of Stakeholder Identification and Salience: Defining the Principle of Who and What really Counts, *Academy of Management Review*, 1997, 22 (4): 853~886.

其三，权力/利益模型。在门德娄（Mendelow）对项目环境分析的基础之上，约翰逊（Johnson）等学者提出用两个维度——权力和利益，建立利益相关者的分析模型，并以此为依据，确定对利益相关者的行动策略。

```
              利益高
               │
       保持联系│核心
  权力小───────┼───────权力大
       最少努力│使其满意
               │
              利益低
```

图 2-5　项目利益相关者的权力模型①

如上图所示：一是权力等级高、利益等级高的利益相关者，对项目决策有权力和影响力，而且对项目的利益诉求也高，是项目的核心利益相关者，需要高度关注；二是权力等级高、利益等级低的利益相关者，对项目的利益诉求低，但是有权力影响项目决策，因而需要尽力让其对项目满意；三是权力等级低、利益等级高的利益相关者，需要与他们保持良好的沟通和联系，传递项目的有效信息；四是权力等级低、利益等级低的利益相关者，他们与项目的关联程度低，维持基本的互动即可。

其四，网络模型。在罗利（Rowley）看来，利益相关者之间的关系，比弗里曼所假定的要复杂得多。② 一个项目中存在多种类型的利益相关者，他们与项目的利益关联千差万别。利益相关者并非只与项目相关、彼此互相独立，而是存在多重的社会网络关系。在网络中的行动者，既有个体行动者，也有组织、机构的行动者；行动者之间的关系，既有正向关系，也有负向关系。网络模型增强了利益相关者之间行动与关系的真实度。

三、利益相关者结构

以社会学视角来看，社会现象中蕴藏着显在或潜在的结构，结构意味着：③

---

① Johnson, G., K. Scholes and R. Whittington: *Exploring Corporate Strategy*, London: Prentice Hall, 2008.
② Rowley, T. J.: Moving Beyond Dyadic Ties: A Network Theory of Stakeholder Influences, *Academy of Management Review*, 1997, 22 (4): 887~910.
③ 参见［澳］马尔科姆·沃特斯：《现代社会学理论》，杨善华、李康等译，华夏出版社 2000 年版，第 100 页。

围绕某一事物,有组成的要素;

要素之间有明确的关系;

要素以一定关系结合在一起,形成独特的模式;

模式相对稳定,持续一段时间。

项目是一种具有介入性和干预性的事物,它在原有社会环境中加入新的因素,促成了与项目关联的利益相关者出现:

利益相关者,以项目为纽带形成;

利益相关者之间存在一定的关联;

利益相关者结合在一起,形成一种结构模式;

结构模式伴随着项目的整个生命周期。

项目的利益相关者结构模式,并非如出一辙,而是有其具体性和独特性:

不同类型的项目关联的利益相关者有所差异:如商业项目、工程项目、公共设施项目、公共服务项目等,其利益相关者各不相同;

在不同项目中,利益相关者之间形成的关系各式各样;

利益相关者基于关系形成的模式结构异质多元;

在项目生命周期的不同阶段,利益相关者的模式结构可能持续变化。

在吉登斯的结构分析中,结构是指"使社会系统中的时空'束集'在一起的那些结构化特性,正是这些特性,使得千差万别的时空跨度中存在着相当类似的社会实践,并赋予它们以'系统性'的形式"[1]。结构是结构化过程的产物,它蕴含着如下特性:

结构中的规则:一种程序或程式,指导行动者的行动准则;

结构中的资源:有配置型资源(allocative resources)和权威型资源(authoritative resources),前者指对物的支配力,后者指对人的支配权;

结构中的关系:行动者之间形成的关系,使结构中有组织和秩序;

结构化的条件:指一些媒介和条件,使行动者的行动形成结构模型。[2]

由此,项目可视为一种媒介,将利益相关者结合在一起,形成一种结构:

利益关联度:利益相关者与项目的利益关联紧密度;

利益分配度:利益相关者的利益收获或受损害程度;

利益影响力:利益相关者拥有对项目有影响力和支配力的程度。

根据三个维度的属性,会出现不同类型的利益相关者,由于在项目结构

---

[1] [英]安东尼·吉登斯:《社会的构成:结构化理论纲要》,李康、李猛译,中国人民大学出版社2016年版,第16页。

[2] 参见[英]安东尼·吉登斯:《社会的构成:结构化理论纲要》,李康、李猛译,中国人民大学出版社2016年版。

中的位置不同,他们对项目的态度有所差异,如表2-1所示:

对于项目的态度:在于利益有所增加还是有所损失;

态度的强烈程度:在于与项目的利益关联是否紧密;

态度的有效程度:在于是否对项目有权力和影响力。

表2-1 利益相关者对项目的态度

态度\维度	利益关联强度		利益分配方向		利益影响能力	
	强	弱	受益	受损	强	弱
强支持	√		√		√	
强反对	√			√	√	
潜在支持		√	√		√	
潜在反对		√		√	√	
沉默支持	√		√			√
沉默反对	√			√		√
弱支持		√	√			√
弱反对		√		√		√

表2-1表明,一是利益相关者在项目中受益或受损,影响利益相关者对项目的态度,是支持还是反对;二是若利益相关者与项目关联度强,影响项目决策的能力也强,他们就是强支持或反对者,反之,则是弱支持或反对者;三是若利益相关者与项目的关联程度弱,但影响项目决策能力强,那他们是潜在的支持或反对者,有表达态度的潜在可能;四是若利益相关者与项目的关联程度强,但影响项目决策能力弱,他们就是沉默的支持或反对者。

由此可知,利益相关者在结构中所处的位置不同,可能具有不同利益诉求,有可能会产生冲突。因此,在利益相关者分析中应主要包括:

项目的利益相关者;

主要的利益相关者和次要的利益相关者;

利益增加者和利益受损者;

对项目决策有影响力的利益相关者;

利益相关者之间的关系;

针对利益相关者的项目方案和形式。

在项目的全生命周期中,都应关注利益相关者在项目中受到的影响,及其对项目的影响,邀请利益相关者参与项目的机制主要有:

信息共享机制:全面、及时地向利益相关者公布项目信息;

协商机制:协商与利益相关者关联的事务和处置方案;

参与机制:邀请利益相关者参与项目的设计、实施和成果分享。

比如,在社会服务项目,矩阵形式的利益相关者确定见表2-2。

表2-2 项目利益相关者的确定

主要利益相关者	次要利益相关者	重要利益相关者	有影响力的利益相关者
决策方	资源支持者	决策者	决策者
出资方	间接受益者	出资者	出资者
实施方	市场方	在地组织/协同方	资源支持者
在地组织/协同方	慈善捐助者	实施方	实施方
管理方	志愿者	管理方	管理方
监管方	受项目辐射/影响者	监管方	监管方
直接受益者……	其他利益相关者……	直接受益者……	公共媒体……

如表2-2所示,区分主要和次要的利益相关者,与项目的目标确定相关;考虑重要的利益相关者,与项目的实施和目标的达成相关;分析有影响力的利益相关者,与项目的决策及其风险相关。

确认利益相关者之后,对其展开分析,如表2-3所示:

每一个利益相关者对项目的期望;

在项目中受益或利益受损情况;

利益相关者是否有与项目目标对立的立场;

利益相关者所拥有的与项目有关的资源;

利益相关者对于项目目标达成的重要性;

利益相关者对于项目决策的影响力程度;

利益相关者的组织化程度;

忽视利益相关者需求可能产生的后果；

与利益相关者期望契合度高的策略和方案。

表 2-3 项目利益相关者分析

利益相关者	期待	受益/受损	资源	重要性	影响力	忽视的后果	策略
决策方							
出资方							
实施方							
直接受益方							
……							

综上，在一个项目中，通常会涉及和关联诸多利益主体，且主体之间的关系主要有两种形式：一是合作关系，即围绕社会服务项目，多元主体构成一个有联结的共同体，以期合力共同完成项目、达到预期的目标；二是博弈关系，不同利益主体在项目中所占据的位置不同，故对于项目有不同的需求和期望，这可能使利益主体间产生一定的博弈和冲突。

因此，在对社会服务项目的循证评估中，需要吸收各类利益相关主体参与，并综合利益相关主体对于项目的评价信息：一方面，利益相关主体影响着项目能否顺利实施和目标达成，忽视利益相关主体的期望和需求，可能给项目运作带来冲突；另一方面，社会服务项目对各类利益相关主体的影响，皆需展开充分的循证分析，以确保项目评估的公正性。

第三节 循证评估的研究方法

本研究的社会服务项目，是 H 市在 71 家农村福利院开展院舍社工服务的项目，在项目完成一个服务周期后，项目决策方希望对此项目展开评估。项目的循证评估，建立在信息证据的基础上，因而，需要采用实证研究方法，调研项目的主要利益相关主体，获得他们对于项目的综合评价。

一、研究对象

研究对象，是与社会服务项目相关的利益主体，主要包括：

决策方/立方：社会服务项目的决策者，决定项目的立项；
出资方/购买方：政府购买服务中的政府，慈善捐助的慈善机构和人士；
协同方/在地方：承载社会服务项目实施的组织和机构，配合项目实施；
执行方/实施方：负责实施社会服务项目的社会组织，及具体项目团队；
监管方/评估方：监督项目实施的监管方，及评估项目成效的评估方；
直接/间接受益方：社会服务项目的目标人群，及目标人群影响的群体；
慈善/志愿团体：为项目捐赠物资，及提供志愿服务的个体和团体；
受辐射/影响方：社会服务项目服务和影响的社区、组织、机构、地区等；
其他利益相关者：公共媒体、社会公众等。

在本研究中，依据利益相关主体与社会服务项目关联的紧密程度、对于项目能否顺利实施的影响程度、对于项目能否获得成功的重要程度等指标，确定了四类主要的利益相关主体——项目的决策方、购买方与监管方，项目的在地组织与协同方，项目直接或间接的目标受益群体，项目的执行组织及其团队。他们对项目的态度与行为，以及对项目的评价，深刻影响着项目的效果与可持续性。

二、访谈方法

在循证评估实证研究中，主要用到两种访谈方法。

（一）集中座谈

在确定对农村福利院院舍社工服务项目开展循证评估与研究之后，研究者制定了集中座谈方案，邀请主要的利益相关主体参与：一是各利益主体依次来谈对于项目的观察、理解、感受和态度等；二是就项目立项、开展、实施、达成目标过程中的重要问题，让利益主体间展开互相交流、提问与沟通。

（二）深度访谈

研究采用的深度访谈法，涵盖所有主要的利益相关主体。

项目的决策方。政府职能部门是农村福利院院舍社工服务项目的立项决策与监管方，研究者对职能部门的相关负责人士展开了深度访谈。

项目的接收/协同方。农村福利院是院舍社工服务项目的主要接收/协同方，研究者对于农村福利院院长及其工作人员展开了深度访谈。

项目的执行方。社会工作服务机构及其派出的项目实施团队，是项目主要执行方，研究者对于机构负责人及一线社工展开了访谈。

项目的目标群体。居住在农村福利院中的老年人群体，是院舍社工服务项目的直接目标群体，同时，他们的家人和亲属是间接目标群体；因而，研究者对农村福利院中的老年人及其家人和亲属展开了访谈。

三、问卷方法

研究采用的访问问卷法,主要调研两类利益相关主体。

执行项目的一线社会工作者。在一年服务期内,共有116名一线社会工作者参与项目运行、实施项目服务,截至项目评估时,有74名社会工作者在岗,其中有73名社会工作者参与问卷调研。

接收项目的农村福利院院长。对于参与农村福利院院舍社工服务项目的71家福利院的院长,展开了访问问卷调研。

综上,2017年8月,H市启动在全市71家农村福利院开展和实施院舍社工服务项目,到2018年7~9月,项目完成了一个完整的服务周期,项目决策方委托第三方组织,对项目展开了综合性的循证评估。本书研究中的实证调研数据和资料,来源于此次评估。

第三章 社会服务项目的样本固定

农村社会福利院或敬老院,是为农村特困群体提供集中供养服务的组织和机构。农村特困群体,涵括老年人、残疾人及未满 16 周岁的未成年人,由于无劳动能力、无生活来源、无法定赡养/抚养/扶养义务人或者法定义务人无履行义务能力,而处在生活困境之中。对于特困的脆弱群体,依据社会保障的法律法规,依法纳入国家救助供养范围。

第一节 农村五保制度与福利院设置

自 20 世纪 50 年代,我国对于农村特困群体实施农村五保供养制度,对于农村中无劳动能力、无生活来源、无法定赡养/抚养/扶养义务人或者法定义务人无履行义务能力的人员,展开社会救济和福利院供养制度。五保供养的内容,主要是给农村特困群体以生活照顾和物质帮助:

供给粮油、副食品和生活用燃料;

供给服装、被褥等生活用品和零用钱;

提供符合基本居住条件的住房;

提供疾病治疗,对生活不能自理的给予照料;

妥善办理丧葬事宜。[1]

一、农村社会福利院的建设

1994 年,国务院颁布施行《农村五保供养工作条例》。2006 年,国务院修订颁布新的《农村五保供养工作条例》,新法规明确规定:农村五保供养资金,在地方人民政府财政预算中安排;有农村集体经营等收入的地方,可

---

[1] 参见《农村五保供养工作条例》,中华人民共和国国务院令[第 456 号],http://www.gov.cn/zhengce/content/2008-03/28/content_6253.htm,2008 年 3 月 28 日。

以从农村集体经营等收入中安排资金,用于补助和改善农村五保供养对象的生活;中央财政对财政困难地区的农村五保供养,在资金上给予适当补助。这表明,农村五保供养的资金,实现了由农村集体经济供养向国家财政供养的重大转变。

农村特困人员的救助供养,根据《国务院关于进一步健全特困人员救助供养制度的意见》规定,主要有两种形式:一是在家分散供养;二是在当地的供养服务机构集中供养。对于具备生活自理能力的特困人员,鼓励其在家居住,由国家提供物质帮助和照顾,实施分散供养;对于完全或者部分丧失自理能力的特困人员,如有意愿集中供养,由县级人民政府民政部门按照便于管理的原则,优先为其提供集中供养服务,就近安排到相应的供养服务机构。①

2006年新颁布的《农村五保供养工作条例》施行后,政府每年从福利公益金中安排资金支持集中供养特殊困难群体的服务机构的改建、扩建及设施设备更新,以改善农村福利院的集中供养条件。2014年国务院公布实施《社会救助暂行办法》,将城市和农村中无劳动能力、无生活来源、无法定赡养/抚养/扶养义务人或者法定义务人无履行义务能力的人员,纳入统一的特困人员救助供养体系,标志着我国建立起了统一的特困群体保障制度,社会救助进入新的发展阶段。

新颁布的《社会救助暂行办法》中,特困人员救助供养涵括的主要内容有:

提供基本生活条件:比如粮油、副食品、生活用燃料、服装、被褥等日常生活用品和零用钱,可以通过实物或者现金的方式予以保障。

对生活不能自理的特困人员给予生活的照料:比如日常生活照料、住院期间的必要看护照料等基本服务。

提供疾病治疗:全额资助特困人员参加城乡居民基本医疗保险的个人缴费部分;医疗费用按照基本医疗保险、大病保险和医疗救助等医疗保障制度规定支付后仍有不足的,由救助供养经费予以支持。

办理丧葬事宜:特困人员死亡后的丧葬事宜,集中供养的由供养服务机构办理;分散供养的由乡镇人民政府(街道办事处)委托村(居)民委员会或者其亲属办理;丧葬费用从救助供养经费中支出。

在《社会救助暂行办法》等法规的指导下,为改善农村供养机构设施和条件,2015年,民政部根据《住房城乡建设部关于下达2012年建设标准编

---

① 参见《国务院关于进一步健全特困人员救助供养制度的意见》,http://www.gov.cn/zhengce/content/2016-02/17/content_5042525.htm,2016年2月17日。

制项目计划的通知》,编制了《农村敬老院建设标准》①,提出农村敬老院建设应与社会经济发展水平相适应,纳入国民经济和社会发展规划、统筹安排,确保政府资金投入,其建设用地应纳入乡和村的中长期发展规划。

依据《农村敬老院建设标准》,农村敬老院的建设内容,包括房屋建筑、建筑设备、场地和配套设施等。

其一,农村敬老院的房屋建筑,涵括五保供养对象用房、管理用房和附属用房等。其中,五保供养对象用房,有接待、生活、康复及活动用房等(见表3-1)。对于新建的农村敬老院,生活用房与活动用房、康复用房宜相对集中布置;老年人生活居住单元的设置,应以方便老年人的生活起居和有利于管理为原则;每个生活居住单元的床位数以 30~40 张为宜。

表 3-1 农村敬老院各类用房②

用房类别	五保供养对象用房				管理用房	附属用房
	接待用房	生活用房	康复用房	活动用房		
房屋名称	接待室	居室	药品室	阅览室	管理室	厨房、餐厅
	总值班室	公共浴室	卫生保健室	书画室	财务室	洗衣房
	—	护理员值班室	康复训练室	棋牌室	资料档案室	门卫、库房
	—	—	临终关怀室	综合活动室	会议室	设备用房
	—	—	—	—	—	工作人员宿舍

其二,农村敬老院的建筑设备,涵括供电、照明、供水、排水、通风、采暖、降温、厨具、洗衣、安保、通信、消防、网络设备等。对于新建农村敬老院,五保供养对象居室满足冬至日不少于 2 小时日照要求,居室满足自然采光和通风要求;院区内步行通道平坦,方便轮椅通行,有无障碍设施;院区道路能保证救护车及消防车到达五保供养对象生活居住的每栋建筑。

其三,农村敬老院的场地,涵括院区道路、室外活动场地、绿地、衣物晾

---

① 参见《民政部办公厅关于征求〈农村敬老院建设标准〉意见的通知》,http://www.shangdangqu.gov.cn/bsfw/zdly/shbz_3288/shfl/lnrfl/zcfgyjd_5856/201509/t20150910_1043947.html,2015 年 6 月 19 日。

② 参见《民政部办公厅关于征求〈农村敬老院建设标准〉意见的通知》,http://www.shangdangqu.gov.cn/bsfw/zdly/shbz_3288/shfl/lnrfl/zcfgyjd_5856/201509/t20150910_1043947.html,2015 年 6 月 19 日。

晒场地、老人从事作业劳动的用地、停车、堆场等,绿地面积不低于当地规划标准。对于新建农村敬老院的建设用地,应按照建设要求和节约用地的原则确定用地面积:建筑密度不应大于30%,容积率不宜大于0.9;绿地率不宜低于35%;室外活动场地宜为3~4平方米/人;衣物晾晒场地以30~50平方米为宜。

其四,新建农村敬老院配套设施的配置。根据五保供养对象在生活照顾、物质帮助、基本医护及作业劳动等方面的需要,按建设规模分类设置。农村敬老院的建设规模,以2025年预计五保供养总人数中60%需集中供养的比例测算床位设置,并按床位数量分为三类:小型规模,有60~120张床位;中等规模,有121~220张床位;大型规模,有221~300张床位。

表3-2 农村敬老院配套设施①

设施类型	生活护理设备	医疗设备	康复设备	安防设备	交通工具
设施名称	护理床	抢救床	物理治疗设备	监控设备	老年人接送车
	气垫床	氧气瓶	作业治疗设备	定位设备	物品采购车
	专用沐浴床椅	吸痰器	—	呼叫设备	—
	电热保温餐车	无菌柜	—	计算机和网络设备	—
	—	紫外线灯	—	摄录像机	—

《农村敬老院建设标准》的制定和实施,使农村供养机构的建设有了明确的标准和依据。伴随政府资金的投入,极大改善了农村供养机构的居住房屋、活动场地、基础设施、配套设备等生活条件,让农村敬老院居住舒适、安全温馨,更适宜老年人居住:一方面,保障农村特困人群在需要集中供养时愿意入住农村敬老院;另一方面,提升了农村敬老院的资源利用。

二、农村社会福利院的管理

2012年,民政部出台《农村五保供养服务机构等级评定暂行办法》,并制定《农村五保供养服务机构等级评定参考指标》,涵括组织机构、基础设

---

① 参见《民政部办公厅关于征求〈农村敬老院建设标准〉意见的通知》,http://www.shangdangqu.gov.cn/bsfw/zdly/shbz_3288/shfl/lnrfl/zcfgyjd_5856/201509/t20150910_1043947.html,2015年6月19日。

施、供养服务、内部管理等方面。等级评定有三个等级,基础要求如下。①

1. 组织机构

组织性质:组织机构合法登记;组织建设纳入当地经济社会发展规划。

工作人员:工作人员与五保对象配比不低于1∶10,护理人员与不能自理的五保对象配比不低于1∶6;40%以上工作人员有相应职业资格证书;工作人员待遇不低于当地最低工资标准,且办理养老保险;工作人员上岗培训考核合格率达到100%,组织负责人由县级以上民政部门开展业务培训。

管理资金:涵括人员工资、办公经费、设备设施购置维护费用等。

2. 基础设施

建筑布局:相对独立;周边公共服务设施便利;建筑设计适合入住对象。

供养能力:满足总五保供养对象中50%集中供养需求;每名五保对象的居住用房使用面积不低于6平方米。

设施设备:具备各种功能性用房;生活设施完备;活动设施多样。

3. 供养服务

供养水平:五保对象的实际供养水平,不低于当地公布的集中供养标准。

营养膳食:合理安排餐食营养,严格食品卫生,尊重少数民族饮食习惯。

衣服被褥:床上用品和衣物及时更换,清洗晾晒。

医疗护理:设立医务室;为五保供养对象购置医疗保险;组织健康检查,建立健康档案;组织开展健康教育和急救知识培训。

文体娱乐:开展有益于身心的文体娱乐,养生保健、社区公益等活动。

心理服务:有助于五保对象适应供养机构环境、情感交流和社会交往。

丧葬服务:临终关怀;文明节俭办理丧葬事宜;尊重少数民族丧葬习俗。

4. 内部管理

制度建设:院长负责制和任期考核制,工作人员实行岗位负责制;建立财务管理、档案管理、环境卫生、安全营建等规章制度;实施制度公开。

对象管理:优先供养不能自理的五保供养对象;根据个人自愿申请和县级民政部门安排,接受五保供养对象;管理五保对象遵守规章制度;协调五保对象间的矛盾;对于五保对象外出事宜,进行登记和管理。

民主管理:设立院务管理委员会,由主办机关代表、五保供养对象代表等组成,由供养机构全体人员选举产生,实行院务公开。

卫生管理:划分卫生责任区,保持院区环境优美;定期消杀防疫、餐具

---

① 参见《民政部关于印发〈农村五保供养服务机构等级评定暂行办法〉的通知》,https://zyzx.mca.gov.cn/n1025/n1031/c31331/content.html,2020年1月21日。

定期消毒;居室光线明亮、物品摆放整齐,干净无异味。

财务管理:建立财务专账,供养资金和物品等明确无误;会计和出纳分设,账目、资金分管;每月公开财务收支情况。

档案管理:五保对象档案一人建一档;工作人员档案、日常管理档案等规范记录和管理。

农副业生产管理:具备条件的供养机构应开展农副业生产,生产全部收入用于改善五保供养对象的生活。

安全管理:机构负责人为安全管理第一责任人;不低于国家二级防火标准配备消防设施;制定安全应急预案;对于可能发生安全事故的五保对象,采取安全照顾和看管;工作人员24小时值班。

以上是等级评定的基础要求,达到要求即可评为1星等级,更高的2星和3星等级是在1星等级的基础上,达到更高的管理水平。

为提升农村供养机构的管理水平,以等级评定为基础,各地相继出台了规范农村供养机构的管理标准。以H市为例,将农村福利院的管理标准细分为12项:基础设施、组织建设、人事管理、生活供养、服务护理、医疗保健、档案管理、膳食管理、环境卫生、生产经营、财务管理、安全管理。①

表3-3 农村福利院的基础设施和管理

管理内容	管 理 标 准
出入口、走道、楼梯	出入口标志鲜明、易于辨认;出入口台阶两侧和走道设置栏杆扶手;出入口顶部设置雨棚,台阶踏步和平道选用防滑材料
居室	老人居室的朝向良好、天然采光和自然通风;每位老人平均使用面积原则上不少于6平方米;配置必要的统一家具和生活用品
卫生间、浴室、洗衣房	平房的公共卫生间每栋一处,楼房的公共卫生间每层一处,尽可能在居室内设置卫生间;室外公共卫生间与老人的居室一般不超过100米,卫生间、浴室、洗衣房等地面要有防滑措施
活动室和室外活动场所	设立适合老人活动的场所,条件良好的机构可配置适合老人的健身器材;室外活动场所少坎多平,配备适合休憩的长椅
厨房、餐厅	厨房满足供餐需求,卫生整洁;有满足老人进餐的餐厅并配备合适的桌椅;配备餐具消毒设施和食品保鲜设备;餐厅的地面、进出的通道,平整防滑,防止老人跌倒

---

① 表3-3到表3-14的内容,参见《H市农村福利院日常管理检查评分标准》(部门文件)。

表 3-4　农村福利院的组织建设和管理

管理内容	管 理 标 准
行政管理和监督	乡镇人民政府与农村福利院院长签订目标责任书;福利院设置院务管理委员会,定期召开会议决策重大事项;依据工作需要,把工作人员分为若干工作小组,并确定一名负责人;设置院民管理委员会,负责院民自我服务、自我管理及对福利院工作进行监督管理;院民管理在重要事项上发挥实际作用
党的组织	农村福利院要设立基层党的组织,指导和监督福利院开展各项工作,对重大事项进行研究决策
制度建设	农村福利院可视情况而制定管理制度:如考勤制度、膳食管理制度、财务管理制度、安全管理制度、档案管理制度等,并健全监督机制

表 3-5　农村福利院的人事工作和管理

管理内容	管 理 标 准
岗位设置	因事设岗、按需设岗;定岗定责;有利于竞争上岗、合理组合;鼓励健康老人发挥作用,促进自我服务、自我管理
人员配备	农村福利院工作人员主要由院长、护理员、炊事员、卫生员、会计、出纳员、保管员等组成;工作人员可兼职,也可专职;按一定比例配备工作人员;护理人员不低于工作人员的50%
人员管理	院长由乡镇人民政府实行年度考核制和院民管理委员会组织院民信任度测评制;工作人员实行院民管理委员会测评票决制

表 3-6　农村福利院的生活供养和管理

管理内容	管 理 标 准
生活费标准	供养标准按照基本生活标准和照料护理标准分类
衣物	供养对象有四季衣物,如冬季有棉衣棉鞋
床上用品	夏季有蚊帐、凉席,冬季有两床被褥
纳凉取暖	有纳凉和取暖室,以及纳凉和取暖设备
零用钱	每月给供养对象发放零用钱

表3-7 农村福利院的照顾护理和管理

管理内容	管理标准
住房安排	一般每个房间入住两位老人,以便于照应;护理床位占总床位的一定比例;有患传染病的老人,需分开居住
日常照顾	每日清扫居室卫生,每周彻底清扫一次;开窗通风,居室干净无异味;为老人整理床铺、晾晒被褥,每月清洗床上用品;提供洗澡用水,保持老人干净整洁;鼓励老人去餐厅用餐;组织老人群体活动,为行动不便的老人提供辅助器具;24小时值班,巡查居室
特殊护理	为需要特殊护理的老人洗漱、理发、修剪指甲;对长期卧床的老人定时翻身、防止褥疮、勤换衣被;搀扶行动不便的老人;带老人到户外活动、接受光照;按时喂水和食物;对于智障的老人定时巡查,以防止意外;对于易发生安全事故的老人,提供床栏、座椅加绳托等保护器具;对于患病老人观察病情变化,防范并发症等
心理服务	组织有益于身心健康的文娱、体育活动,丰富文化生活;每周与老人谈心,缓解老人不良情绪;组织老人社会交往,促进情感交流;设置老人荣誉室;组织评比活动,给予良好行为以表彰和奖励;制定入住适应计划,帮助新入住老人平稳度过适应期
院民公约	制定院民公约,通过院民管理委员会引导、促使院民自觉遵守
文明服务承诺	公开文明服务承诺,通过院务管理委员会、院民管理委员会等,促使福利院工作人员自觉遵守

表3-8 农村福利院的医疗保健和管理

管理内容	管理标准
医疗设施	设置医务室或诊所;配有血压计、体温表、听诊器、治疗床、基本注射器械;配有老年常见病的药物
医务人员	配有熟悉医疗的人员;医疗人员可兼职,也可专职,兼职需要不少于3个月的医务培训,专职需要执业资格证书
医疗保健	为每位老人建立医疗档案,记录老人身体健康和疾病治疗状况;医务人员每天查房一次;每年为老人体检一次;组织对老人进行健康教育,自我保健和自我护理的知识;组织老人开展锻炼身体和康复活动,提高老人身体素质;每隔一段时间消毒灭菌,防止疫病流行
疾病治疗	对于患病老人要及时检查、合理用药;对于患重大疾病的老人要及时送医治疗;对于患传染病的老人,进行保护隔离治疗和居住

表 3-9　农村福利院的档案管理

管理内容	管 理 标 准
人员档案	对福利院老人,建立个人档案;档案建立后,由福利院妥善保管,及时更新内容;在老人去世后至少保管 5 年以上或上交相关部门
健康档案	参照医院病历形式,制作老人的健康档案;对于老人的健康状况、体检情况、疾病治疗等资料,妥善保管

表 3-10　农村福利院的膳食管理

管理内容	管 理 标 准
炊事人员	福利院炊事人员定期体检、持证上岗、防止传染疾病;严格按照食品卫生要求操作、整洁卫生;鼓励身体状况良好的院民帮助厨房事务,若由院民担任主厨,则适当给予报酬
膳食服务	公开每周食谱,营养搭配合理;适时安排进餐、注意饭菜保温;保证开水供应;老人生日安排生日餐;老人生病安排适合养病的餐食;传统节日和法定节日安排老人加餐;制作老人喜欢的饮食;满足软质、流质等饮食的需要;尊重少数民族饮食习惯
膳食监督	由院民管理委员会成立餐食管理小组,及时反映院民的意见和要求;以便对食谱和餐食进行适宜的调整

表 3-11　农村福利院的环境卫生管理

管理内容	管 理 标 准
室外环境	合理划分生活区、生产区、康复娱乐活动区;生活区平坦宽敞、干净整洁;生产区可视情况设置在院内或院外,不影响院民日常生活;因地制宜统筹规划;杂物堆放整齐,不妨碍生活
室内环境	居室内家具用品相对统一;保持干净整洁、无异味

表 3-12　农村福利院的生产经营管理

管理内容	管 理 标 准
组织生产	在院民自愿的基础上,组织院民参加生产;根据劳动和效益,适当给付院民报酬,以鼓励其积极性
经营管理	建立生产经营会计专账,分类管理收支情况;福利院生产自己消费的产品,按略低于市场价格折算收入并计入账目;定期公布展示生产经营情况,并接受院民监督

表 3-13 农村福利院的财务管理

管理内容	管理标准
财务人员	会计和出纳分设,账目和资金分管
账目管理	规范设置财务账目、科目;行政拨款和生产经营收入分别设立账目;开支的经费具备合法票据,符合规定的审批流程
经费审批	院长负责的财务审批制度;各项开支由经办人签章、按规定程序审批;大额开支要经院民委员会讨论同意,必要时报上级领导审批
财务监督	财务收支定期向院民公布;每月向院民公布生活费开支;购置大额或大件物品邀请院民代表参与购置,以接受监督

表 3-14 农村福利院的安全管理

管理内容	管理标准
消防设施	建设微型消防站;安装消防栓;院民居室和室内公共场所安装独立的烟感报警器和喷淋装置;公共场所具有疏散标识、配备标准的灭火器;消防设施和器材定期检修,确保能良好使用
安全设施	制定紧急安全预案;定期开展安全知识教育和消防安全演练;工作人员和院民代表会使用消防器材;院民居室无大功率电器,无私拉乱接电线、开关;划定吸烟区域、指定安全员;防范院民在居室内用炉灶生火、在床上吸烟等;对于情绪异常人员及时开展心理疏导
进出管理	门卫 24 小时值班,对院民进出详细登记;院民不独自外出活动,出院对象办理接送、请假手续;早晚查房有记录
食品安全	各类食材按要求贮存;粮油由专人保管;防止虫鼠蝇害;采买食材新鲜、保留购买记录;有食品留样柜,24 小时留样;餐具固定到人、分开存放、至少每周消毒
卫生防疫	及时销毁变质食品;按规定开展牲畜家禽防疫防治工作
安全氛围	宣传安全氛围;安全制度在显著位置上标示;每周进行安全教育;每天有安全员佩戴标志
内部关系	工作人员与院民关系良好,院民之间互相关心;充分发扬民主,保护院民的合法权益;院内风气良好,互相支持

综上,政府持续投入资金,改善农村特困群体供养机构的建筑住房和基础设施,同时也在不断提升农村供养机构的管理水平。通过制定一系列的管理制度和措施,在组织建设、人事管理、生活服务、财务管理、环境与安全

等方面,推进规范化、标准化管理,有利于使工作人员与院民之间、院民相互之间形成良好关系,从而营造稳定、有序的生活环境。

三、农村社会福利院的服务

党的十八大以来,伴随资金、物力、人力等资源投入,农村特困群体供养机构的基础设施与管理水平,迅速得到改善和提升。在此基础上,2016年,国务院公布了《关于进一步健全特困人员救助供养制度的意见》,要求进一步提升农村供养机构的服务能力和水平:加强供养机构人员队伍建设,充实工作人员;合理配备和使用专业社会工作者,优化供养机构服务。[1]

截至2017年底,全国共有农村特困人员466.9万人,比上年减少6%;全年各级财政共支出农村特困人员救助供养资金269.4亿元,比上年增长17.7%。[2] 近年来,农村特困人员供养服务机构的基础设施建设和管理水平在提升,但同时,农村供养服务机构中的服务难题却日益凸显,主要体现为:服务设施薄弱、配备不健全;工作人员的专业化程度低,服务素质和服务能力普遍不高;护理人员严重缺乏,专业服务水平不高;工作人员很难开展针对老年人群的心理支持与慰藉等专业程度高的精神健康服务等。因而,现阶段和未来一段时期,农村供养机构的服务能力和水平,成为在一定程度上限制供养机构发展的现实困难。

据统计,当前特困人员中完全或部分丧失生活自理能力的约179万人,其中集中供养的仅有57万人,不足总集中供养人员183.8万人的1/3。一方面,完全或部分丧失生活自理能力的特困人员有集中供养的需求;另一方面,供养机构的专业服务能力和水平难以满足其需求,只能收住部分能生活自理的特困人员,这显示出农村供养机构的服务供应能力不足。

同时,伴随农村特困人员的数量减少,引致有些供养机构的人数规模相应地在缩减,机构的床位出现了一定程度的空闲。另一方面,随着我国现代化发展进程持续推进,工业化和城市化水平迅速提升,年轻人更多进入城市工作,在农村中出现越来越多的留守老人和空巢老人,他们中有一部分是失能和半失能的老人,有进入养老机构得到集中照料的需求。

因此,需要提升农村供养机构的服务能力和水平:一方面,满足农村特困群体的集中供养需求,实现对特困人群的底线保障;另一方面,为应对社

---

[1] 参见《国务院关于进一步健全特困人员救助供养制度的意见》,http://www.gov.cn/zhengce/content/2016-02/17/content_5042525.htm,2016年2月17日。

[2] 参见中华人民共和国民政部:《2017年社会服务发展统计公报》,https://www.mca.gov.cn/mzsj/tjgb/2017/201708021607.pdf。

会老龄化浪潮,满足农村中数量日益增多的留守老人、空巢老人、失能和半失能老人的集中养老需求,提升普惠性的社会福利水平,需转变农村供养机构的服务供养方式,整合农村养老服务的资源。

2016年发布的《国务院办公厅关于全面放开养老服务市场提升养老服务质量的若干意见》中提出:提升农村养老服务能力和水平,加强农村敬老院建设和改造,推动服务设施达标,满足农村特困人员集中供养需求;为农村低收入老年人和失能、半失能老年人提供养老服务;改革公办养老机构运营方式,鼓励实行服务外包;鼓励专业社会工作者等提供养老服务。[1]

根据《国务院办公厅关于全面放开养老服务市场提升养老服务质量的若干意见》以及《H省农村五保供养条例》《省人民政府关于统筹城乡特困人员救助供养制度的实施意见》,2017年6月,H市公布的《市人民政府办公厅关于进一步加强农村福利院改革和发展工作的通知》中提出:将农村老年人养老服务和五保供养统筹安排,纳入当地经济社会发展规划,进一步推进农村福利院改革和发展,全面整合农村养老服务资源、提升养老服务。

政策文件指出,要创新农村养老服务方式,激发农村供养服务机构的活力。

支持农村福利院开展"社会代养"。在满足现有供养五保老人的基础上,不断拓展社会救助服务功能,将空余的床位用于社会代养和托养以及日间照料服务,缓解农村低收入老人、失能和半失能老人及部分留守老人和空巢老人的养老问题,代养和托养的收入用于补充农村福利院的经费,改善农村福利院的设施条件,提高农村福利院工作人员的薪酬待遇等。

大力推进"购买服务"。市、区、乡镇(街道)安排专项资金,将农村福利院老人的日常护理、膳食、卫生保洁、安全保卫等服务性工作委托给社会组织或企业等团队,购买专业化的项目服务,实行"服务外包",也可将五保老人交由符合条件的社会民营养老机构,提供养老服务。

在农村福利院引入志愿服务组织、专业社会服务机构和社会工作者,鼓励志愿服务组织、专业社会服务机构和社会工作者为农村福利院老人提供社会融入、能力提升、心理疏导等专业服务,开展院舍社工服务活动。

综上,在社会发展的新时期,面对如何更好地服务农村特困群体,以及为农村老年人提供更好的养老服务,国家、省、市各级政府相继出台政策,提出要改革农村供养服务机构的服务方式,以全面提升供养机构的服务水平。在政策制定、实施和引导之下,H市在2017年8月以政府购买社会服务的

---

[1] 参见《国务院办公厅关于全面放开养老服务市场提升养老服务质量的若干意见》,https://www.gov.cn/zhengce/content/2016-12/23/content_5151747.htm,2016年12月23日。

方式,在农村社会福利院开展了院舍社工项目的试点。

"农村福利院院舍社工"项目,是一个全国首创的试点项目,它具有重要的现实意义,期望为提升农村福利院的养老服务水平探索一条可行的发展道路。项目开展一年后,在2018年7~9月,展开了关于项目的阶段性评估。由于它是一个创新的试点项目,评估工作旨在为项目梳理思路、观察问题、提出建议、给出反馈,以达到完善项目的目的。

第二节　院舍社工项目所在的农村福利院

农村福利院,是乡镇人民政府、街道办事处举办的,为供养对象提供供养服务的服务性机构,为农村脆弱人群提供集中救助和供养的院舍。参与院舍社工项目的农村福利院有71家,分布在H市的7个远城区:D区7家,HP区17家,HG区1家,X区20家,HN区4家,J区11家,C区11家。

农村福利院中集中供养的老人,主要有三种类型:一是五保供养的老人;二是其他弱势老人,如有残疾或患有疾病的老人、陷入贫困或生活困难的老人、无人照顾的空巢老人、失能半失能的老人等;三是社会代养和托养的老人,在家庭照顾能力不足的情形下,福利院帮助家庭照顾老人,以不断拓展社会救助的服务功能,同时通过代养和托养获得的收入,还可补充农村福利院的运行经费。

一、农村福利院的院舍与设施

农村福利院的院舍建设和基础设施,是开展养老服务的物质和环境基础。如表3-15所示,71家农村福利院建院的时间,平均年数为19.6年。其中,建院年代最久远的HD街福利院和YJ街福利院,建于1983年;年代最近的CQ街福利院建于2015年。同时,伴随十数年以来H市农村福利院持续的提档升级行动,一些年代久远的福利院,得到了翻新、装修和改善。

表3-15　农村福利院的建院年数

福利院建院年数(年)	有效频数(家)	百分比(%)
1~10	6	8.5
11~20	40	56.3

续 表

福利院建院年数(年)	有效频数(家)	百分比(%)
21~30	13	18.3
30 以上	12	16.9
合 计	71	100.0
平均年数(年)	19.6	

如表 3-16 所示,农村福利院占地面积,平均面积是 17.9 亩。其中,面积最大的 JJW 福利院,占地近 55 亩;面积最小的 CQ 街福利院,占地约 1.5 亩。占地面积大的福利院,通常有生产作业的场地,如蔬菜园、饲养家禽的场所等;而占地面积小的福利院,其周边的生活设施配套通常更为便利。

表 3-16 农村福利院的占地面积

福利院占地面积(亩)	有效频数(家)	百分比(%)
1~10	19	27.5
11~20	27	39.1
21~30	16	23.2
30 以上	7	10.2
合 计	69	100.0
平均占地面积(亩)	17.9	

民政部 2015 年发布的《农村敬老院建设标准》指出,根据全国农村敬老院发展趋势及发展阶段的模拟,到 2020~2025 年,农村敬老院建设以农村特困人员集中供养需求比例 60% 进行测算,即每 100 名五保供养对象,需要农村敬老院提供集中供养的床位数为 60 张。按照床位数量可将农村敬老院分为三种规模类型:一是小型规模,60~120 张床;二是中等规模,121~220 张床;三是大型规模,220 张床以上。

如表 3-17 所示,依据《农村敬老院建设标准》中对于新建敬老院的指导原则,以及结合已有农村福利院的现实情况,农村福利院的床位数可分为四类:60 张床以下的福利院占比 9.9%,建造年代相对久远;61~120 张床位的占比 56.3%,比例最大;121~200 张床的占比 25.4%;220 张床以上的福利院占比 8.4%。整体而言,农村福利院平均拥有床位 116 张。

表 3-17 农村福利院的床位数

福利院床位数(张)	有效频数(家)	百分比(%)
60 以下	7	9.9
60~120	40	56.3
121~220	18	25.4
220 以上	6	8.4
合 计	71	100.0
平均床位数(张)	116	

如表 3-18 所示,农村救助对象,涵括五保供养对象及政府提供的其他救助和兜底服务的对象,如依靠最低生活保障金生活的老年人等。农村救助对象对福利院床位的利用率,在 25% 以下的福利院占比 9.9%;25%~50%的占比 32.4%;51%~75%的占比 33.8%,比例最大;75%以上的占比 23.9%。整体而言,属于农村救助对象的老人对福利院床位的平均利用率是 58%。

表 3-18 农村救助对象对福利院床位的利用率

入住率(%)	有效频数(家)	百分比(%)
25 以下	7	9.9
25~50	23	32.4
51~75	24	33.8
75 以上	17	23.9
合 计	71	100.0
平均入住率(%)	58.0	

由此可见,农村福利院的床位利用仍有一定的拓展空间。首先是确保社会救助和兜底服务政策的施行,属于农村救助对象的老人享受"应保尽保、应扶尽扶"的政策;同时,在满足农村救助对象集中供养需求的基础上,

可整合农村养老资源,为普通农村老年人提供更多元化的院舍养老服务。近年来,部分农村福利院的床位已向社会老人开放,为有需要的家庭提供托养、代养、日间照顾老人的服务。据2018年数据统计,入住农村福利院的老人约有7 230人,福利院的整体床位利用率达82%。

如表3-19所示,农村福利院中的功能用房配备:有98.6%的福利院配置有沐浴房和娱乐康乐室;77.5%的福利院配置有洗衣房;40.8%的福利院配置有锻炼健身室;31%的福利院配置有医疗保健室。功能用房和配套设施的配置,可以满足福利院集中供养的老人日常生活所需。

表3-19 农村福利院的功能用房

功能用房(多选)	有效频数(家)	百分比(%)
医疗保健室	22	31.0
锻炼健身室	29	40.8
娱乐康乐室	70	98.6
沐浴房	70	98.6
洗衣房	55	77.5
福利院总数(家)	71	

如表3-20所示,农村福利院的餐食支出,早餐5.5元,中餐12.6元,晚餐10.5元,一天合计的餐食支出的均值为28.6元。

表3-20 农村福利院的餐食标准

餐　　食	价格均值(元/天)
早　餐	5.5
中　餐	12.6
晚　餐	10.5
合　计	28.6

如表3-21所示,农村福利院中有三种老年人入住:一是五保供养对象,他们入住福利院的费用,由政府全额出资,拨付给福利院,此外,五保老

人每人每月能领到50~100元的零用钱;二是政府提供救助和兜底服务的其他老人,如农村贫困老人,他们入住福利院的费用,由政府以最低生活保障金及其他救济金的方式补贴一部分;三是福利院帮助家庭代养的老人。

表3-21 农村福利院老人的费用标准

服务对象		费用均值(元/月)
五保供养对象:政府全额出资		1 100
其他救助和兜底服务老人:政府补贴		1 100
社会代养、托养老人	生活自理	1 150
	半失能(介助服务)	1 500
	失能(介护服务)	1 900

社会代养和托养的老人,根据他们的身体健康和生活照顾需求等情况,分为两类:一是身体健康、生活完全自理的老人,入住福利院每人每月的费用均值是1 150元,体现福利院同时为农村普通老年人提供普惠养老服务的宗旨,收费价格不高,属于福利性的服务;二是半失能、失能的老人,由于他们需要更专业、更高强度的护理,因而费用是每人每月平均1 500元和1 900元,仍具有社会福利服务的性质。

二、农村福利院的管理与工作者

农村福利院的管理和工作者,是开展养老服务的人员队伍基础。

如表3-22所示,71所福利院的院长性别构成:男性49人,占比69%;女性22人,占比31%。院长的平均年龄为53岁。

表3-22 福利院院长的性别和年龄

性别/年龄	频数(人)	百分比(%)
男	49	69.0
女	22	31.0
合计	71	100
平均年龄(岁)	53	

如表3-23所示，福利院工作人员的构成中：生活服务人员的比例最高，达到37.1%，他们为老人提供日常生活服务，如打扫居室、洗衣、做饭、晾晒等；护理人员的占比为34.9%，他们为老人提供生活照料服务，如照看老人行走、盥洗、饮食，帮助老人在室外活动等；行政人员占比26.2%，负责福利院的行政管理工作；有医疗技术的工作者占比最低，仅为1.8%。

表3-23　农村福利院的工作者构成

福利院工作人员	人数（人）	百分比（%）
行政人员	158	26.2
医疗人员	11	1.8
护理人员	210	34.9
生活服务人员	223	37.1
合　　计	602	100.0

民政部2015年发布的《农村敬老院建设标准》指出，要理顺农村敬老院管理体制，按照入住人数的1/14~1/10配备工作人员，由财政核拨管理人员工资和缴纳社会保险。2018年入住福利院的老人数目约为7 230人，工作人员有602人，入住老人与工作人员的配置比约为12∶1。

表3-24　农村福利院的工作者数目

数值分类	老人人数（人）	工作人员（人）	配置比
总体值	7 230	602	12∶1
平均值	102	8.5	—

三、农村福利院居住的老年群体

农村福利院的老人，是福利院实施养老服务的对象。在评估调研中，收集到部分农村福利院的入住老人数据。

如表3-25所示，按年龄来看，入住农村福利院的老人中：71~80岁的老人占比最大，为45.5%，表明农村老人在70岁以后，对于集中供养服务的需求迅速增加；60~70岁的老人，占比29.4%；与之近似，81~90岁的老人，占比22.6%；90岁以上的老人，占比2.5%。

表 3-25　农村福利院的老人年龄构成

年龄(岁)	有效频数(人)	百分比(%)
60~70	690	29.4
71~80	1 066	45.5
81~90	529	22.6
90 以上	59	2.5
合　计	2 344	100.0

如表 3-26 所示,农村福利院中的老人,按收费政策分类:五保对象的入住费用由政府全额承担;其他受到救助和兜底服务的老人,入住费用由政府补贴;两者人数的比例,共占 75.7%。另一部分是福利院帮助家庭代养、托养的老人,他们入住福利院的费用,由家庭自费承担。

表 3-26　农村福利院老人的费用性质分类

费用性质分类	频数(人)	百分比(%)
五保对象和其他救助老人	1 774	75.7
社会代养、托养(自费)	570	24.3
合　计	2 344	100.0

如表 3-27 所示,按老年人的身体健康和生活自理的分类来看:能够或基本能够自理的老人比例最大,占比 67.6%;半自理、需要福利院工作人员介入帮助的老人,占比 23.2%;完全不能自理、需要福利院工作人员介入护理的老人,占比 9.2%。半失能和失能的老人,由于生活自理和自主能力下降或丧失,他们对于集中供养和护理服务的需求日益增长。

表 3-27　农村福利院老人的生活自理分类

生活自理分类	频数(人)	百分比(%)
自　理	1 584	67.6
半自理(介助)	545	23.2

续　表

生活自理分类	频数(人)	百分比(%)
不能自理(介护)	215	9.2
合　计	2 344	100.0

如表3-28所示,按老年人的精神健康的分类来看:精神健康和基本健康的老年人,比例最大,占比75.3%;精神部分或间歇性异常的老年人,占比18.8%;精神完全异常的老年人,占比5.9%。福利院对于接收精神不完全健康或完全异常的老年人颇为谨慎,因为福利院中缺乏有精神健康治疗和护理能力的专业工作者,难以照料和监管精神异常的老年人。

表3-28　农村福利院老人的精神健康分类

精神健康分类	频数(人)	百分比(%)
健　康	1 766	75.3
部分或间歇异常	441	18.8
完全异常	137	5.9
合　计	2 344	100.0

第三节　承接院舍社工项目的社会服务机构

农村福利院院舍社工项目由7家社会工作服务组织承接:分别是Y、C、W、B、AX、X、R社会工作服务中心。其中,前5家为在H市注册的社会组织;后两家是其所在的远城区本土的社会组织。承接农村福利院院舍社工项目的7家社会工作服务中心,均是以招投标的形式引进的专业社会工作机构,符合农村福利院院舍社工项目对承接机构资质的要求。

一、承接项目的社会工作服务机构

承接院舍社工项目的7家社会工作服务机构,一年内累计为项目实施派驻社会工作者116人,截至项目完结时,有74人在岗。其中,在项目评估调研阶段,有73名社会工作者参与评估调研访谈。

承接项目的社会工作服务机构,在执行项目过程中,常采用的组织形式如图3-1:

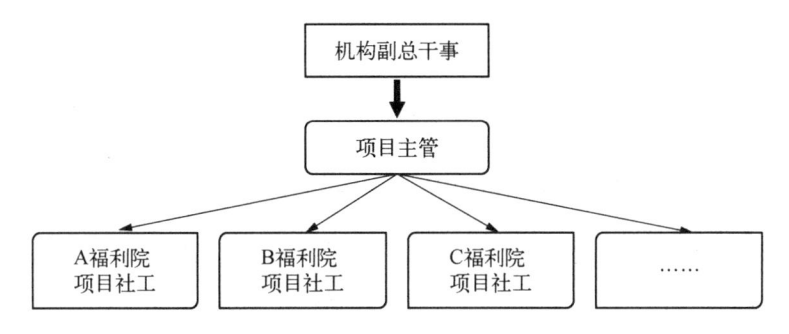

图3-1 社会工作服务机构的项目组织形式

二、运行项目的社会工作者

项目的社会工作者,在项目中提供一线的社会工作服务。

如表3-29所示,社会工作者的性别构成,男性占26.1%,女性占73.9%,以女性社会工作服务者为主体。上述社会工作者的平均年龄为33.4岁。

表3-29 社会工作者的性别和年龄

性别/年龄	频数(人)	百分比(%)
男	19	26.0
女	54	74.0
合 计	73	100.0
平均年龄(岁)	33.4	

如表3-30所示,项目的一线社会工作者的学历水平,专科学历比例最大,以专科和本科为主,两者共计86.3%。

表3-30 社会工作者的学历水平

学 历 水 平	频数(人)	百分比(%)
高中及以下	9	12.3
专 科	37	50.7

续 表

学 历 水 平	频数(人)	百分比(%)
本 科	26	35.6
研究生	1	1.4
合 计	73	100.0

如表3-31所示,一线社会工作者的所学专业,与社会工作服务相关的,比如社会工作、社会学、心理学、社区管理和服务、老年服务、康复、护理、医(药)学等相关专业比例为55.7%;非相关专业的比例为44.3%。

表3-31 社会工作者的所学专业

专 业	频数(人)	百分比(%)
社会工作相关专业	39	55.7
非社会工作相关专业	31	44.3
合 计	70	100.0

如表3-32所示,一线社会工作者的职业资质中:初级和中级社会工作师的比例达到46.6%;所有具备一定职业资质的人员比例为65.8%。

表3-32 社会工作者的职业资质

职业资质	频数(人)	百分比(%)
中级社会工作师	18	24.7
助理社会工作师	16	21.9
其他的职业资质	14	19.2
无职业资质	25	34.2
合 计	73	100.0

如表3-33,在一线社会工作者进入项目团队、开展社会服务之前,机构对他们进行岗前培训的比例达到93.2%。

表3-33 社会工作者的岗前培训

岗 前 培 训	频数(人)	百分比(%)
有	68	93.2
无	5	6.8
合 计	73	100.0

如表3-34,一线社会工作者在开展社会服务的过程中,其所在社工机构为其提供督导和培训的比例达到90.4%。

表3-34 社会工作者的督导培训

督 导 培 训	频数(人)	百分比(%)
有	66	90.4
无	7	9.6
合 计	73	100.0

如表3-35,项目的一线社会工作者,平均工作年限为10.5年,多数有过从事其他职业的经验;同时,他们入职所在机构的年限并不长,平均为1.4年,其入职与机构承接项目及项目开展密切相关。

表3-35 社会工作者的工作年限

年 限	均值(年)
参加工作年限	10.5
入职机构年限	1.4

如表3-36所示,社会工作者的净薪资水平,是指在扣除社会保险、住房公积金、税收等代扣事项之后,能拿到的净薪资,呈现一定形状的正态分布,其中:2 501~3 500元的比例最大,占比78.1%;有2.7%超过4 500元。

表 3-36　社会工作者的净薪资水平

净薪资水平(元)	频数(人)	百分比(%)
2 000~2 500	8	11.0
2 501~3 500	57	78.1
3 501~4 500	6	8.2
4 500 以上	2	2.7
合　计	73	100.0

如表 3-37 所示,在社会工作者的整体薪资中,对于社会保险、住房公积金部分的缴纳:1 001~1 500 元的比例最大,占比 46%;紧随其后的是,501~1 000 元的,占比 33.3%;两者共计 79.3%。

表 3-37　社会工作者薪资中"五险一金"的缴纳

"五险一金"缴纳(元)	有效频数(人)	有效百分比(%)
500 元以下	4	6.4
501~1 000	21	33.3
1 001~1 500	29	46.0
1 501~2 000	9	14.3
合　计	63	100.0

三、项目提供的社会工作服务

在项目开展过程中,社会工作者主要为目标群体提供社会工作服务。

社会工作者在福利院开展的社会服务中:最主要提供的服务是,针对福利院老人的心理和情感疏导,占比 52.0%;其次是老人的康乐、保健和文娱活动,占比 42.5%;两者共计 94.5%。

如表 3-38 所示,有 93.2% 的社会工作者,对于院舍社工项目需要提供的社会服务内容确认知晓。

表3-38 社会工作者对于服务内容的知晓

社会工作服务内容的知晓	频数(人)	百分比(%)
有认知	68	93.2
无认知	5	6.8
合计	73	100.0

如表3-39所示,在提供社会服务的过程中:有83.3%的社会工作者运用了专业的社会工作方法;13.9%的工作者未曾运用。

表3-39 专业社会工作方法的运用

专业社会工作方法	频数(人)	百分比(%)
有运用	60	83.3
未运用(日常活动为主)	10	13.9
服务内容不适用专业方法	2	2.8
合计	72	100.0

如表3-40所示,在社会工作者提供的社会服务中,主要有开展个案工作服务、小组工作服务、提供心理辅导和情绪慰藉、组织福利院老年人开展康乐等活动,以及在重要的传统节日、主题日开展特色活动等。

表3-40 社会工作机构提供的服务

开展服务	平均每个社会工作机构
个案服务个数及服务每个个案的平均次数	24.3个,6.2次
小组服务个数及服务每个小组的平均次数	4.3个,4.6次
提供心理辅导服务的次数(次)	406
组织老人活动的次数(次)	137.6
开展特色活动的次数(次)	21.9

如表3-41所示,社会工作者提供服务的受益人次:一是直接受益老人人次,指老人直接得到社会工作服务的次数;二是间接受益老人人次,指老

人间接获得社工服务的次数;三是其他直接受益人次,指除目标群体——福利院中的老人之外,其他人直接得到社会工作服务的次数;四是其他间接受益人次,指除老人之外的其他人间接得到社会工作服务的次数。

表3-41 社会工作服务的受益人次

受 益 范 围	均值估算(人次)
直接受益老人	750
间接受益老人	500
其他直接受益	150
其他间接受益	200

第四章 决策方的循证评估机理

在农村福利院院舍社工服务项目的评估中,多位政府部门工作者参与了评估访谈,主要内容包括:在农村福利院购买社会工作服务的目的;如何以"院舍社工"项目形式将社会工作服务嵌入农村福利院中;在项目开展和实施过程中如何协调项目各相关工作方之间的关系,使之相互配合和支持;如何监管项目的实施过程,及时调整项目发展的方向;如何对项目效果进行评价等。

第一节 评估立场:项目的立项决策

在农村福利院开展院舍社工项目,其项目立项需要有其合理性依据。多位政府决策部门的工作者在访谈中谈到了立项的出发点。

"农村福利院一般地处偏远,集中供养农村中有特殊困难的群体,尤其是老年人群:法定的供养对象是无劳动能力、无生活来源、无法定赡养/抚养/扶养义务人或者法定义务人无履行义务能力的人员;社会代养的对象,常是高龄、空巢、无人照料和管顾的老人,他们是社会中的脆弱群体。

十数年前的福利院,条件十分艰苦,房屋建筑很简陋、设施设备尤为匮乏。近年来,政府在农村福利院的规划和建设中投入了许多资金,帮助福利院的基础设施、硬件设备提档升级。如今的农村福利院可以说今非昔比,每隔数年,硬件设施就会上一个台阶,物质生活条件得到极大的改善。"(LC-1-1807)[①]

"尽管福利院的基础设施设备不断升级,但是,由于地处偏远、交通不

[①] 访谈资料标记方法如下。前部:字母为姓名化写,已匿名处理。中间:1-市、区两级政府部门工作者;2-农村福利院院长、管理者、工作者;3-社会工作机构项目负责人、督导、社会工作者;4-福利院中老人。后部:按简写的年、月标记时间,调研访谈主要在2018年7~9月完成。

便、语言不通等现实困扰,福利院很难招募到合适的工作者,使得目前福利院的工作人员结构存在一些不足,尤其是服务人员和护理人员很难按入住老人的比例得到适宜的配置,从而在服务能力方面普遍存在困难。

目前农村福利院面临的现实困境是:一方面,需要进一步加强对农村福利院设施条件的建设;另一方面,需要对福利院的服务体系展开全面和深入的改革,才能有效整合农村养老资源,把多年来投入的福利院基础设施设备真正利用起来。我们根据党和国家近年来提出的农村养老发展思路,根据国家和省、市制定的相关政策,作出了在农村福利院开展社会工作服务的决策。"(HL-1-1807)

一、支持乡村社会发展的背景

中华人民共和国成立以来,农村经济与社会发展经历了数个阶段。每个阶段的发展,受区域和产业部门发展思想的深刻影响。

(一) 均衡与非均衡发展理论

后发展国家的现代化进程远晚于主要西方国家。西方国家的工业革命发端于18世纪,到19世纪已基本完成工业化,而绝大多数后发展国家,一直到"二战"结束后才相继从殖民统治的阴影之下争取到民族和国家的独立。因此,"二战"后后发展国家对于经济与社会发展的渴望尤为强烈,面对民族和国家复兴的使命,发展的任务显得迫在眉睫。

"二战"之后,为推动全球经济与社会分工秩序的恢复与重建,西方发达国家,尤其是美国,支持和激励各学科的研究者投入后发展国家的发展研究,即在借鉴西方发展经验的基础上,为后发展国家确定发展战略。由此,发展学科应运而生,在发展理论中,有均衡发展与非均衡发展两种思路,以及引入时间变量后,综合均衡和非均衡发展的思想。

1. 均衡发展理论

均衡发展思想以新古典主义学派为代表。在完全自由的市场条件下,由于价格机制的作用,经济资源能得到合理配置,从而使发展达到相对稳定的均衡。新古典主义经济学派反对自由市场之外的干预,在他们看来,干预在一定程度上会扭曲价格机制,从而难以使经济资源达到最优的配置和均衡。区域发展,需要资本、劳动力和生产技术等多种要素以适当比例相互协调和配合。尽管每个地区的资源禀赋和发展程度各异,但由于资源要素的自由流动及要素之间的相互协调,生产要素收益趋向平均化,这使区域能实现均衡发展。

罗丹在1943年《东欧和东南欧国家工业化的若干问题》一文中,提出了大推进理论,分析了资本供给,尤其是社会分摊资本的不可分性,需求的不可分性,储蓄供给的不可分性,以及经济外部效应等。[①] 大力推进理论运用均衡发展思想,建议发展中国家在现代化发展的启动阶段,需以一定速度和规模持续地、均衡地投资各个产业部门,使产业之间形成相互依赖和支持,才能摆脱低度均衡的陷阱,实现经济发展的起飞。

均衡发展理论相信,在社会和市场的内部存在着一种自然的、自发的调节机制,使得经济与社会发展会趋向均衡状态。即使是在变迁过程中,由于新的、特定要素的出现,一定程度上打破了原有的均衡,系统也会重新自我适应、再建均衡。因此,在后发展国家确定发展战略时,应充分考虑系统具有趋向均衡的特质,促进各种要素的互相配合。

均衡发展理论,建议发展中国家在发展起步阶段,注重发展的均衡性和同步性。一方面,于空间角度而言,不仅区域内部要均衡地发展,区域之间发展也需具有一定程度的同步性。在区域空间里,在自由市场作用下,需均衡地布局生产要素,从而使区域互相支持和配合。另一方面,于产业角度而言,各个产业之间也需均衡地投资和配置资源,以实现均衡发展。

2. 非均衡发展理论

尽管均衡发展的理论为后发展国家的现代化描绘了一幅均衡的、整体推进的美好图景,因而具有非凡的吸引力,但在后发展国家的发展实践中,却遇到难以克服的困难。一个主要的限制性因素在于:"二战"之后大多数的后发展国家,面临国民经济衰弱、社会民生凋敝、基础设施薄弱、发展积累匮乏的情境,并无充足的生产要素来推进均衡的发展。

由此,产生了非均衡发展理论,它对均衡发展思想提出批评。一是认为均衡发展思想过于理想化,建立在诸多假设的基础上,譬如完全的自由市场,生产要素无成本地自由流动,区域的资金、技术条件参数恒定等,但在后发展国家的现实中,此类条件却难以满足;二是对均衡发展思想中市场能实现生产资源均衡配置提出了质疑,认为市场反而可能加剧不平衡。

缪尔达尔提出了循环累积因果论。在他看来,在社会发展动态过程中,各种要素之间并非均衡布置且相互配合,而是存在循环累积的因果关系。即一个要素的变迁,会引发其他要素的变化;而其他要素的变化,反过来又会进一步强化初始要素的变迁。在一段时间之后,最初变迁的要素所沿袭的发展路径显得尤为突出,在一次次的循环因果关系中得到累积。

---

① Rosenstein-Rodan, P. N.: Problems of Industrialisation of Eastern and South-Eastern Europe, *The Economic Journal*, 1943, 53: 202-211.

譬如,在后发展国家启动现代化发展的初期阶段,由于可利用的生产资源有限,包括资金、技术、管理经验、劳动力素质等,因而不可能在所有地区、所有产业部门均衡地进行投入。一些地区和产业,由于先天的地理位置、历史传统、教育水平、政策倾向等有利条件,在初始的竞争中占据了有利地位,而此种初始优势又进一步强化和积累了后续竞争的相对优势。

另一方面,对于自由市场可平衡地配置生产资源,引导生产要素的相互配合,进而实现经济均衡发展的观点,非均衡发展理论亦有不同见解。在非均衡理论看来,自由的市场机制,崇尚竞争和优胜劣汰,它会不断放大前一个环节的竞争优势,进而累加到后续的竞争之中。因此,自由的市场并不会使经济发展趋向均衡,反而会日益扩大地区和产业之间的差距。

缪尔达尔进一步分析认为,市场会产生两种效应:一种是回流效应,即前一环节的竞争优势,会确定竞争者在后一个环节中的地位和资源,而导致竞争者的优势持续累积,使竞争者之间的差距日益扩大;另一种是扩散效应,即有竞争优势的竞争者,在获得足够的发展优势积累之后,让先进的生产要素向居于劣势地位的竞争者扩散和流动,使得两者之间的差距缩小。在后发展国家的自由的市场机制下,回流效应的影响力,通常远超越扩散效应。[①]

综上,非均衡发展理论,不赞同均衡发展思想的过于理想化,主张需要更切合后发展国家在现代化发展启动阶段的实际,集中优势的发展资源,在具有良好基础条件的地区,实施非均衡发展战略,让有可能实现工业化和现代化的部分地区和产业先行发展。但是,依据非均衡发展理论,由于市场具有回流效应,会不断扩大地区和产业之间的差距,易于造成二元结构。

3. 理论的调适与综合

均衡发展和非均衡发展理论,两者各有优势和不足,需要更深入的理论综合。

(1) 倒 U 形理论

无论是均衡发展、还是非均衡发展的思想,大多是对于经济与社会发展现象的现实观察及抽象思辨,但并无翔实的实证研究数据支撑。直至 1965 年,威廉姆森发表《区域不平衡与国家发展进程》一文,首次采用实证数据研究在现代化进程中地区间发展的平衡与差距问题。[②]

[①] Myrdal, G.: *Economic Theory and Underdeveloped Regions*, London: Gerald Duckworth, 1957.

[②] Williamson, J. G.: Regional Inequality and the Process of National Development: A Description of the Patterns, *Economic Development and Cultural Change*, 1965, 13(4): 1~84.

威廉姆森将先前的理论推演转向实证分析：一方面，收集了英格兰东部百余年的经济史数据；另一方面，采集了 24 个国家经济发展的横截面和时间序列数据。根据实证数据研究发现，诸多国家的经济发展过程遵循着一个规律：地区发展差距总是先扩大、后缩小，呈现出倒 U 形。

以西方国家的工业化进程为例，其现代化的启动阶段并非均衡发展，而是呈现出显著的非均衡发展趋势：一些地区和产业部门在某种传承的、地理的、技术进步等优势之下，率先开启工业化道路，并在之后的一段时期不断累积优势，导致先行发展的地区和产业远远领先于其他，地区和产业间的差距日益扩大。但是，当经济进一步发展成熟之后，先发展地区和产业的回流效应逐渐减弱，而扩散效应增强，先进的生产力向后发展地区和产业不断辐射和扩散，原有的差距日渐缩小。

倒 U 形理论，开创性地使用实证数据验证了理论的解释力，并且综合了均衡和非均衡发展理论，指出两种理论与现实情境的匹配度。通过实证数据，发现两种理论皆具有一定的合理性，只是所解释的社会发展阶段有所不同：在现代化的启动阶段，由于发展资源的有限性，非均衡理论更有说服力，更符合现实的情境；而到了成熟阶段，则日益趋向于均衡发展。

（2）宏观调控理论

倒 U 形理论假说，创造性地加入时间变量，分析一个国家或地区在现代化发展的不同时期，均衡与非均衡发展两种理论的解释力，并对两种理论有所证实与综合。但不可忽视的是，威廉姆森的研究对象，均是已成功地从传统农业社会转型为现代工业社会的国家，其地区间的发展差距，的确经历了一个"先扩大、后缩小""先严峻、后改善"的过程。

然而，对于后发展国家而言，依然面临一个重要挑战：地区间差距能顺利地"先扩大、后缩小"吗？譬如，战后的拉美国家在工业化启动阶段，采用了非均衡发展战略，集中优势资源开启了现代化进程，在短时期内让社会财富聚集到少数人手中。资本快速积累、有利于大规模生产和投资，从而推动经济以乘数效应成倍增长，创造出更多的就业机会。

但随之而来的，并非如预想那般在扩大就业的基础上增加国民收入，让丰富的物质财富向社会各领域、各阶层流动，进而推进社会整体的发展进程。现实的教训却是：扩散效应和涓滴效应一直未能实现，反而愈来愈导向两极分化。换言之，一方面，社会总财富的蛋糕确实在增大；另一方面，社会总财富的增长却并未惠及全体国民，经济增长的财富高度集中在少数富人手中，马太效应使贫富分化日趋严重。

综上，拉美国家给后发展国家的启示是：在现代化发展的启动阶段，采用非均衡发展战略是有效和必要的,它能集中后发展国家的优势资源,突破经济低度均衡的陷阱,达到经济起飞的基础条件。但是,在现代化发展步入正轨之后,市场并不能自动地对经济发展实施有利于均衡化的调节,反而会导致极化效应。因此,在此阶段,需要国家对经济和社会发展进行一定程度的宏观调控,以相对均衡的发展战略,调节此前因非均衡发展而导致的二元结构和社会分化。

(二)我国的城乡发展战略

我国属于后发展国家,城乡发展的规划和战略,主要经历了三个阶段。

1. 改革开放之前

中华人民共和国成立之后,我国进入社会主义初级阶段。如何在生产力极端落后的背景下推进社会主义现代化建设,是1949年以来最核心的发展问题。对于社会主义在经济与社会发展落后国家的实现机制,"列宁认为,即使在经济文化落后、资本主义不够发达的国家,当上层建筑严重地阻碍着经济基础的变革、生产关系严重地阻碍着生产力的发展,革命条件已经成熟的时候,无产阶级应该坚决果断地夺取政权。在夺取政权以后,……,就应该把发展生产力放在首位,为在尚不具备社会化大生产的国民经济部门向社会主义经济过渡创造必要的物质前提"[①]。

由此,我国借鉴苏联发展生产力的模式,开启了社会主义现代化建设进程,期望建立完整的工业体系,走工业化发展道路。毛泽东曾指出:"在新民主主义的政治条件获得之后,中国人民及其政府必须采取切实的步骤,在若干年内逐步地建立重工业和轻工业,使中国由农业国变为工业国。"[②]在可利用的经济发展资源十分匮乏的情形下,为集中有限的经济资源、突破低度均衡的瓶颈,我国采取了非均衡的发展战略。

一是城乡二元的土地制度。国家实行土地公有制,但在城乡之间有所区分:城市土地属于国家所有制,农村土地为集体所有制。国家所有制土地,主要是建设用地,允许土地的建设使用、转让和交易等,国家是土地的管理者、组织者,并代表全体国民享有收益权。集体所有制土地,主要是农业用地,在使用、转让和交易上管理严格,农村集体享有土地收益权。

二是城乡二元的产业体系。国家为积累工业化发展资金,在产业结构中更偏重发展工业产业部门,在一定程度上以工农业产品价格的剪刀差,使

---

① 赵家祥:《东方社会发展道路与社会主义的理论和实践》,商务印书馆2017年版,第518~519页。
② 毛泽东:《毛泽东选集》(第3卷),人民出版社1991年版,第1081页。

农业生产中创造的部分经济收益用以支持工业发展。在价格剪刀差的影响下，工业产品的价格相对高于其价值，而农业产品的价格相对低于其价值，这为工业部门突破瓶颈、形成规模投资等，积累了启动资金。

三是城乡二元的社会结构。工厂的建设和工业化的进程，常在人口相对集中的城市中展开，农村的主要产业依然是传统的农业。伴随城乡二元的产业结构和政策体系确立，社会管理和服务亦相应分割，实施二元的户籍管理制度。具体而言，按照城乡区域规划及家庭成员关系，将人口分为农村户籍和非农村户籍，同时依照户籍的区分，人们在享有教育、医疗、工作福利、社会保障等方面存在差异。

中华人民共和国成立伊始，非均衡发展战略有效地推动了经济与社会快速发展。社会主义经济制度基本建立，集中力量进行了工业建设，"以156项重大项目为核心、以900余项大中型项目为重点的工业建设，使新中国在现代化道路上迈进了一大步，形成了独立自主的工业体系雏形"①。经济实现了高速增长，1952～1957年，国内生产总值从679亿元增长到1 068亿元，年均增长9.2%。②

但与此同时，非均衡发展战略也带来诸多经济与社会发展的问题。一方面，在社会总投资的分配上，重视工业，尤其是重工业的发展，农业的投入相对少；重视制造业的发展，基础设施的投入相对少。另一方面，在社会总财富的配置上，城市居民的收入更高、社会福利和社会保障更完善，而农村居民的经济收入和福利水平相对较低。

2. 改革开放之后

20世纪70年代末，针对计划经济体制下经济与社会发展的局限性，国家实施了经济与社会体制改革。一方面，改革原有以高度集中的行政指令开展经济生产的计划经济体制，逐步建立和完善社会主义市场经济体制，使经济体制由计划向市场转变。另一方面，改革原有以高度二元的城乡分割格局而进行社会管理和资源配置的社会运行体制，使社会结构由封闭转向开放。

1978年，安徽省凤阳县首创和实践的土地承包责任制，开启了我国农村经济改革的序幕。1980年，中共中央发布《关于进一步加强和完善农业生产责任制的几个问题》，肯定了包产到户的生产责任制改革。1983年初，

---

① 参见《为了共和国的腾飞——新中国60年重点工程巡礼》，http://www.gov.cn/jrzg/2009-08/06/content_1384802.htm，2009年8月6日。
② 参见汪海波：《新中国十个五年计划的回顾：成就和经验》，《国家行政学院学报》2006年第1期。

全国农村推广家庭联产承包责任制,让农民能自有和出售剩余的农产品、获得丰富的回报,提升农民农业生产的积极性,解放农村生产力。

1984年,城市启动全面改革开放,在1979年深圳、珠海、厦门、汕头试办经济特区的基础上,相继开放14个港口城市,并明确建立社会主义市场经济体制。城市中的企业体制改革,将企业决策权交给企业负责人,以责任承包的形式经营企业,减少对于国有企业的指令性计划,鼓励乡镇企业、私营企业、外资企业的发展,建立产权明晰、权责明确的企业制度。

伴随社会主义市场经济体制的确立,市场在经济领域日益发挥主导性作用,调配生产要素高效率流动,实现有效益的发展。20世纪90年代以来,伴随改革开放步伐加快,城市工业,尤其是制造业迅速兴起,以及与之匹配的第三产业蓬勃发展,城市对农村形成了虹吸效应。在市场对劳动力等生产要素的配置之下,大量农村劳动力流向城市和工业部门。

综上,改革开放以来,我国经济体制改革与社会发展成就显著。一方面,国有企业改革让众多的中小国有企业转型改制和非国有化,推动了民营经济发展,到2010年,民营经济的份额占比达72%,形成了多元化的企业产权制度。另一方面,加入世贸组织,降低贸易壁垒、放宽外资企业的准入、取消对外贸易权审批等,进一步促进了经济发展的全球化。

改革开放突破了原有的以计划指令形式主导的城乡二元经济与社会结构,肯定了市场在生产资源配置中的主导性地位,一定程度上实现了生产要素在城乡地区之间的高效率流动,实现了经济和社会整体的飞速发展。但与此同时,市场竞争导致的马太效应,亦进一步加剧了原有的非均衡发展战略产生的城乡差距,城市和农村、工业和农业的差距并未缩减,反而随着经济发展进程显著地扩大。

3. 党的十八大以来

2012年党的十八大以来,在改革开放前期积累的基础上,面对经济与社会发展中存在的问题,党和国家进一步全面深化改革,调整经济结构,促使经济增长方式由粗放型向集约型转变,推动经济社会持续健康发展。党的十八届三中全会指出,要完善和发展中国特色社会主义制度,更加注重改革的系统性、整体性和协同性,以发展创造财富,让发展的成果更公平地惠及全体人民。

一是经济由高速增长转向高质量发展。2016年,我国国民生产总值占世界经济总量的14.8%,稳居世界第二大经济体。2013~2016年间,国民生产总值年均增速为7.2%,超过世界同期2.6%和发展中经济体4%的平均增长率,在世界主要经济体中居首位。据国际货币基金组织和世界银行测算,同时期我国经济增长对世界经济增长的贡献率为31.6%,居全球首位。

二是社会发展和人民生活持续改善。城乡居民收入增速超过经济增速,2017年城镇居民可支配收入增长8.3%,农村居民可支配收入增长8.6%。城镇登记失业率降至4%以内,就业规模和质量不断提升。中等收入群体已超过3亿,形成了世界上规模最大的中等收入群体且依然在持续扩大。贫困发生率降至4%以下,是全球最先完成联合国千年发展目标中减贫目标的国家。

2017年,党的十九大报告指出,我国已取得改革开放和社会主义现代化建设的历史性成就,社会生产力水平总体上显著提高,社会生产能力在很多方面进入世界前列。全面深化改革取得重大突破,总体实现小康,中国特色社会主义进入新时代。在新的经济社会发展时期,社会的主要矛盾已经转化为人民日益增长的美好生活需要与不平衡不充分的发展之间的矛盾。

其中,发展不平衡的重要体现之一,是城乡之间的发展不平衡。虽然近年来在诸多发展政策支持下,农村和农业实现了加速发展,但是多年来城乡发展不均衡的矛盾依然存在,城市发展的基础条件更好、增长速度更快、居民收入更高。据相关数据显示,城乡居民收入差距已由2014年的2.86倍下降至2018年的2.76倍,呈缓慢下降的趋势,但差距仍然显著。

对此,《中共中央关于制定国民经济和社会发展第十三个五年规划的建议》指出,未来一段时期的发展任务,需推动城乡协调和均衡发展。用工业发展的成果反哺农业部门,发挥城市的辐射和扩散功能,以城市的发展资源支持农村地区。促进农业生产的精细化,加快农村服务业发展,增强农村发展的内生动力。拓展农民增收渠道,完善支持农民收入增长的政策体系等。

党的十九大报告中提出了乡村振兴战略:坚持农业和农村优先发展,按照产业兴旺、生态宜居、乡风文明、治理有效、生活富裕的总要求,建立健全城乡融合发展体制机制和政策体系,加快推进农业和农村现代化。2018年,国务院发布《关于实施乡村振兴战略的意见》,提出走中国特色社会主义乡村振兴道路,让农业有发展前景,让农村成为安居乐业的美丽家园。

其一,提升农业发展的现代化水平。提升农业生产能力,划定和建设粮食生产功能区、重要农产品保护区,投入农村基础设施建设,推进农业的科学技术创新,发展数字化农业。实施质量兴农战略,全面提升农产品生产和产品的质量标准和水平,引导农业由数量增长向质量提升转型。构建农村一、二、三产业的融合发展体系,促进农户个体与现代农业发展有效衔接。

其二,实施精准扶贫战略。我国贫困主要发生在农村地区,需要精准扶贫和精准脱贫。重点关注贫困地区、有效识别贫困人口,针对有劳动能力的贫困人口,以就业扶持等方式,帮助发展产业和就业支持,使其获得可持续的生计。同时,针对完全或部分丧失劳动能力的特殊贫困人口,则实施保障性扶贫政策,将符合条件的贫困人口全部纳入兜底保障范围。

其三,公共资源均衡配置。促进城乡公共资源均衡配置:一方面,健全农村基础设施投入长效机制,建设和完善农村公路、供水、供气、环保、电网、物流、信息、广播电视等基础设施,推动城乡基础设施互联互通;另一方面,完善农村社会福利和社会保障体系,发展农村及接纳农业转移人口较多的城镇的教育、医疗、文化等社会服务,推动城镇公共服务向农村延伸。

综上,我国城乡发展战略主要经历了三个阶段。第一阶段是1949～1978年,国家采取非均衡发展战略,以计划指令和制度安排的方式,将城市和乡村相互区隔,集中有限的经济资源启动工业化和现代化进程。第二阶段是1978年改革开放后,我国确立社会主义市场经济体制,社会结构由封闭转向开放,在市场的主导性作用下,生产要素在城乡之间有效流动和配置,但由于市场的马太效应,城乡之间依然存在巨大差距。第三阶段是2012年以来,国家采取均衡发展战略,调节城乡之间的发展落差,推动城乡协调发展,实现城乡发展的一体化,进一步加大了对农村地区资源的投入。

在此背景之下,农村特困群体的救济和扶助,以及农村老年人的养老问题,与党的十八大以来国家实施均衡发展战略、促进农村改革和发展、实现乡村振兴的目标密切关联,已成为党和政府关注的一个重要议题。在中国特色社会主义新时代,均衡地配置公共资源,提升农村的社会福利和社会保障水平,为农村中的特困群体提供更高水平的社会扶助和救济,有利于我国全面建成小康社会。

二、农村福利院的现状与困境

H市的农村福利院工作多年来一直不断改革创新且卓有成效,在全国处于前列。2003年,率先实施农村福利院设施建设的"福星工程",2008年开始,持续十数年进行了农村福利院建设提档升级工程,2017年,在农村福利院开展平安工程、暖冬工程等。一系列政策和资金的投入,使农村福利院的基础设施条件日益完善,改善了供养老人的生活环境。

但与此同时,农村福利院的发展亦遇到显著问题。一是由于农村福利院地处偏远,人员配备相对不足,尤其是难以招募到能给老人提供医疗护理、文化康乐、精神慰藉等服务的专业工作人员。二是福利院在居住条件、基础设施、院舍环境等物质条件持续改善的同时,所能给老人提供的服务相对滞后,依然主要是在满足老人的衣、食、住、行等方面的需求。

由此产生的问题是,一方面,农村集中供养养老服务的需求快速增长,比如,农村五保对象、贫困老人需要社会救助与集中供养;伴随城市化进程加快,无人照顾的空巢老人日益增多,他们需要日常生活的帮助和照料;失能、半失能老人希望在院舍中得到生活照顾等。但另一方面,农村福利院提供的服务却很难满足老人健康、安度晚年的需求。

农村福利院的服务能力受限,是未来一段时期福利院发展的瓶颈。有数据显示,全国需要救助的特困人员中,完全或部分丧失生活自理能力的约179万人,他们有迫切到福利院集中供养的需求。然而,由于服务设施、条件、能力等限制,其中得到集中供养、能满足其生活照顾需求的仅有57万人,占比31.8%,在所有集中供养的183.8万人中,占比不到1/3。

同时,农村中还有一定规模的高龄、无人照顾的空巢老人,他们也有到院舍集中养老的需求。但是,由于农村福利院的服务能力相对薄弱,有时难以满足这些老人生活的需求,他们对入住福利院有一定的顾虑。由于福利院的规划和建设是按照一定老龄人口的比例设置的,因此,在一些地区的农村福利院中,床位的利用率相对较低。

近年来,H市致力于推进农村福利院的改革和发展,在加强福利院硬件设施建设的同时,着重提升服务供给能力。一方面,让集中供养在福利院中的特困老人能够得到更好的社会服务,进而提升特困老人的生活质量。另一方面,积极整合农村的养老资源,让有需要进入福利院养老的普通老人,如高龄的空巢老人等,能够舒心地在福利院中生活。

三、农村福利院改革的政策

农村福利院改革的政策,包括改革福利院组织管理体系、提升福利院服务水平和能力等方面,主要有国家、省、市三个层面。

(一) 国家层面的政策

1.《社会救助暂行办法》

2014年,国务院颁布《社会救助暂行办法》。一方面,在《社会救助暂行办法》颁布之前,农村和城市对于特困群体的救助,有不同的政策标准,而《社会救助暂行办法》将城乡特困人员纳入了统一的社会保障统筹范围。另一方面,它统筹了已有的最低生活保障、特困人员供养、受灾人员救助、医疗救助、教育救助、住房救助、就业救助和临时救助等8项制度。

对于社会救助服务的提供方式,《社会救助暂行办法》中明确鼓励单位和个人等社会力量通过捐赠、设立帮扶项目、创办服务机构、提供志愿服务等方式,参与社会救助。鼓励政府通过委托、承包、采购等方式,向社会力量购买社会救助服务。特别提出,应发挥社会工作服务机构和社会工作者的作用,为社会救助对象提供社会融入、能力提升、心理疏导等专业服务。

2.《关于进一步健全特困人员救助供养制度的意见》

在《社会救助暂行办法》的基础上,2016年,国务院印发了《关于进一步健全特困人员救助供养制度的意见》。该文件明确规定:健全特困人员供养体制的城乡统筹,在政策目标、供养标准、提供服务等方面实现城乡统一,确保城乡特困人员获得相同的救助供养服务。同时,重申鼓励和支持多元社会力量通过承接政府购买服务、慈善捐赠以及提供志愿服务等方式,参与社会救助。

3.《关于全面放开养老服务市场提升养老服务质量的意见》

2016年,国务院印发了《关于全面放开养老服务市场提升养老服务质量的意见》,指出我国目前的养老服务体系的规模不断扩大,但存在结构不合理、服务质量偏低的问题。考虑到人口老龄化程度在未来十数年内不断加深,以及人民对于美好生活的向往和期待,老年群体对于养老服务的多层次、多样化需求等,我国应持续完善养老服务体系建设。

《意见》中特别提出,要提升农村养老服务的能力和水平。加强农村敬老院建设和改造,实现养老服务设施达标,满足农村特困人员的集中供养需求,同时,为农村低收入老年人和失能、半失能老年人提供便捷可及的养老服务。《意见》中鼓励专业社会工作者为农村留守、困难、鳏寡、独居老年人提供关怀、心理疏导、咨询等服务。

(二) 省、市层面的政策

1.《关于统筹城乡特困人员救助供养制度的实施意见》

2016年11月,H省人民政府印发《关于统筹城乡特困人员救助供养制度的实施意见》,指出:要结合当地的经济与社会发展水平,制定合理的救助供养标准,解决城乡特困人员的突出困难,满足城乡特困人员的基本生活需求,在全省建立起城乡统筹、政策衔接、运行规范的特困人员救助供养制度,实现特困人员救助供养制度能够保基本、全覆盖、可持续的目标。

《意见》特别指出,支持公益慈善组织、社会工作服务机构等社会力量参与特困人员的救助供养服务。鼓励政府运用与社会资本合作(PPP)的模式,采取公建民营、民办公助等方式,支持供养服务机构建设。政府积极购买服务,落实各项财政补贴、税费优惠等政策,引导和激励公益慈善组织、社会工作服务机构为特困人员提供专业化的救助服务。

2.《关于进一步加强农村福利院改革和发展工作的通知》

2017年6月,H市人民政府办公厅印发《关于进一步加强农村福利院改革和发展工作的通知》,指出:伴随国家对于城乡特困群体社会保障的日益完善,以及农村养老服务需求日益增多,农村福利院的现状存在与需求不适应之处。比如:养老服务设施欠缺,功能不健全;管理、护理、服务人员严重不足,专业服务水平不高;社会力量参与少,运营机制固化等。

《意见》明确提出:为提升农村福利院的管理和服务水平,引导和支持志愿服务组织、专业社会服务机构、社会工作者介入农村福利院的服务工作;鼓励他们为福利院老人提供社会交往、能力提升、心理疏导、健康安全、精神慰藉等专业服务;明确在福利院开展实施院舍社工的项目。

第二节 评估路径:项目协调与监管

农村福利院院舍社工项目在落地和实施过程中,政府部门承担的角色和主要任务有:在宏观上确认项目的内容和实施重点;协调项目运作的场域和环境,要求农村福利院给予支持和配合;对于项目的执行者——社会工作机构及社会工作者予以一定的监管。

一、确定项目服务的重点内容

对于农村福利院院舍社工项目的内容和重点,区、市、省政府部门的工作者有不同的观点和看法,反映出不同的理念。

(一)对于项目服务内容的不同观点

一方面,在一些决策者看来,服务设施不完备、护理服务者紧缺,依然是农村福利院中最为急迫的问题。"由于福利院中的服务设施——如医疗康复、健康锻炼等设施不完备,尤其是护理服务人员紧缺,使得许多高龄、失能、半失能的老人难以住到福利院。而高龄、失能、半失能老人是需要集中供养的主要群体,因而,目前应进一步完善设施、配备护理服务人员。"

更具体地说,"对于入住农村福利院的老人而言,他们的文化水平不高,需要的更多是生活条件、生活环境、生活设施的改善,以及生活照料、生病治疗、行动不便时的护理服务等。社会工作服务,相对而言,是一种满足更高需求的服务,我们是否需要为福利院中的老人们提供社会工作服务,或者说,在农村福利院中开展社会工作服务,是否更应偏重于照顾和护理老人?"(XHW-1-1807)

另一方面,在另一些决策者看来,对于农村福利院中的老人而言,精神健康、心理慰藉、社会交往是更突出的难题。"一方面,完善服务设施、改善护理服务,确实很重要,是集中供养养老服务的基础,需要持续地提升、使之功能健全。但与此同时,入住到福利院中的老人,他们的生活环境相对封闭,容易产生心理压抑和焦虑的情绪,亟待社会工作服务予以疏导。"

具体而言,"农村福利院中的老人,他们对于物质生活条件和环境,以及生活照料和医疗照护,无疑有很强的依赖性,但他们在精神健康、心理慰藉、社会互动方面的需求,也是客观存在的。数年前,我们已经在中心城区的社会福利院中实施和推进了社会工作服务项目,且效果不错,因此,我们认为可以尝试在农村福利院中也开展社会工作专业服务。"(HL-1-1807)

(二) 需求理论和分析

前述两种不同的观点和看法,反映出了政府决策部门工作者对人的需求及其满足有不同的理解,由此影响他们对于农村福利院老人的重要需求的判断,引发关于院舍社工项目的内容与实施重点的探讨。

对于人的需求及其满足,学界有多种理论和分析框架。如佩尔曼等学者提出整体需求说,认为人的需求主要有生理、心理、社会三个维度,人在具体的历史、现在、未来诸多情境之下寻求需求的满足。[1]

一是生理需求。生物性是人存在的生理基础,人需要生理健康与生存繁衍。充足的食物和水源、安全的居所、医疗卫生条件、性和生育等,是人的基础生理需求。若上述基本需求得不到有效保障,人类就难以避免脆弱性和动物性,难以拥有相对有尊严的人类生活。

二是社会需求。人具有社会属性和交往需求。通过社会交往和互动,人得以确认自身的角色和身份,满足自身的社会性需求。若在社会关系构成的交往网络中,人不能得到群体的接纳、认可和尊重,不能争取到一定的社会地位、承担特定的社会功能,则可能陷入被社会排斥的困境。

三是精神需求。人与动物的根本区别在于,人拥有意识和精神意志。"动物和自己的生命活动是直接统一的。动物不把自己同自己的生命活动区别开来。它就是自己的生命活动。人则使自己的生命活动本身变成自己意志的和自己意识的对象。他具有有意识的生命活动。"[2]人通过精神活动探索世界、实现自我,进而改变自然世界,并创造出丰富多彩的社会世界。

布拉德肖指出,需求确认主要有四种方式:[3]

---

[1] 参见 Whitaker, W. H. and R. C. Federico: *Social Welfare in Today's World*(2nd), New York: McGraw-Hill, 1997。

[2] 马克思:《1844年经济学哲学手稿》,人民出版社2014年版,第53页。

[3] 参见 Bradshaw, J.: Taxonomy of Social Need. In: McLachlan, Gordon (ed.) *Problems and Progress in Medical Care: Essays on Current Research*. London: Oxford University Press, 1972, pp.71~82。

规范性需求。由专家和决策者确认的需求。决策问题可转化成技术问题，由专家给出符合逻辑、有说服力的意见。行业专家和决策者会依据有证据支持的研究成果，判断某种需求是否有必要予以满足。

感受性需求。那些需要帮助、满足需求的受助者，他们内心对于自身的真正需求有感知，但可能由于条件限制，并不一定能得到表达。

表达性需求。被表达出的对于某种产品和服务的需求，是一种清晰的需求，但有可能表达者并不一定符合受助的资格。

比较性需求：参照其他群体，通过比较而萌发的需求。

（三）内容确定与共识

因为决策者对于福利院老人需求的看法，影响着院舍社工项目内容的确定，所以在两种观点的基础上，政府工作者展开了专题调研。

一是咨询行业专家的意见。决策部门拥有行业专家的资源，一方面咨询研究者的建议，从学理及国内外已有研究文献的角度，给出问题的分析，以及行动的依据。另一方面咨询实务专家，他们有丰富的实务经验，能结合已经开展的实务项目的信息给出建议。

"我们向高校的专家咨询，也和实务部门的专家会谈，他们给出的意见集中体现为：老年人，尤其是住在养老院、福利院等机构中的老年人，他们在基本物质生活条件与生活照料满足的基础上，确有相对更强烈的精神照料、心理慰藉、社会互动等方面的需求，需要社会政策予以关注。"（YPH-1-1807）

二是在农村福利院的调研。一方面，切实了解福利院中老人的生活现状、面临的主要困境，确定老人的切身需求。另一方面，与福利院的管理者和服务者会谈，让他们根据自身的观察和体会，表达老人的需求。

"我们在农村福利院的调研，不论是和居住在福利院中的老人们谈话，还是和福利院的管理者和服务人员座谈，他们都谈到一个事实：近年来，农村福利院的基础设施和硬件设备在不断改善和提档升级，但与此同时，为老年人提供精神服务和心理慰藉的需求却难以跟上，是更为突出的问题。"（YPH-1-1807）

三是在城区福利院调研。决策部门在中心城区福利院中展开了调研，了解已有社会工作服务项目开展的主要内容，以及取得的成效，为确定农村福利院院舍社工项目的服务内容提供有益的借鉴。

"我们在中心城区的福利院调研发现，许多城区福利院前些年相继引入了社会工作服务，他们能有效组织福利院中的老人开展社会互动和社会交往，满足老人精神文化生活的需求。同时，他们为有需要的老人提供心理辅

导和情绪疏导,促进老人在院舍养老生活中保持精神健康等,都取得了不错效果。"(YPH-1-1807)

经过多次的调研和访谈,政府决策部门的工作者达成了一致的共识:尽管在农村福利院中,生活服务设施完善、护理服务人员配备等,确是农村福利院需要持续改进和完善的领域;但与此同时,福利院中老人的精神文化生活需求、心理慰藉和情绪健康等需求,更应引起社会政策制定者的重视和关注。社会工作服务,并非日常生活照料和护理服务的补充,而是专业地帮助老人适应养老机构的生活环境、发挥老人在社会生活中的主体功能、满足老人精神健康需要的专门服务。在形成共识的基础上,农村福利院院舍社工项目的内容和实施重点正式确定为专业性的社会工作服务。

二、协调项目接收方的配合

院舍社工项目,落地在农村福利院之中,即福利院是项目运作的直接环境和场域。项目在福利院中运作,需要福利院的支持和配合。

(一) 对于协调项目接收方的不同观点

对于是否需要协调项目在农村福利院的落地和实施,政府部门工作者有不同的看法。

其一,政府职能部门并不需要耗时费力地协调项目。至于院舍社工项目如何落地,社会工作机构如何派出社会工作者,社会工作者如何进驻农村福利院,社会工作者如何在农村福利院中开展社会服务工作等诸多事宜,应是社会工作机构和福利院之间共同沟通和协商之事。

"既然政府已经购买社会工作机构的服务,那么对于项目的整体运作,应该由社会工作机构来组织和负责。社会工作机构如何与农村福利院接洽,告知院舍社工项目的立项,派出社会工作者进驻福利院,以适宜的形式在福利院中开展社会工作服务,争取福利院的支持和配合等,应由他们自行协商。"(NMY-1-1808)

其二,政府职能部门需要协调项目的落地和实施。因为项目运作是一个系统工程,既需要社会工作服务机构开展专业性服务,也需要接收项目的组织予以支持和配合。在项目启动之初,两个组织之间尚未彼此了解和认知,政府作为两个组织的联结点,应予以协调。

"农村福利院常地处偏远,而且,长时间以来福利院提供的服务主要是衣食住行、日常生活照料等方面,缺少对老人精神健康、心理慰藉等服务的认知,更不清楚社会工作是什么、社会工作服务能做什么,因此,如果仅仅让社会工作机构和社会工作者直接去沟通,会面临很多观念阻碍。"

同时,"以前,我们市社会工作服务的开展绝大多数是在城市,如城市的社区和福利院等,很少有在乡村开展社会工作服务,此次在农村福利院中实施社会工作服务项目,更是全国的首创。因此,社会工作机构普遍对农村福利院也是不了解、不熟悉的,如果政府不做协调工作,他们可能会很难衔接"。(LC-1-1808)

(二)系统理论与分析

以系统的思维来看,社会事物无不是以系统的方式存在。系统,存在一定的边界,而且此边界不易被周围环境所侵蚀和消融,唯其如此,系统才能相对独立地存在,边界之外则是系统所处的环境。系统与其所处环境之间,存在着信息、资源、能量等的交换。有些系统的边界渗透性强,系统与环境间的物质和能量交换频繁,系统呈现出相对开放的状态,即为开放系统;反之,则构成封闭系统。

系统具有一定的稳定性和平衡性。在封闭系统中,封闭的边界将外部环境的物质和能量隔离,维持系统内部的高度稳定,但同时须承受外部环境持续增强的压力影响,到一定程度容易导致系统的瓦解。与之不同,开放系统与外部环境频繁发生交换,因而系统内部处在常态化的细微变化和调整之中,反而不容易受到剧烈冲击。

当新的要素介入已有的系统时,会打破系统中原有的稳定和平衡,给系统带来一定程度的不稳定和风险。对于开放系统而言,新的要素介入后,系统通常能通过自组织的方式,重新建构要素间的结构,从而达成新的稳定和平衡。但是,对于相对封闭的系统而言,新的要素介入更易受到已有系统的拒绝和排斥,进而造成危机。因此,当新的要素介入相对封闭的系统时,通常需要借助一定的辅助力量。

(三)协调的确定与共识

政府职能部门对于是否需要协调社会工作服务机构进驻农村福利院的看法,影响到院舍社工项目的落地,因而,在两种不同观点的基础上,政府工作者展开了调研。

其一,征求农村福利院的意见。对于农村福利院而言,社会工作服务机构和社会工作服务是一个全新的事物。福利院的管理者和工作者并不充分了解,如何让社会工作者进驻到福利院中,如何定位他们的身份和角色,他们会开展怎样的服务,他们在提供服务的过程中需要福利院给予怎样的配合,如何衔接福利院和社会工作者之间的工作,他们会不会带来某种风险等问题,皆需要政府职能部门予以解答。

"我们向农村福利院征求意见,他们对社会工作服务十分陌生,也有许多担忧:比如,不清楚社会工作者的身份和角色,应当如何看待和对待社会工作者;也不明确社会工作者进驻到福利院中,能够提供什么服务;同时,会不会给福利院中已有的管理者和工作者带来工作上的不便,甚至某种风险等。对于他们种种顾虑和疑惑,需要我们政府职能部门反复做工作、耐心地解答。"(YL-1-1808)

其二,征询社会工作机构的意见。对于大多数社会工作机构而言,农村福利院也是一个全新的工作环境。福利院相对偏远和封闭,福利院的管理者和工作者如何看待和对待社会工作者,他们能否为社会工作者在福利院的工作提供基础的办公和生活条件,他们在最初阶段能否接纳社会工作者进驻福利院,能否给予社会工作者以基本的信任等,需要政府职能部门予以解释和引荐。

"我们向社会工作机构征询意见,他们对于农村福利院同样比较陌生,有些机构在城市中心福利院开展过社会工作服务,但是,对于入驻到农村福利院中实施社会工作服务项目,并无丰富的经验。他们对于顺利进驻到福利院中,以及福利院能给予他们基础的工作和生活条件等,有较为迫切的需求,需要我们政府部门予以协调,以帮助他们尽快入驻福利院,开展社会工作服务。"(YL-1-1808)

在多方调研和走访的基础上,政府职能部门的工作者达成了一致的共识:在农村福利院中开展院舍社工项目,是一项全新的工作,对于农村福利院和社会工作机构而言,都是一项新的挑战。政府作为项目的发起者和组织者,需要协调各个工作方的关系,使他们各自的工作能够协同和配合。基于此种共识,市、区两级政府职能部门分别召开了项目协调会,协调项目在农村福利院的落地。

2017年7月,政府部门正式启动农村福利院院舍社工项目。H市及7个远城区的民政部门组织召开了项目协调会,让农村福利院和与之对应的社会工作机构的管理者会面,共同理解福利院院舍社工项目的政策文件。会议讲解了项目的目的和目标、项目的运作和实施方式、社会工作机构派驻社会工作者进驻福利院的时间、需要福利院为其提供的工作和生活条件等,使福利院和社会工作机构建立了联结。

如表4-1所示,由于农村福利院大多地处偏远,公共交通颇为不便,在民政部门的协调下,有住宿条件的农村福利院基本能为入驻的社会工作者提供住宿,以解决社会工作者在服务期间的通勤问题,比例达到83.6%。同时,仍有少部分福利院由于客观条件限制,以及双方协商一致不需要提供的情形等,未提供住宿服务。

表4-1 农村福利院为社会工作者提供住宿情况

是否提供住宿	频数(人)	百分比(%)
未提供	12	16.4
提 供	61	83.6
合 计	73	100.0

如表4-2所示,由于农村福利院大多地处偏远,福利院周边的商业服务十分匮乏,少有能提供餐食的便利商店,因而,在民政部门的协调之下,农村福利院基本能为入驻的社会工作者提供餐食,以解决社会工作者在服务期间的用餐问题,比例达到90.4%;同时,也有9.6%的福利院对餐食进行了低额收费。

表4-2 农村福利院为社会工作者提供餐食情况

是否提供餐食	频数(人)	百分比(%)
低额收费	7	9.6
免费提供	66	90.4
合 计	73	100.0

如表4-3所示,在民政部门的协调之下,43.8%的农村福利院为入驻的社会工作者提供了独立的办公室;另有43.8%的福利院为社会工作者提供了独立的办公位;同时,也还有12.4%的社会工作者缺乏相对独立和固定的办公位。

表4-3 农村福利院为社会工作者提供办公场所情况

是否提供办公室	频数(人)	百分比(%)
独立的办公室	32	43.8
独立的办公位	32	43.8
非独立的办公位	9	12.4
合 计	73	100.0

如表4-4所示,在民政部门的协调之下,54.8%的农村福利院为入驻的社会工作者提供了独立的办公设备,如配备办公桌椅、电脑、打印机、可使用的办公用品等;另有27.4%的福利院给社会工作者提供了与他人合用的办公设备,如电脑、打印机等;同时,仅有2.7%的社会工作者缺乏相对独立和固定的办公设备。

表4-4 农村福利院为社会工作者提供办公设备情况

提供办公设备	频数(人)	百分比(%)
独立办公设备(桌椅、电脑等)	40	54.8
合用办公设备	20	27.4
仅配备桌椅	11	15.1
未配备设备	2	2.7
合　计	73	100.0

综上,经由民政部门的组织和协调,绝大多数农村福利院为入驻的社会工作者,提供了力所能及的办公、餐食、住宿等工作和生活便利条件。同时,由此而产生的经费,亦由民政部门予以协调解决:一种情形是向区政府申报专项经费,然后在区所辖的全部农村福利院中予以统一拨付;另一种情形是与各农村福利院所属的街道办事处协调,由各个街道办事处拨付给福利院,用以支付相关的费用。

三、选择项目执行方与监管

政府部门决策的院舍社工项目,具体交由社会工作机构负责执行和实施,同时,政府部门承担有关项目执行机构的选择和监管等职责。

(一)选择项目执行机构

政府部门选择项目执行的机构,皆采取依法公开招投标的方式。比如,C区关于农村福利院院舍社工项目的招标公告,主要要求如下:[①]

(1)投标人必须具备营业执照或事业单位法人证书、税务登记证、组织机构代码证以及其他相关证件,业务范围包含专业社会工作服务类,具有独立承担民事责任和履行合同能力。

---

① 参见《C区关于农村福利院院舍社工项目的招标公告》(部门文件)。

（2）投标人内部管理制度健全，具有专业社工服务的管理业务流程与规范。

（3）投标人的项目负责人具有中级及以上专业社工职业资格证书、身份证、劳动合同、网上社保证明，具有2~3年以上相关工作经验；社工要求至少5名，具有助理社工师/社工师职业资格证书、身份证、劳动合同、网上社保证明；其他人员要求社会工作相关专业本科以上或具有相关经验者。

（4）有依法缴纳税收和社会保障资金的良好记录。

（5）投标人具有良好的财务状况和商业信誉，提供2015、2016年财务审计报告及2017年连续3个月税务部门出具的完税证明。

（6）投标人2015年3月至今有类似服务经验。

为使社会工作机构广泛地知悉项目招标，市、区两级政府部门对此在纸质媒体和网络上展开宣传，以使符合条件的社会工作机构知晓信息。

招投标的结果是，中标的社会工作机构大致分为两类：一类是市级社会工作机构，成立时间较早，大多依托高校资源，有较好的专业资质和实务经验；另一类是区级社会工作机构，成立年限稍短，但一直在本区开展社会工作服务，熟悉当地风土人情，有丰富的本土服务经验。

（二）签订项目实施协议

中标的社会工作机构，由区级民政部门与其签订协议，如在D区农村福利院院舍社工项目的协议中，约定的服务内容主要有：

（1）调研农村福利院需求，形成需求调研的整体报告；

（2）形成农村福利院院舍养老服务模式，制定《农村福利院服务质量手册》；

（3）开展心理健康和访谈谈心工作；

（4）培养农村福利院护理人才，以培训课程等形式提升院舍工作人员的服务技能；

（5）建设农村福利院康乐平台；

（6）对重点对象以个案和小组工作的形式跟进服务；

（7）链接社会资源，培育稳定的志愿者队伍。

区级政府部门与社会工作机构签订农村福利院院舍社工服务项目实施的协议，对项目内容进行协商和约定，为后续服务提供依据。

（三）监管项目执行实施

在项目实施过程中，政府部门是否需要跟进监管，抑或在项目结束后再做总体评估，政府部门工作者对此有不同的看法。

其一，一种看法认为，既然已签订协议，则仅需依据协议，在项目时间截止、项目内容完成后做总体性评估,以评估项目在特定的时间内是否完成约定的事项,并达成项目既定的目标,即实现了监管。

"既然双方依法依规、在平等自愿的基础上签订了协议,那么按协议约定完成既定项目内容、达成项目目标即可。对于项目执行方的约束在于,待项目在一定时间点完成后,以总体性评估结果确定项目的有效性。"(ZHC-1-1808)

另一种看法则认为,政府部门需要在项目执行过程中,实施有效的监管。监管的目的并不在于对项目执行机构作出连续的评价,而是在于通过监管和督导,有助于项目执行方更好地调整方向,完善和优化项目。

"在项目实施过程中,政府部门需要定期地、不间断地对项目展开一定的监管。监管的目的不在于着急对项目作出评价,而是在监管的过程中,帮助项目执行机构发现问题、分析问题,以找到更好的方式解决问题。"(HPR-1-1808)

经由多方的实地访谈和调研,政府职能部门对此形成了一致的共识:持续的监管性评估是重要的,尽管对于项目的执行有协议约定,而且项目的方案设计也主要是在多方协商的基础上商定的,但是,在现实的项目实施过程中仍然会遇到诸多问题、矛盾和冲突。监管的目的不在于做判断或得出某种结论,而是在项目实施过程中尽早发现困难,以及协同多方共同解决问题,并及时对项目进行调整和优化。

第三节 决策方立场的循证评估结果

农村福利院院舍社工项目是社会服务项目,属于项目的一种类型。依据美国项目管理协会的定义:项目,是为完成某一独特的产品、服务或任务的一次性努力。项目受时间和成本等条件的约束,拟实现一系列既定目标,能满足需求且达到一定质量标准。项目是为满足特定的需求、达成特定的目的和目标而围绕目标设计的一系列活动,因此,确定一个项目是否成功的重要标准之一,是评估项目是否达到了立项时的预期成果。

政府决策部门对于社会服务项目的绩效有充分的关切,主要期望在于:一是提炼项目的经验,以期为后续的项目,抑或其他地区开展类似项目提供借鉴;二是评估项目的效果和影响,为是否持续性地开展此类项目提供事实依据;三是实现项目的优化,发现项目需要改进之处,以期更好地实施项目。

一、项目整体的结果与效果

第一期的农村福利院院舍社工项目探索始于2017年8月。一年之后，2018年7~9月，政府职能部门委托第三方社会组织，开展了项目的阶段性评估。评估调研采取的主要形式有：一是以联合会议的形式，邀请政府职能部门、农村福利院院长、承接项目的社会工作机构、一线社会工作者参加座谈会；二是对政府决策者、福利院中的老年人、福利院管理者和工作者、社会工作机构负责人、一线社会工作者展开了深度调研和访谈。

（一）项目的结果和产出

项目的结果和产出，是指项目在投入一定资源，并经由计划、组织、领导、控制等实施过程之后，所得到的特定成果。

如表4-5所示，由于农村福利院是首次开展院舍社工项目，绝大多数福利院与社会工作机构签订的合作协议中，并未约定给福利院的老人建立详细的个人档案，只有一家社会工作机构与农村福利院约定了建档指标。但是，在项目实施过程中，7家社会工作机构基于对服务对象开展个性化服务的需要，皆主动为福利院的老人建立了个人档案，以期全面、深入地掌握服务对象的身体、疾病、心理、精神状况等重要信息。

表4-5 为农村福利院老人建档

社会工作机构指标量（人）	完成数（人）	完成率（%）
8~65	254	390
—	180	—
—	194	—
—	525	—
—	345	—
—	580	—
—	135	—
建档老人人数合计（人）	2 213	

如表4-6所示，社会工作者进驻农村福利院后，对福利院的老人展开了全面、细致的需求调研与评估：有些机构完成了一份总的需求评估报告；

另一些机构依据服务对象和服务事项不同,完成了多份需求评估报告。总体而言,需求评估报告完成率达到100%。

表4-6 农村福利院服务对象的需求评估

社会工作机构指标量(份)	完成数(份)	完成率(%)
1	1	100
6	6	100
1	1	100
7	7	100
1	1	100
10	10	100
4	4	100
需求评估报告完成数合计(份)	30	

个案社会工作服务,是社会工作服务的一种重要形式,由社会工作者运用专业的知识、技能和方法,对于有特别需要的个体,依据其独特的个体特征及所处的具体环境,开展专门的社会服务,协助其改变态度、调整关系、改善行为、获得支持,从而能更好地适应社会,恢复和增强其社会功能。个案社会工作,是一项深度服务,通常持续较长的时间。

如表4-7所示,多数农村福利院与社会工作机构签订的合作协议中,约定了个案工作服务及其数量。同时,即使在事先的合作协议中,并未明确约定个案工作服务的数量,但社会工作者在项目实施过程中,根据服务对象的特定需要,亦开展了相应的个案工作服务,个案工作服务的完成率全部达成或超过预期。

表4-7 为农村福利院老人提供的个案社会工作服务

社会工作机构指标量(个)	完成数(个)	完成率(%)
3	4	133
36	36	100
—	9	—

续 表

社会工作机构指标量(个)	完成数(个)	完成率(%)
10	10	100
80	90	112
—	10	—
11	11	100
个案工作服务完成数合计(个)	170	

小组社会工作服务,亦是社会工作服务的重要方法之一。它是由社会工作者根据一定的组员特质和工作目标组织成立小组,在小组中开展有针对性的活动,并促进小组成员之间的互动和互助,以达到促使小组成员改变态度、调节情绪、改善行为,增强适应社会生活的能力、恢复和发展社会功能的工作方式。小组社会工作通常是在一段时期内定期开展活动,经由数个阶段的服务达成预定目标。

如表4-8所示,有4家社会工作机构与农村福利院约定,在福利院中开展小组社会工作,且小组工作的完成率良好,达到或超过了预期。

表4-8 为农村福利院老人提供的小组社会工作服务

社会工作机构指标量(个)	完成数(个)	完成率(%)
3	4	133
12	12	100
2	3	150
11	11	100
小组工作服务完成数合计(个)	30	

如表4-9所示,对于院舍社工项目的社会工作者而言,与农村福利院的老人谈心,提供心理慰藉和情感支持,是重要的服务内容之一。尽管有两家社会工作机构在事先的合作协议中并未签订心理辅导服务的内容,但是,社会工作者在项目实施过程中,根据实际需要开展了心理慰藉服务。数据显示,一共完成谈心服务2 842次,平均每个社会工作机构完成406次。

表 4-9　为农村福利院老人提供的谈心辅导服务

社会工作机构指标量(次)	完成数(次)	完成率(%)
50	119	238
600	600	100
582	515	88.5
50	50	100
—	940	—
—	550	—
68	68	100
谈心服务老人完成数合计(次)		2 842

如表 4-10 所示,入驻农村福利院的社会工作者,积极地组织福利院的老人开展文体康乐等活动,以满足老人的精神文化生活需求,共计开展活动 963 次,平均每家社会工作机构完成 137 次。

表 4-10　组织农村福利院老人开展文体康乐活动

社会工作机构指标量(次)	完成数(次)	完成率(%)
12	66	550
42	42	100
288	253	87.8
12	12	100
120	270	225
300	300	100
20	20	100
文体康乐活动完成数合计(次)		963

如表 4-11 所示,在为期一年的院舍社工项目中,入驻农村福利院的社会工作机构和社会工作者,在春节、端午节、中秋节、重阳节等重要的传统节

日,以及以社会工作宣传、老年健康养生、疾病预防为主题开展各项特色活动,共计153次,平均每家社会工作机构组织22场特色主题活动。

表4-11 为农村福利院老人开展特色活动

社会工作机构指标量(次)	完成数(次)	完成率(%)
10	12	120
12	12	100
21	21	100
12	12	100
20	40	200
30	36	120
20	20	100
开展特色活动完成数合计(次)	153	

如表4-12所示,入驻农村福利院的社会工作机构和社会工作者,帮助建立、修订、完善了农村福利院的管理和服务制度:一是关于农村福利院在设施设备、生活供养、消防安全、人员档案、膳食服务等方面的管理制度;二是关于农村福利院院舍养老服务的实务指导手册,共计达到472项次。

表4-12 为农村福利院完善管理和服务制度

社会工作机构指标量(项次)	完成数(项次)	完成率(%)
1	1	100
105	273	260
10	10	100
150	188	125
完善管理制度完成数合计(项次)	472	

如表4-13所示,入驻农村福利院的社会工作机构和社会工作者,积极地帮助农村福利院及在其中生活的老人,链接社会公益和慈善资源:一方

面,筹集物质资源,链接公益和慈善的捐赠和捐助,主要是资金和物品;另一方面,链接人力资源,帮助建设一支相对稳定的志愿者队伍,为农村福利院提供了志愿服务。

表 4-13　为农村福利院链接社会资源

社会工作机构指标量(次)	完成数(次)	完成率(%)
4	4	100
24	24	100
28	28	100
12	12	100
10	40	400
20	30	150
链接社会资源完成数合计(次)	138	

(二) 项目的效果

项目的结果和效果密切关联。结果,是由项目产出而达成的一种特定状态,与原初状态相比通常意味着有所变化。效果,则是指结果带来的某种变化是否达到项目的目的和目标,即项目结果是否具有有效性和合理性。

政府部门参与了农村福利院院舍社工项目的评估过程,对于项目取得的成果给予了充分的肯定,认为项目整体而言达到了预期目标。

"我们对于农村福利院院舍社工项目的初衷和目的主要有两个方面。一方面是,通过院舍社工项目引入社会工作服务,提升农村福利院中养老服务的能力和水平,一来让农村特困老年人能享受到更好的服务,二来也能安置农村中有集中供养意愿的老年人进入院舍养老,集中养老资源,解决农村养老问题。另一方面是,通过院舍社工项目的专业社会工作服务,让农村福利院的管理者和工作者耳濡目染,进而提升他们的管理和服务水平,实现整体改善福利院服务的目标。

根据项目评估的结果来看,整体而言,我们原来预先设想的项目目标已经达成。通过院舍社工项目,农村福利院的管理者和工作者在一定程度上打开了管理思路、转变了服务观念,并建立、修订、完善了福利院一系列的管理和服务制度,使今后的工作有章可循。同时,通过社会工作机构和社会工

作者的专业服务,也让住在福利院中的老人们享受到了更好的养老服务,提升了他们的生活质量。"(XPH-1-1809)

综上,政府部门充分肯定了农村福利院院舍社工项目的有效性和合理性,但与此同时,也看到项目依然存在的、需要改进的不足之处。

二、决策方关注的项目欠缺

经由评估调研和访谈,在政府职能部门看来,项目欠缺之处主要有以下三个方面。

1. 政府部门的协调工作需加强

在农村福利院院舍社工项目的整体实施中,有两个主体共同开展具体工作,深刻影响着项目的过程、结果与成效:一是项目的在地方,即农村福利院,福利院需要给予项目具体的支持和配合;二是项目的执行方,即社会工作机构,由社会工作机构和社会工作者具体提供专业化服务。对于政府而言,需要给予两个主体更多的指导和协调。

"尽管在项目实施过程中,市、区两级政府职能部门,一直在跟踪项目进展,协调福利院与社会工作机构、社会工作者共同开展项目的具体工作,两个组织合作得也还不错。但是,由于是全国首次在农村福利院开展院舍社工项目,所有的组织都没有经验可以借鉴,因而,也还存在一些工作尚未得到很好的协调。接下来新一年度的项目,我们会更加强调在不同组织之间做好协调工作。"(HL-1-1809)

2. 基层政府及福利院的支持与配合需加强

院舍社工项目在农村福利院实施,须得到基层政府及福利院的支持与配合。基层政府及福利院的支持主要体现在两个方面:一方面是硬件设施和活动经费的支持,尽其所能地为入驻的社会工作者提供基本的办公和生活条件;另一方面是情感和观念的支持,能协同社会工作者的工作。

"从第一年的项目执行来看,基层政府及福利院对于院舍社工项目的支持力度是不错的。比如,HP 区专门为院舍社工项目配套了硬件设施和活动经费,按每个福利院 3 万元的标准,为所辖的全部福利院配置了新的办公电脑、打印机和桌椅,让入驻福利院的社会工作者能有良好的办公环境。但是,同时,也还存在有少数福利院由于客观条件和主观观念等原因,并未将办公和生活设施配备齐全,给入驻的社会工作者开展服务带来一定的困难,需对此做出改进。"(HL-1-1809)

3. 社会工作机构及社会工作者的专业化服务需加强

农村福利院院舍社工项目,核心优势在于引入社会工作机构和社会工作者为农村福利院提供专业的社会工作服务,增强福利院提供养老服务的能力,提升福利院养老服务的整体水平。因此,社会工作机构和社会工作者的专业化服务是项目的中心内容,需要伴随项目的开展,持续地加以改善和优化。

"在为期一年的院舍社工项目中,社会工作机构和社会工作者为农村福利院提供了很好的专业化服务,得到福利院老人、管理者和工作者的好评,促进了福利院原有的管理和服务理念的变革,提升了福利院养老服务的水平。但是,由于是第一年开展项目服务,因而,有些服务尚属于基础性的服务工作,在接下来新一年的项目服务中,尤其要督促服务的专业化程度不断地提升。"(HL-1-1809)

三、决策方建议的项目优化

针对院舍社工项目第一年开展和实施过程中存在的欠缺和不足,政府部门在新一年的项目决策中,研究制定了《2018年全市农村福利院实施"院舍社工"服务活动的工作方案》,明确提出了改进和优化项目的举措。

(一)优化政府职能发挥

其一,优选社会工作服务机构。运用行业宣传平台,使农村福利院院舍社工项目能广泛地被符合资质和条件的社会工作机构所知悉,吸引其积极参与项目的招投标,并从中优选社会工作机构。同时,为保证入驻福利院的社会工作机构和社会工作者的稳定性,可采取招标院舍社工服务项目两年期限有效、但一年一签协议的方式,使服务优良的社会工作机构和社会工作者能保持连续性的服务。

其二,协调不同组织协同工作。项目运作是一个系统工程,政府部门作为正式的、法定的权威,应做好不同组织之间的协调工作。具体而言,一方面建立农村福利院、社会工作机构、社会工作者的联席交流制度,定期召开联席会议,按既定的计划安排推进项目,并协调项目开展和实施过程中遇到的难题和矛盾;另一方面,协调与项目相关的政府职能部门,给予院舍社工项目以政策和经费等方面支持。

其三,督导和监管项目的实施。政府职能部门应及时跟进项目的开展和实施,对项目运作过程中出现的问题施以监管,有助于项目各方及时发现问题、分析问题,并找到适宜的解决策略。同时,可以采用第三方评估组织全程跟进项目运行的方式,对农村福利院院舍社工项目开展全程的督导、定期的评估、深入的研究、及时的调整等,以使项目能够在不断的评估、督导和反思中趋于成熟。

(二) 优化基层政府及福利院对项目的支持与协同

改革农村福利院的管理和服务制度,提升福利院的养老服务水平和能力,是近年来健全和优化农村特困群体救助帮扶,以及建立和完善农村养老服务体系的重要议题。以院舍社工的项目形式,在农村福利院嵌入和配备社会工作服务,能为福利院的管理和服务改革提供良好的契机,在专业社会工作服务潜移默化的影响下,为福利院养老服务提供示范,加快福利院改革的步伐。

院舍社工项目在农村福利院中实施,作为项目的在地方和承载方,福利院对于项目的执行,以及可能获得的成效而言,是尤为重要的环节。因此,农村福利院可以与社会工作机构、社会工作者签订三方合作协议,承诺在福利院中协同工作、共同推进和完成院舍社工项目的系统工程。

其一,保障社会工作服务开展的条件。社会工作者在农村福利院开展工作,福利院应保障其在福利院开展服务所需的、适宜的工作和生活条件,有经费支持的福利院可支持社会工作者开展服务所需的资金。

其二,支持社会工作服务所需的资源。农村福利院的管理者和服务者熟悉院中老人的信息和情况,切实了解老人的需求。许多老人有多年居住在福利院的经历,此种情形下,院方与老人之间通常关系紧密。而与目标群体建立信任关系,对于新入驻的社会工作者而言尤为重要,他们需要得到院方的配合和支持。因此,福利院应与社会工作者分享目标群体的信息,帮助社会工作者与服务对象建立联结,同时,与社会工作者一起共同制定服务计划,推动服务项目顺利实施。

其三,负责社会工作服务的日常督促。由于项目在农村福利院实施,福利院对于社会工作服务开展的情况有更深入的了解和掌握,因此,可由福利院对社会工作服务进行考评,督促项目按计划推进。

(三) 优化社会工作专业服务

农村福利院院舍社工项目是由社会工作机构和社会工作者提供专业的社会工作服务,因此,需要持续优化社会工作服务专业化水平。

1. 优化项目执行团队的人员结构

社会工作机构派出的执行团队中,50%及以上的工作者需持有《中华人民共和国社会工作者职业水平证书》,具有社会工作者的职业资格。

团队中其他工作者,需要有社会工作、社会学、心理学、人类学等相关专业的专科及以上学历,或从事社区工作、养老服务等相关行业3年以上工作经历。

原则上,每个社会工作机构需为派驻在各个农村福利院的一线社工作者配备 1 名专业督导,督导项目实施过程中遇到的专业难题。

2. 优化项目执行团队的管理规范

承接项目的社会工作机构,应与政府部门、农村福利院签订三方协议;

需派驻具有相当学历背景和专业资质的社会工作者入驻农村福利院;

社会工作机构负责培训院舍社工项目中的一线社会工作者,保证不少于 40 课时的岗前培训,不少于 120 课时的在岗专业培训;

制定实施社会工作服务的年度计划,并指导入驻在福利院中的一线社会工作者,根据具体院情制定每季度、每月的重要活动计划;

对入驻的一线社会工作者定期开展督导和考评;

社会工作机构负责开展社会资源链接工作,努力为所服务的农村福利院募集捐助和捐赠资金,累计不少于中标金额的 25%。

3. 优化项目执行团队的专业服务

建立专业的家庭信息档案:不仅为福利院的老人建立个人档案,且进一步建立和完善农村特困人员的家庭信息档案。

提升项目团队发现和分析问题的能力:以农村福利院为依托开展问题研究和需求调查,同时提交需求调研报告和项目服务清单。

提升心理支持和情绪疏导,以及化解冲突和矛盾的能力:调节老人个体心理,调节老人之间、院舍的管理者和服务者与服务对象之间的关系等。

提升服务质量:在组织日常活动、特色活动之外,开展更专业的社会工作服务,如老年人认知障碍干预、亲属支持计划、口述生命史等。

培训农村福利院中的工作者:针对福利院工作者的需求,开展心理减压、护理技能、心理知识、沟通技巧、社会工作专业知识和技能等培训,使福利院中的工作者的服务知识和能力向专业化、职业化发展。

发掘志愿服务资源:在实施项目的过程中,不断发现和培育志愿者,从而为福利院培养一支相对稳定的志愿者团队,提供志愿服务。

协助福利院建立和完善管理和服务制度:在梳理已有制度的基础上,建立和健全福利院的管理和服务制度,达到优化管理和服务的目的。

综上,依据评估的结果,政府部门认为,农村福利院院舍社工项目,对于农村福利院管理和服务改革以及农村养老服务体系的建设和完善,具有重要的作用和意义。项目在第一年的实施和开展中,总体达到了项目立项的预期效果和目标,同时,由于是一个创新型项目,亦存在一些缺陷和不足。但是,整体而言,在不断优化和改进项目的基础上,应该持续地开展院舍社工项目。

第五章　接收方的循证评估机理

在农村福利院院舍社工项目中,农村福利院是项目的承载方和接收方。福利院的管理者和工作者参与了评估访谈,主要内容包括:在项目启动阶段,农村福利院对于院舍社工项目的认知和接纳;在项目实施阶段,福利院与项目执行团队形成的关系及在项目中扮演的角色;在项目完成阶段,福利院对于项目的感受、看法和评价等。

第一节　评估立场:项目接收与协同

2017年6月,市级政府在调查研究的基础上经过决策,发布《关于进一步加强农村福利院改革和发展工作的通知》,决定在全市的农村福利院开展院舍社工项目。7月,全市召开农村福利院院舍社工项目工作专题会议,部署在福利院开展项目的工作方案,明确各部门的任务和责任。其后,区级政府职能部门将政策和工作会议的精神,传达给了农村福利院。

近年来,全国农村福利院处在一个加速改革和发展期。一方面,政府持续增加投入,建设和完善了福利院的房屋建筑和硬件设施,同时,提高了农村特困人员的救助标准,增加了特困对象的生活补助,以H市为例,2018年政府补贴给农村福利院老人每月的生活费提升至1 100元。在多项政策的支持下,集中供养农村特困人员的福利院的物质环境和生活条件不断改善。

另一方面,政府推动农村福利院进行管理和服务改革。《"十三五"国家老龄事业发展和养老体系建设规划》《关于进一步健全特困人员救助供养制度的意见》《关于全面放开养老服务市场提升养老服务质量的意见》等国家层面的政策,将农村福利院纳入了农村养老体系建设的重要部分,推动民间资本和社会力量积极参与福利院养老管理和服务的改革之中,福利院的服务效能得到了提升。

有鉴于此,作为农村福利院的管理者和服务者,一方面,感受到了政府对于福利院建设的支持和投入愈来愈多,国家、省、市层面政策的关注愈来愈强,他们由衷地感到欣喜。但另一方面,伴随着政策提出的要求,他们也感受到改革的压力,原本相对封闭、不受瞩目的农村福利院,需要打开院门,引入市场化、社会化的力量,推动福利院管理和服务的改革。

目前,H市农村福利院的单位性质,主要有三种形式:

表 5-1　农村福利院的单位性质

单 位 性 质	频数(个)	百分比(%)
街道下属事业单位性质	57	80.3
街道聘用人员进行管理	13	18.3
交由养老服务企业运营	1	1.4
合　　计	71	100.0

如表 5-1 所示,近年来农村福利院一直处在加速改革和发展期,目前,71 家农村福利院的单位性质,具有如下类型。

其一,街道所辖事业单位性质。有 57 家、占比 80.3%,属于街道办事处下属的事业单位性质,福利院的院长是街道办事处的干部,可以在街道办事处的不同岗位间流动,换言之,此种福利院属于公建公营。

其二,街道聘用人员进行管理。有 13 家、占比 18.3%,由街道办事处聘用相关人员进行管理和服务,常有两种形式:一是街道办事处聘用原有的社区工作者、村干部担任福利院院长,再由院长聘用其他福利院服务者和工作者;二是以公益性岗位的形式聘用合适的管理者和工作者。

其三,交由养老服务企业运营。有 1 家、占比 1.4%,街道办事处将它交由一家养老服务企业 Q 运营,Q 是一家在本区注册发展的本土养老服务企业,双方签订服务和运营合同,属于公建民营的一种探索形式。

综上,在农村福利院的单位性质及其运营的三种形式中,属于政府街道办事处下属的事业单位,即公建公营的形式依然是主体。同时,伴随近年来农村福利院单位性质和管理制度的改革,农村福利院也在探索社会化和市场化改革的路径,有一部分农村福利院正处在交由社会和市场的过程中,但仍处于尝试性阶段。

一、农村福利院需求的变迁

2017 年 6 月,市级政府发布《关于进一步加强农村福利院改革和发展工作的通知》，决定在全市农村福利院实施院舍社工服务项目。区级政府职能部门很快将相关政策和工作会议精神，传达给了每个农村福利院所属的街道办事处，并通知到农村福利院的管理者。

对于农村福利院而言，近年来，国家、省、市层面一系列政策支持和管理变革的导向，让他们对于福利院的管理和服务改革，有一定程度的感知和准备。而且，在福利院的管理者看来，确实需要在福利院管理与服务中做出一些变革。

其一，前些年，农村福利院的主要需求集中在物质环境、基础设施和生活条件的改善。充裕的物质生活是美好生活的基础，若人们身处物质十分匮乏的环境之中，则缺少美好生活的前提条件。

入住农村福利院的老人，尤其是五保、孤寡、贫困的老人，他们是农村中的特殊困难群体，由于自身或环境因素，他们没有或很少有收入来源，也没有可靠的家庭支持和扶助，需要依靠政府和社会的力量。

我国现有社会保障和救助体系，对于农村特困群体一直予以救助和保护。与此同时，由于各个地区的经济发展水平存在差异，因而，各地实施的农村特困群体的救助标准并不一致。在经济与社会发展条件尚不足以支撑较高水平的社会福利和社会保障的情形下，在较长一段时期内，救助农村特困群体的经费并不充裕。

"以前的农村福利院，经费普遍缺乏，条件颇为艰苦。首先，住宿条件不够好，福利院的房子挺简陋的，一般是两层的房子，最多盖三层，要是再高了，老人腿脚普遍不好，爬不上去，也不可能装电梯。房子修好之后，要用很多年，年代久了后就显得有些破破旧旧，房间里也没有条件给老人配备适用的家具和生活用品，只有一些简单的用具。房间的通风设施普遍不好，老人的房间常常有异味，老年人需要防滑、防摔、防磕碰，原来的住宿条件一般都很难做到。

餐食条件也不够好，前十数年，受经济发展条件的影响，政府给每个集中供养老人的生活费也有限。福利院要靠自己养猪、养鸡，多种些蔬菜，来补贴一些餐食费用，能够保证老人吃饱，但不一定能吃得好。

还有，老人的活动设施和场地有限。一方面是户内的活动设施和场地有限，如游戏室、保健室等，福利院大多不可能具备。另一方面是户外活动设施和场地有限：有一些地处很偏远的福利院，它们的院子会稍大一些，但周边很荒凉，没有商店等服务设施，交通也十分不便利；而那些地理位置稍微中心一点的福利院，院外交通是方便一些，但是院子通常很小，老人们的户外活动，大多就是在房间门口坐坐。

更加棘手的问题是,由于福利院运行经费有限,服务人员和护理人员一般不能充分配备,一个工作人员常常是身兼数职。比如,既负责给老人采购日常生活用品,又在厨房帮忙洗菜做饭,或者,既给老人打扫房间、清洗衣物,又要帮助照顾老人户外活动等,常常忙不过来。

同时,由于服务人员和护理人员长期短缺,福利院很难收住一些生活不能自理的失能、半失能老人,即使安排他们到福利院中集中供养和居住,也很难保证他们得到适当的照顾。我们尽力做工作,但也知道很难做好。以前,我们福利院的管理和工作人员经常为老人的日常生活和照顾发愁。"(JCF－2－1807)

其二,近些年,伴随我国经济和社会发展水平持续提升,进入历史性的新阶段,经济总量和经济增长贡献率居于世界前列,生产能力在许多方面已达到高发展水平,国家进入了中国特色社会主义新时代,人民群众对美好生活的需求越来越强烈。

经济发展水平提升,为更高水平的社会福利和社会保障提供了坚实的物质基础,尤其是对于社会中的脆弱群体,如农村特殊困难人群,国家和政府在精准扶贫、全面建成小康社会等发展思想的引领下,给予了高度的重视和关注,持续增加对农村特困群体救助服务的投入,并积极整合农村养老资源,将农村福利院纳入了农村养老服务体系之中,予以政策支持,改善福利院的保障条件。

"近年来,农村福利院的建设突飞猛进,如今已是今非昔比。我们福利院原来的住房条件不是很好,年代也有些久远了,一直没有进行全面的整修。去年,街道办事处投入了一笔经费,支持我们给福利院老人盖新楼,现在已经建到第3层了,我们规划盖5层楼房,装有两部电梯。依照国家规定的新建养老院建筑设计标准,我们计划每套房间按一客厅、一居室、一卫生间设计,每套房间住两位老人,因为老人年纪大了,有同住的人能更好地互相照应。此外,还会给每位老人的房间统一配备合适的家具和生活用具。新建的楼房明年即可投入使用。

福利院中老人的餐食也有很大改善。原来只要能吃饱,现在追求要吃好,荤素搭配、营养均衡,厨房师傅每周都更换新的食谱和菜的样式,给老人们多做时令新鲜的菜。以前福利院养猪、养鸡,多种蔬菜,是为了给老人补贴一些餐食,现在每位供养老人的生活费有1 100元,基本不用再补贴餐食费用,如今我们养的家禽、种的蔬菜,主要是图个新鲜。

福利院中集中供养老人的生活费用由国家拨付,用于他们在福利院中的居住和日常生活,福利院不会再收取任何其他费用。此外,政府还每月给每位老人零花钱,一般是每月 100 元,老人们用这些钱买一些自己额外想吃的、想用的东西,我们也会帮老人们采买。比如,福利院有一位老人喜欢喝排骨汤,我们经常就为他买一些,单独给他做。

福利院老人们的活动设施和场地,在近些年,也得到很大的改善。一方面,户外的活动场地,增加了便于散步的步行道,建设了一个花园,还有文体局专门给我们配备的健身活动器材。另一方面,户内的活动场地,在我们即将建成的新大楼里,配备有保健室、运动室、娱乐室、健康游戏室等,给老人们提供了充足的活动空间。到时,老人居住的环境、生活的设施,都会有很大提升。"(LXH-2-1807)

其三,在房屋建筑和硬件设施等生活配套不断完善的基础上,农村福利院的需求已发生转变,主要体现在以下几个方面。

首先,是针对福利院的管理要求提升。

"多年以来,农村福利院一直是一个相对边缘的地方,条件艰苦,设施简陋,一点不起眼,人们也不太愿意到福利院工作。因此,造成了管理人员队伍的年龄结构老化,大多是快要退休或已经退休的原来从事过社区、村委会工作的人在担任福利院的院长,他们采取的管理方法,也是很传统的工作方法,把老人们安抚好就是好的管理人员。

但是,现在时代不同了,国家和政府对于农村福利院的投入和支持越来越多,近些年,更是把福利院作为农村养老服务体系建设的一个重要组成部分,随之而来的,是对于福利院的管理要求在不断提升。许多年龄偏大的福利院院长,感到已跟不上时代的管理要求。举个例子,现在报给街道办事处和政府职能部门的有关数据以及工作情况等,都要用到电子表格和文档,但许多福利院里没有人会用电脑,每次都要把纸质的文档,拿到和福利院有合作关系的打印点,让他们帮忙打印。"(WH-2-1808)

其次,是针对福利院的服务要求提升。

"很多年以来,农村福利院由于经费不足等客观条件的限制,对于集中供养的老人们,只能提供很基础的生活服务和照顾,尽力让老人们吃得好一点、穿得暖一点、住得舒服一点,就是我们福利院工作人员的目标和心愿。原来福利院收住的都是农村中生活特别困难的老人们,他们也都要求不高,对于政府和福利院能给他们养老,让他们老有所养、不至于流离失所,已经很满足。

但是,现在不同了:一方面,国家和政府给农村特困群体的社会保障水平不断提高,老人们的居住、餐食、生活环境、活动设施都得到极大的改善,衣、食、住、行已经样样不愁,就有了更多的需求,尤其是文化娱乐、精神慰藉方面的需求,需要得到满足。另一方面,国家把农村福利院作为农村养老服务体系的一个重要组成部分,要求和鼓励福利院同时收住社会老人,帮助有需要的家庭代养,而社会老人对于福利院提供的服务,有更高的期望和要求。"(LJM-2-1808)

再次,是福利院的人员配置要求优化。

对于农村福利院而言,不论是管理改革,还是服务质量提升,都需要依托一定的工作者展开,因此,需要持续优化福利院里的工作人员配置。按照目前政府对于农村福利院的发展定位和工作目标,福利院中至少需要三类主要的管理者和服务者,以支撑福利院的长远发展,发挥农村院舍养老机构的功能。

一是具有较高素质的管理者。"现在,政府对于农村福利院工作的管理要求不断提高。比如,经常会有新的政策出台,需要福利院管理者能正确领会政策的精神,能积极部署、推进、完成政策要求的工作任务。在推进工作的过程中,经常要求管理者能使用电子设备,如电脑,以及各种手机软件,能处理电子文档、上报电子数据等。许多年龄偏大的福利院院长,由于思想水平和技术能力等主观和客观因素的限制,已经感到力不从心,急需要高素质的管理人才。"

二是具有较高素质的护理工作者。"护理人员,一直是农村福利院的短板,但同时,又是福利院急需的专业人员。一方面,农村特困老人中,有意愿入住福利院集中供养的老人,通常是高龄、患病、失能或半失能的老人,尤其需要能提供专业医疗护理的服务人员。另一方面,农村福利院现在也作为面向农村普通老人提供养老服务的院舍,也为社会老人服务,他们入住到福利院中,对于日常健康护理服务通常有更高的要求,因而需要较高素质的护理人才。"

三是具有较高素质的专业服务者。"现在,在农村福利院里,老人们的衣食住行、日常生活都能得到很好的照料,但是,更高层面的文化、健康、娱乐生活是很匮乏的。福利院的老人们,基本是附近村里的村民,年轻的时候也没能培养一些良好的兴趣爱好,到老年住到福利院中,他们最经常的活动,就是聚在一起打打牌,有时还为打牌斗嘴生气。福利院目前的服务人员,主要只能为老人们提供日常生活的照料和服务,并不能组织老人们开展更丰富的文化娱乐活动。因此,许多福利院虽然建设了活动室,但却没能很好地利用。"(DC-2-1808)

综上,农村福利院的管理者已经认识到,随着经济与社会发展速度加快,福利院的需求发生了显著变化。在人民追求更美好生活的时代,由物质环境和生活条件的改善,到文化生活和精神愉悦的追求,需要福利院加快管理改革和服务质量提升的步伐。

二、农村福利院对项目的理解

尽管福利院的管理者已认识到,改革和发展是新时代对福利院的新要求,但是,对于在农村福利院实施院舍社工服务项目,福利院的管理者和工作者依然感到是一项全新的事物,接受起来存在一定的困难。

(一)对社会工作服务的理解

社会工作服务的出现与满足人的需求密切相关。尽管每个个体都有自身的需求排序,但所有个体皆有相似、共同的需求。"事实上,哪里存在孤独、饥饿、歧视、居住不佳、家庭暴力或情感不安等情形,哪里就需要社会工作。"①伴随"二战"以后西方福利国家的建设,社会福利体系日益完善,需要一种专业性的服务以实现社会福利。

由此,社会工作服务日益兴盛。一方面,它是一种综合性的服务,在所有能帮助人们恢复身心健康与增进社会功能的各个领域,发挥着重要的作用。它关心家庭、儿童、青少年、老年、女性等较脆弱的社会群体,它关注健康医疗、精神安康、身心发展、收入维持、工作就业等社会议题,它介入到学校、企业、医院、司法部门、邻里、社区等各种组织中。它在所有能帮助人们改善生存和生活处境、提升人们生活质量的领域开展服务。

另一方面,社会工作服务也是一种专业性服务,它不同于自发的助人服务。人类在日常生活中的自发助人,是慈善和福利的早期基础和雏形,但伴随福利国家的建设,社会福利已日益成为一种结构复杂、功能完善的社会制度安排体系。自发的助人服务,不能满足规模化、制度化的福利体系的要求,需要专业、专门的社会工作服务与之匹配。

我国在建设和完善社会保障和社会福利体系的过程中,关注到了专业社会工作服务的重要性。2011年,中央组织部、中央政法委、民政部等18个部门联合发布了《关于加强社会工作专业人才队伍建设的意见》,提出在社会福利、社会救助、慈善事业、社区建设、婚姻家庭、精神卫生、残障康复、教育辅导、就业援助、职工帮扶、犯罪预防、禁毒戒毒、矫治帮教、人口计生、纠纷调解、应急处置等领域,配备能提供社会服务的社会工作专业人员。②

---

① [美]莫拉莱斯、谢弗主编:《社会工作:一体多面的专业》,顾东辉、王承思、高建秀等译,上海社会科学院出版社2009年版,第1页。
② 参见《〈关于加强社会工作专业人才队伍建设的意见〉发布》,http://www.gov.cn/gzdt/2011-11/08/content_1988417.htm,2011年11月8日。

经过数年的持续推进,截至 2017 年,我国持有《中华人民共和国社会工作者职业水平证书》的职业社会工作者,达到 32.7 万人①,他们在社会保障和社会福利的各个领域开展专业服务。此外,另有数量庞大的人员在社会工作机构中从事社会工作服务,在社会工作职业领域中发展。但整体而言,社会工作服务在我国发展时间并不长,公众对其还比较陌生。

"区里民政部门召开农村福利院院舍社工项目的工作部署会时,我是第一次听到社会工作服务,当时完全是迷糊的,完全不清楚社会工作服务是什么。对于我们农村福利院而言,那是一个全新的事物,我们不理解社会工作是什么,我们福利院的工作人员做的工作,是不是社会工作?反正,很难理解什么是社会工作服务,我们福利院的院长们都觉得是在接触一件全新的事。"(RSG-2-1808)

"我们农村福利院,一般地处偏远、交通十分不便,我所在的福利院离区的中心街道就有几十公里,离中心城区就更远了。可能是由于我们长期在农村,不了解一些新兴的事物,2017 年,市、区布置农村福利院院舍社工项目时,我第一次接触到社会工作服务。当时福利院都不清楚什么是社会工作服务,但是,我们知道,就是要派一个社会工作者,到我们福利院来做服务。"(TZH-2-1808)

(二)对院舍社工项目的理解

2017 年的 7 月,区职能部门下达《关于进一步加强农村福利院改革和发展工作的通知》的政策精神,在所辖的农村福利院部署院舍社工服务项目的工作,院舍社工项目正式提上农村福利院工作日程。

"近几年,国家政策一直在提农村福利院的改革和发展,我们也知道,随着改革任务的不断推进,福利院必须是要改革管理、提升服务的。但是,改革也存在许多约束性、限制性条件,最主要的因素是人员队伍,依靠福利院现在的人员队伍,确实是能力和素质有限,很难推进改革和发展,我们也是心有余而力不足,许多想做的,也知道要做的事,但没有条件去实现。

既然是市里、区里下决心改革,不论是现在的院舍社工服务项目,还是其他形式的项目,我们都是要把它当作重要的工作任务,去努力完成的。尽管院舍社工服务项目,对于我们农村福利院而言,是一个全新的事物,但是,可能正是由于它是新事物,对于福利院的改革和发展才更有意义。不论怎样,院舍社工项目,是为推进农村福利院改革,我们可以尝试。"(WH-2-1808)

---

① 参见中华人民共和国民政部:《2017 年社会服务发展统计公报》,https://www.mca.gov.cn/mzsj/tjgb/2017/201708021607.pdf。

三、农村福利院对项目的接收

在市、区政府职能部门的决策、部署和协调之下,农村福利院对于院舍社工项目有了一定的认知,也能理解将院舍社工项目作为福利院改革和发展的一项举措。但是,当项目实际进驻到福利院时,不同性质的福利院对项目的接纳程度仍然有所差异。

(一) 公建公营的福利院

公建公营的农村福利院接纳院舍社工项目相对比较顺利。公建公营的福利院属于街道办事处的事业单位,福利院的管理者通常是街道办事处的公务人员。在他们看来,福利院的改革和发展,是政府提升农村特困群体的救助水平,推动完善农村养老服务体系建设的一部分,是政府职能的一项内容,需要福利院推进完成工作。

"我们福利院一共有12名工作人员,其中:院长1人,副院长2人,财务1人,我们4人是街道办事处的行政干部,是有公务员或事业编制的。其他的8名工作人员,属于街道聘用的性质,其中有4人在照护区,负责给老人提供生活照料服务,有3人在生活区,负责老人的餐食、采买、清扫等日常生活服务,还有1人是门房,负责老人和其他人进出福利院的管理。

如果按照理想的养老院服务人才配备,那应有专门的营养调理师、健康治疗师、医疗护理师、心理咨询师等,我们农村福利院不可能具备那么理想的条件。不仅达不到高端服务人才的配备,目前基础服务人员的配置也不完备,有时人手还是不够。工作人员尽管各自有重点服务的区域,但平时也是在打通使用,哪里忙不过来,其他人就去帮忙。

因而,此次市、区政府决定在农村福利院开展院舍社工项目,我觉得对于福利院而言,是一件有意义的事。一方面,不管社会工作者到福利院来开展怎样的服务,对福利院来说,都是增加了服务的人手,能为福利院老人提供更多的服务。另一方面,既然是有助于福利院改革和发展的项目,那说明社会工作服务是更专业化的服务,能帮助福利院提升养老管理和服务的质量。

因此,对于农村福利院院舍社工项目,我们福利院在项目的开始就挺支持的。一方面,从工作角度而言,我们支持福利院改革和发展的方向,按照市、区职能部门的工作要求和部署,推进福利院的管理改革和服务提升。另一方面,就实际服务而言,支持院舍社工项目,也是希望社会工作服务能给农村福利院带来新的服务理念,给福利院的老人们带来更好的服务体验。"(OY-2-1807)

（二）社会化运营的福利院

社会化运营的农村福利院接受院舍社工项目，相对而言更为复杂。社会化运营的福利院，属于在民政部门登记的社会组织，而非隶属于街道的事业单位，福利院的管理和服务人员，主要由街道办事处通过招聘流程聘用，有些是以公益性岗位聘用，属于合同制员工。在接纳院舍社工项目时，他们会考虑目前福利院服务与社会工作服务的竞争。

"在我们福利院，从院长到普通工作人员，都是街道办事处按公益性岗位招聘的合同制员工，不管入住在福利院的老人数目多少，我们每月的工资是固定的。因此，对我们来说，得知市、区政府部门要在农村福利院开展院舍社工项目时，心情有些复杂。一方面，听说社会工作服务是一种专业的社会服务，能够提升福利院的服务质量，更好地为老人服务。

另一方面，我们每月的工资收入是固定的，而且并不高，扣除社保缴纳之外，只有2 000元多一点。在福利院开展院舍社工项目，应该会增加更多的工作任务，比如，要我们配合项目开展服务等。我们福利院的工作人员平时都忙不过来，每个人都身兼数职，哪里需要帮忙就去哪里，而项目实施后，可能需要做更多的事，对我们而言会增加工作量。

此外，我们的身份性质，都是合同制的聘用员工，和街道办事处签合同。现在，市、区政府职能部门引入社会工作服务，让农村福利院有驻点的社工，听说社会工作服务是更专业的服务，我们有些担心，社会工作服务和我们现在工作人员能提供的生活照顾、日常照料等服务，会不会有冲突和竞争，若将来在福利院中普及社会工作服务后，福利院可能不再需要我们的工作。"（LYM-2-1808）

（三）企业化运营的福利院

企业化运营的福利院与社会化运营的福利院一样，也有相似的担忧。企业化运营的农村福利院，目前仅有1家，是本土的养老服务企业，在之前政府推进农村福利院管理改革的试点行动中，承接了1家农村福利院的运营工作，目前，已经运营福利院有1年多的时间。

一方面，有市、区政府职能部门共同推动农村福利院院舍社工项目，为农村福利院注入更多、更好的社会服务资源，对于企业而言，确实是一件好事。在某种意义上，也可视为政府补贴养老服务企业运营的一种方式，能够给企业化的养老服务运营带来新的服务理念、服务形式和服务资源。

但另一方面，养老服务企业也有顾虑：由于社会工作机构属于社会服务组织，其与养老服务企业之间，在养老服务领域可能会存在某些重叠。若社会工作服务能显著提升农村福利院的养老服务质量，那么在未来承接福利院养老服务时,企业与社会工作机构之间可能存在竞争。

综上,对于在农村福利院开展院舍社工项目,在福利院看来,存在双重的考虑。一方面,确实认识到福利院需要管理和服务改革,并希望通过院舍社工项目提升福利院的养老服务能力和水平。另一方面,尤其是对于社会化和企业化运作的福利院而言,存在一些顾虑,在不了解社会工作服务性质和功能的情形下,担忧它可能给福利院的现状造成冲击。

第二节　评估路径:与执行方的互动

在农村福利院院舍社工项目的实施过程中,福利院作为项目的承载方,主要承担的角色和任务有:接受社会工作者进驻福利院,为他们开展服务提供一定的工作和生活条件;在项目服务开展过程中,与社会工作者相互配合,保证项目的顺利实施;在项目存续期限内,与社会工作机构和社会工作者形成一定的联结以推进项目。

一、社会工作者的入驻安排

市级政府部门负责决策,区级政府部门传达政策精神,部署农村福利院院舍社工项目的工作任务和要求。同时,市、区两级政府部门为此展开协调:一是召开院舍社工项目的见面与协调会,让福利院和相应的社会工作机构会面;二是与福利院的管理者会谈,落实院舍社工项目的启动。然而,由于主客观因素等影响,社会工作者进驻福利院出现不同情形。

(一)福利院提供良好条件

在院舍社工项目启动时,有90%以上的福利院已做好准备,为社会工作机构和社会工作者的进驻提供了良好条件。

1. 客观资源充裕

"我们福利院是去年刚建成的福利院,完全按照国家、省、市规定的最新的农村福利院建筑标准来设计和建造的。新建的福利院可以说条件非常好,不仅住房舒适、楼道宽敞,而且阳光充足、通风良好。因此,对于在农村福利院开展院舍社工项目,我们能为社会工作机构和社会工作者提供良好的条件。居住可以是一个套间,一室、一厅、一厨、一卫,我们福利院中的老人、工作人员都是住这样的房间,一日三餐由食堂做,跟着我们一起吃,办公室房间很宽敞,可以有独立的办公室,电脑、打印机等办公设施设备,我们都能准备好。"(ZSM-2-1808)

2. 主观认同项目

"市、区部署农村福利院院舍社工项目的工作,我们积极支持。其实,在院舍社工项目的通知正式发文之前,市、区相关部门的领导来福利院开展过调研,主要了解目前农村福利院的现状和存在的问题,商议如何才能加速推进农村福利院改革。因此,后来市里出台院舍社工项目的政策,我们心里是明白的,需要以一定方式推进农村福利院改革。所以,对于社会工作机构和社会工作者进驻福利院,我们积极地提供配合和支持。尽管福利院的整体条件有限,但是基本的办公和生活还是没有问题的。吃饭有食堂,和我们一起吃;居住,我们准备一个房间和床;办公,可以和我在一个办公室,增加一套桌椅和办公设备。"(DC-2-1808)

3. 相关部门支持

"市里出台农村福利院院舍社工服务项目的政策后,我们区里非常重视,不仅积极划拨院舍社工服务项目的配套资金,更是又单独拨出一笔经费给到各个街道,用于给进驻到每个农村福利院的社会工作者配备办公设备、提供办公经费。我们区的农村福利院是街道办事处下属的事业单位,街道办事处给每个福利院统一配置了办公桌椅、电脑、打印机,以及其他用于社会工作者在福利院开展服务的活动经费等。因此,对于我们福利院来说,基本没有任何经费压力,能够给入驻的社会工作者提供相当不错的生活和工作条件。"(ZXH-2-1808)

4. 考虑工作需要

"我们福利院占地很广,但地处十分偏远,离我们区里的中心街道有几十公里,就是离附近的村子都有好几里地,周边是一些小山包,还有些农田。从外面进到福利院的路两旁,都是人烟稀少,更没有什么商店。福利院的工作人员都是附近村里的人,我们自己很习惯在福利院里工作,但是,新的社会工作者要到福利院来开展服务,就可能面临困难。比如,每天上下班怎么走,一个人走的话,可能也不太安全,吃饭在哪里吃,附近都没有商店。如果我们不能把居住、就餐等条件安排好,社会工作者可能很难在福利院开展工作。"(TZH-2-1808)

5. 出于善意接纳

"在市、区为农村福利院院舍社工项目召开协调会时,我们与对应的社会工作机构碰过头,也见到要派驻到我们福利院的社会工作者,是一个很朴实的小姑娘,看起来像刚毕业没多久的样子。我们想着,一个才毕业、刚进入社会的小姑娘,要来我们福利院里工作,我们福利院很偏远、条件很有限,住的又都是一些身体和精神方面有一定残障的老人,现在很少有年轻人愿意到福利院里工作的。因此,我们会尽我们的能力,给小姑娘提供一些工作和生活条件,和我们同吃同住,让她能安心在福利院里工作,不要把她吓跑了。"(XCH-2-1807)

(二)福利院持观望的态度

在院舍社工项目启动时,还有少数福利院尚未准备好社会工作者进驻的条件,对项目持有观望的态度。

1. 观望项目的推进

"农村福利院院舍社工项目,对我们福利院而言,是一个全新的事物。尽管市、区都召开了项目的协调会,但我们还是不太明白,社会工作机构和社会工作者要到福利院里开展怎样的服务,也不知道项目推进的速度会如何,会不会出现政策出台了、会议召开了,但是,项目缺乏合适条件、难以推进的情况。我们想着还是等等看,如果项目能顺利推进,再做准备也来得及。"(MYL-2-1808)

2. 观望项目的持续

"在农村福利院开展院舍社工服务,是全国首创的项目。一方面,我们感到很兴奋,能在偏远的农村福利院中,试点农村养老服务的改革;但是,另一方面,我们也有所担忧,不知道项目能否顺利、持续地实施。如果社会工作者入驻到农村福利院中开展服务,过一段时间,又觉得做不下去,撤出福利院,或者是三天打鱼、两天晒网,不安心在福利院开展服务,可能就会给福利院的院民们带来不好的感受。因此,我们还是看看项目实施情况再做打算。"(WCM-2-1808)

3. 观察项目工作者

"在市、区职能部门开项目协调会的时候,我们和对应的社会工作机构见了面,简单地商谈了一下项目如何开展的情况。但是,当时没有见到计划入驻到我们福利院的社会工作者,听说是社会工作机构仍然在招聘合适的人选。因此,我们觉得也不着急,等见到要入驻到福利院的社会工作者,跟他商谈一下,看他的计划和安排,需要福利院提供哪些条件,再做决定也不迟。"(LXM-2-1808)

(三)福利院有所拒斥

在院舍社工项目启动时,由于主客观条件的原因,也有个别福利院对社会工作机构和社会工作者的入驻有些拒绝和排斥。

1. 客观资源限制

"我们福利院地处偏远,而且修建的年代也很久远,还是(20世纪)80年代建的房子,虽然近年来有些修整,但是与一些新建的福利院相比,条件会差很多。我们福利院里工作人员的办公地方都很紧张,我和副院长共用一间办公室,其他每间办公室都有 2~3 人办公,不能给社会工作者提供良好的办公条件,社会工作者来了,也腾不出来合适的办公场地。居住的房子也都比较旧,不知道社会工作者能不能住得习惯,或者就只能每天自己上下班。反正整体条件很有限。"(BQS-2-1808)

2. 主观认知局限

"我们福利院是一个很小的福利院,就一栋小平房,原来入住的老人还有十几、二十个,这些年,有些老人去世走了,有些搬出福利院回家了,所以,到现在,福利院只剩 10 名老人了,其中 5 名是五保集中供养对象,他们中能够生活自理的有 3 人,完全失能、不能自理的有 2 人。现在有工作人员 3 人,由于福利院人数很少,我们对于开展社会工作服务,并没有太多需求,如果说更需要的话,应该是能提供医疗和护理的人员,帮助照顾失能的老人。"(DL-2-1807)

3. 缺乏相关支持

"农村福利院的工作其实分成两块:业务方面的指导,归民政部门管;而人事、财务方面,则归街道办事处管。所以说,在农村福利院开展院舍社工项目,对于我们的业务工作而言,是非常有必要的,但是,另一方面,社会工作者到福利院来工作,要给他准备办公桌椅和办公设备,要准备房间和床上用品,还需要补助一日三餐的餐费,这些都会增加我们福利院的运行开支。如果街道办事处不能支持和补贴这些费用,那对福利院来说就会成为一个负担。"(LSH-2-1808)

4. 封闭思维习惯

"我在福利院工作十几年了,以前,很少有人关注农村福利院,福利院就是一个相对封闭的地方,很少和外界打交道。我们在福利院中工作的人,尤其是工作很长时间的老工作者,已经很习惯福利院的清静环境。现在,政府投给福利院的资金越来越多,项目也越来越丰富,虽然说是一件好事情,但是,对于我们习惯清静的老福利院的工作人员来说,可能还不太习惯,有社会工作组织和社会工作者入驻到福利院中来,我们觉得他是一个外来人员。"(WMQ-2-1808)

5. 潜在竞争排斥

"对于街道办事处下属事业单位的农村福利院而言,接受院舍社工项目,是一个比较顺理成章的事,但是,对于我们福利院来说,还有些复杂。我们福利院所有的工作人员都是街道办事处聘用的人员,每月工资是固定的,院长的工资相对高一点,普通工作人员的收入,扣除社会保险后不到 2 000

元。但是,我们还是很珍惜这份工作的。现在,社会工作者要入驻到农村福利院里来,听说他们学历高、素质好,有些担忧他们会给我们的工作造成冲击。"(LYM-2-1808)

二、项目实施过程中的关系

农村福利院院舍社工项目,由社会工作机构派驻社会工作者,进驻到农村福利院之中。社会工作机构、社会工作者与农村福利院之间,围绕项目的实施,形成了一定的角色关系。由于福利院对于院舍社工项目及社会工作服务的认知和理解不同,以及社会工作机构和社会工作者的阐释和回应不同,两者间的角色关系,出现不同的情形。

(一)相对支配型

在院舍社工项目实施过程中,有个别福利院在与社会工作机构及社会工作者的角色关系中,居于主导的地位。

1. 身份角色

"农村福利院院舍社工项目,是第一次在福利院中开展。我们并不是很清楚,社会工作者在福利院中的身份和角色,但总体来说,应该是给我们福利院派一个工作人员。既然是派给我们的工作人员,那么,在平时工作中,就应该以福利院的员工一样要求,必须遵守福利院的各项规章制度,包括考勤、考评制度,及行为规范守则等,是一点都不能含糊的。

派驻到我们福利院的社会工作者,由于居住条件有限,他没有选择在福利院住,而是每天上下班,那我们是要求按时考勤的。后来考虑到路途很远,他每天从住的地方过来,要一个多、两个小时,就让他早晨晚半小时上班、下午早半小时下班,当然,中午的话,尽量多完成一些工作。总之,既然派驻到福利院工作,还是要把自己当成福利院的员工,才能做得久。"

2. 工作权威

"在院舍社工项目中,社会工作者虽然由社会工作机构派出,但既然是派驻在福利院中工作,福利院为他准备了工作和生活条件,他肯定是要为福利院工作的。他在福利院工作,我是福利院的院长,当然要听从我们的工作安排。不然,其他工作人员会怎么看,要是那样,作为管理者就会失去权威,再安排其他工作,就难以得到好的执行。

在福利院中,社会工作机构和社会工作者按照项目的要求,每季度、每月、每星期要开展的工作、组织的活动、开展的服务等,都需要由福利院进行审批。因为,福利院的管理者更熟悉福利院的情况,知道福利院需要怎样的服务,急需满足的需求等。如果有些服务活动,与福利院的需求不是很匹配的话,就可以不用开展,否则,只会给福利院增加负担。"

3. 工作任务

"福利院院舍社工项目中,社会工作者是社会工作机构派出的工作人员,社会工作机构是一个社会组织,与企业的性质有些相似。而福利院是街道办事处下属的事业单位,属于政府机构的分支。因此,在福利院和社会工作机构、社会工作者的关系中,我们应该是占主导地位的,由我们来主导项目的推进,社会工作机构和社会工作者配合我们完成好项目。"

4. 工作关系

"院舍社工项目,是要把社会工作者派驻到农村福利院里来,那么社会工作机构派出的社会工作者,应该满足我们福利院的要求。对于我们福利院来说,是需要社会工作服务的,帮助福利院更好地为老人提供心理健康、精神慰藉等服务,丰富老人的精神文化生活,但我们也很需要照顾和护理失能、半失能老人的服务。社会工作机构和社会工作者需要考虑我们的要求,给我们派社会工作者时,尽量要能从事护理工作,帮助我们护理老人的工作者。"(XCH-2-1807)

(二) 相对疏离型

在院舍社工项目实施的过程中,有少数福利院在与社会工作机构和社会工作者的角色和关系定位中,出现互相疏离的情形。

1. 身份角色

"农村福利院院舍社工项目,尽管是在福利院中进行,但是,社会工作者是由社会工作机构派出的。听说,社会工作机构是一种独立的社会组织,那就是和政府部门不一样,可能和企业差不多。就像我们福利院的员工,要遵守福利院的规章制度一样,社会工作者是社会工作机构的员工,和社会工作机构签劳动协议的,应该是要遵守社会工作机构的规章要求。"

2. 工作权威

"派驻在我们福利院的社会工作者,福利院对他基本没有什么要求,他是听社会工作机构要求的。按照项目推进的计划,社会工作机构和社会工作者会制定年度、季度、每月、每周的工作规划和活动安排。通常,他们会给我们看一看,说是计划要做的服务,同时,他们也会跟我们说,那是签订院舍社工项目的协议中明确规定的。因此,我们一般也不会提意见。"

3. 工作任务

"院舍社工项目,是由社会工作机构和社会工作者来实施的,项目规定的任务要由他们来完成。如果说,社会工作机构、社会工作者与福利院的关系,可能只是由于这个项目在福利院中进行而已,他们也可以在别的地方开展项目。因此,对福利院来说,只是提供一个场所,让他们开展项目即可,其他有关项目的工作任务、工作结果等,需要由他们负责。"

4. 工作关系

"派驻在我们福利院的社会工作者,有些不稳定,常有变化。我们能理解,福利院地处偏远,交通不便利,接触的又都是老弱病残的特困群体,一般的年轻人不太愿意到福利院里来工作,所以,社会工作机构招聘人员也存在困难。但是,如果入驻到福利院中的社会工作者,不能很好地稳定开展服务,福利院和社会工作者刚磨合到比较熟悉的程度,社会工作者又变化了,又来新的工作者,这不利于关系的建立。"(WMQ-2-1808)

(三) 融合融洽型

在院舍社工项目实施的过程中,有90.1%的福利院,在与社会工作机构和社会工作者的角色关系中,形成了良好的联结。

1. 身份角色

"一方面,派驻在农村福利院的社会工作者,他的劳动关系肯定是在社会工作机构,需要遵守社会工作机构的规章制度。但是,另一方面,社会工作者入驻到福利院,在福利院中开展工作,也要一定程度了解和清楚福利院的相关制度,避免在工作中造成不必要的冲突。同时,社会工作者派驻到福利院来,每天在福利院工作,福利院对他的工作情况,肯定比社会工作机构更加熟悉,因此,需要福利院与社会工作机构对服务状态保持沟通。"

2. 工作权威

"在农村福利院开展的社会工作服务,有两个方面的要求:一方面,整体来说,政府部门与社会工作机构签订有服务协议,就项目在福利院开展社会工作服务的主体内容和形式有一定的约定;另一方面,具体来说,每一个福利院的具体需求和资源条件各不相同,需要根据实际情况开展服务。因此,对于社会工作机构和入驻的社会工作者,制定的年度、季度、每月、每周的工作安排和活动计划,我们福利院既尊重他们根据服务协议拟定的专业化服务的方案,同时,我们也会进行审阅,针对不太适宜的内容和形式建议他们进行修正。"

3. 工作任务

"农村福利院院舍社工项目,既要社会工作机构和社会工作者提供专业的社会服务,也要福利院提供合适的支持性条件,帮助社会工作机构和社会工作者开展服务。我们共同的目标,是通过这种方式,为福利院的老人提供更舒适的生活环境、更高质量的养老服务。因此,项目任务的完成,需要社会工作机构、社会工作者和福利院的共同努力,才能实现目标。"

4. 工作关系

"在院舍社工项目开展的过程中,入驻我们福利院的社会工作者一直很稳定,人员未发生变动,这一点挺重要的,便于彼此之间形成相互熟悉和信任的关系。在项目服务的开展中,社会工作者对我们福利院的工作者,一直很尊重、虚心请教福利院的相关情况,我们对她也很喜欢,尊重她要开展的专业服务。同时,社会工作机构和福利院的沟通比较好,机构配有督导,每月会定期过来询问社会工作者在福利院开展服务的情况,以及了解福利院的需求。"(TZH-2-1808)

三、项目实施过程中的互动

农村福利院院舍社工项目的实施过程中,福利院与社会工作机构和社会工作者频繁互动,由于对彼此角色的理解及形成关系的差异,他们在相互交往过程中,出现了不同的互动类型。

(一) 一致行动

在以福利院为主导的关系中,福利院对社会工作机构和社会工作者提出了以福利院的工作安排为中心的要求,社会工作机构和社会工作者一定程度认同或默认此种要求,并与福利院保持了一致行动。

1. 福利院与社会工作机构

"我们福利院集中供养的失能、半失能老人较多,现在又很难招聘到合适的护理和服务人员,因此,就希望院舍社工项目能帮我们缓解一下福利院老人的护理问题。院舍社工项目进驻福利院时,我们就和社会工作机构的管理者沟通,我们目前更需要能帮助护理老人的工作者,开始的时候他们并不认同,但持续沟通一段时间后,还是同意协助我们护理老人。"

2. 福利院与社会工作者

"其后,社会工作机构派驻过来的服务工作者,还是比较符合我们要求的。她年纪比较大,又是本地人,语言好沟通,不然老人会听不懂她说话。在入驻福利院的过程中,我们就把她看作是福利院的员工,和福利院的工作人员一样,同吃同住同上班。她也是很任劳任怨,不怕苦、不怕累,一直协助我们照顾行动不便,特别是失能、半失能的老人,对于福利院的照护工作有所助益。"(HRG-2-1808)

(二) 各行其是

在角色关系相对疏离的福利院,福利院对社会工作机构和社会工作者几乎未提出具体的要求,而是由他们根据项目服务协议完成工作任务即可,因而两者大多是互不干扰、各行其是。

1. 福利院与社会工作机构

"在院舍社工项目开展过程中,感觉社会工作机构与福利院的联系和沟通有些不够。在区里召开的协调会上,我们和社会工作机构见了面,但是,在后续项目实施过程中,就较少有联络。社会工作机构似乎并未形成定期与福利院联络的制度,比如,来福利院看看情况,督促社会工作者的服务进展等。因此,福利院和社会工作机构之间,基本是各做各的。"

2. 福利院与社会工作者

"在福利院,虽然有社会工作者入驻,但她并不和福利院的工作人员一起上班和生活,而是一周一次地到福利院来组织和开展活动,听说按照协议,只要完成相应的服务内容即可。因为,她不住在福利院,我们也理解这种开展服务的方式,毕竟福利院地处偏远,每天来上班也不容易,但是,由于社会工作者每次做完活动就走,所以和福利院的互动是较少的。"(DL-2-1807)

(三) 有所冲突

在个别情形下,福利院对社会工作机构和社会工作者有具体的要求,同时,社会工作机构和社会工作者又有自身的想法。两者之间缺少充分、持续的沟通,未能达成理解和共识,则可能出现一些冲突。

1. 福利院与社会工作者

"院舍社工项目启动时,入驻到我们福利院的社会工作者叫小马,小伙子人还不错,做事比较认真,福利院对他很看重,希望他能给福利院带来更好的服务氛围。但是,过年前发生了一件事,那天是福利院安排吃年饭的日子,这是一年之中福利院最重要的日子,老人都盼望这一天,热热闹闹地吃年饭,区里和街道的领导也会来,看望福利院的老人。

所以,那一天,整个福利院上上下下都异常地忙碌,做清洁大扫除的、帮老人打扮一新的、接待客人的,尤其是厨房,杀鸡宰羊,更是忙得脚不沾地。但是,那天,小伙子却好像感觉不到忙碌的气氛一样,一直待在办公室里。直到晚上吃年饭的时候,还是我让厨房阿姨去叫他吃饭,而且叫了两次他才来。所以,那天年饭结束后,我有些生气,比较严厉地批评了他。

我理解他,他可能是想着把项目的事完成、做好就可以,但我觉得,既然在福利院工作,就应该互相帮助、互相支持。现在想起来,我当时也有些急躁,说话可能重了一点,后来,过年之后他没再来福利院上班,听说是辞职了,在老家找到了工作。但我觉得,可能和年前的事有点关联,也觉得对他有些过意不去,当时应该听听他怎么说,批评也应该委婉一点。"

2. 福利院与社会工作机构

"年后,由于一直没有社会工作者到福利院里来上班,我就和社会工作机构中负责项目的管理者联系,把情况通报给她。开始的时候,她的态度还是很积极的,但是,后续再沟通的时候,感觉她就有些回避。后来才知道,因为,很难在短时期内招到合适的社会工作者入驻福利院,她也没有好的办法。但是,由于项目运行期间中断了一段时间,对于项目的持续开展和实施效果还是有一定影响的,后来入驻的社会工作者也不太稳定,中间又换过一次。"(OY-2-1807)

(四) 相互协同

在角色关系融洽的福利院,福利院与社会工作机构和社会工作者一直保持着良好的沟通和互动,充分地表达彼此对项目的看法,寻求彼此的支持和配合,在相互协同中共同实现目标。

1. 福利院与社会工作者

"院舍社工项目,给我们福利院带来一个很好的社会工作者小唐,他在福利院和工作人员同吃同住同上班,虚心好学、工作认真、踏实可靠,我们福利院上上下下都很赞赏他。一方面,他的专业服务能力确实强,很快和老人们融成一片,给老人们带来精神愉悦和享受,比如,教老人做漂亮的手工、给老人拍照片、陪老人做健脑益智的游戏,和老人一起回忆往事,讲故事和笑话逗老人开心,还给老人提供文化娱乐、医疗健康等资源。

另一方面,他把自己当成福利院大家庭里的一员,福利院的工作人员有需要帮忙的,都尽管找他。他现在是福利院兼职的消防安全监督员,在他的组织下,福利院显著的位置都贴有消防安全标识。福利院所有重要道路、走廊的入口、老人的房间床头、洗手淋浴的墙上,都有防滑防摔的提示。他还会去厨房帮忙,晚上主动值夜班等,是一个很有工作和服务热情的同志。

同时,我们也非常支持他在福利院驻点、开展服务工作。一方面,给他安排我们力所能及的、好的工作和生活条件:住,和我们住的一样,一室一厅一厨一卫;吃,和我们吃在一起;办公室、办公设备全都是新添置的。另一方面,对于要开展的项目服务,我们给予人力和资金的支持,福利院的工作人员会协助引导和组织老人开展活动,活动中有需购买的物品也予以资助。"

2. 福利院与社会工作机构

"我们福利院与对应的社会工作机构互相沟通得比较好。社会工作机构中负责项目的主管,每月定期会来福利院看看情况,问问我们社会工作服务开展得怎么样,有哪些新的问题和需求,同时,督导驻点社会工作者的服务进展。我们也与社会工作机构保持联络,比如,需要驻点社会工作者链接公益慈善资源时,也会主动地与社会工作机构沟通,让社会工作机构予以支持。"(ZSM-2-1808)

第三节 接收方立场的循证评估结果

社会服务项目,需要在特定的场域中实施。项目由在地方承载运行,由执行方组织项目的开展,两者会在一定的场域中共同行动。因此,两者会通过互动形成一定的关系,又在关系中形塑互动的方式,它们之间的合作协同程度,共同影响着项目的效果与目标的达成。

农村福利院院舍社工项目,由7家社会工作机构分别派驻社会工作者在71家农村福利院中开展。在项目实施过程中,由于不同的项目在地方和执行方,对项目实施内容和形式的理解、彼此角色和身份的认知并不一致,因而,两者之间的关系和互动,出现了不同的类型和方式。整体而言,农村福利院作为项目的在地方,对项目也给出了评价。

一、项目对于农村福利院的益处

在福利院院舍社工项目中,作为项目在地方的福利院,参与了此次评估调研,主要形式有:一是以集中座谈的形式,邀请福利院院长参加针对项目实施及对项目展开评价的座谈会;二是以问卷形式,对71家福利院的院长展开问卷调查;三是在各区以一定比例抽取了38家福利院,开展实地调研,与福利院的管理者和服务人员进行访谈。

如表5-2所示,社会工作者在71家农村福利院中最常开展的服务工作:占比最高的是针对老人的心理疏导和精神慰藉服务,占比达43.7%;针对老人健康保护、文化康乐的服务,占比33.8%;对于老人的生活照料和护理服务,占比21.1%;而卫生清扫服务,占比1.4%。

表5-2 社会工作者在福利院中最常开展的服务

服 务 内 容	频数(家)	百分比(%)
老人的生活照料和护理	15	21.1
福利院的卫生清扫服务	1	1.4
老人的心理疏导和慰藉	31	43.7
老人的保健和文化康乐	24	33.8
合　计	71	100.0

如表5-3所示,若农村福利院院舍社工项目能持续地开展,71家福利院表示,在后续的项目中,最希望社会工作者在福利院实施的服务:比例最高的是医疗健康和护理服务,占比45.1%;心理疏导和精神慰藉服务,占比25.4%;生活休闲、文化康乐服务,占比21.1%;针对老人兴趣爱好开展服务,占比7%;帮助老人锻炼身体和增强体质的服务,占比1.4%。

表5-3 福利院最希望社会工作者在未来开展的服务

服 务 内 容	频数(家)	百分比(%)
医疗健康和护理服务	32	45.1
心理疏导和精神慰藉	18	25.4
兴趣爱好和培训服务	5	7.0
休闲、文化康乐服务	15	21.1
锻炼和增强体质服务	1	1.4
合　计	71	100.0

如表5-4所示,71家农村福利院对于院舍社工项目的满意度:非常满意的有51家,占比71.8%;比较满意的有19家,占比26.8%;一般的只有1家,占比1.4%。换言之,表示非常满意和比较满意的福利院,占比98.6%;而且,并未有福利院表示不太满意或很不满意。数据表明,农村福利院作为项目的在地方,整体而言,对于项目实施持积极态度。

表5-4 福利院是否对社会工作服务感到满意

项目服务满意度	频数(家)	百分比(%)
非常满意	51	71.8
比较满意	19	26.8
一　般	1	1.4
不太满意	0	0
很不满意	0	0
合　计	71	100.0

如表 5-5 所示,若农村福利院院舍社工项目能持续开展,对于是否愿意再次接受社会工作服务项目,71 家福利院表示:愿意再次接受社会工作服务项目的有 68 家,占比 95.8%;视情况而定的有 3 家,占比 4.2%;并未有农村福利院表示完全不愿再接受社会工作服务项目。数据表明,尽管在项目实施过程中,福利院与社会工作机构和社会工作者之间,定位的角色、形成的关系、开展的互动等,出现了多种形式,但整体而言,他们依然愿意再次接受院舍社工服务项目。

表 5-5 福利院是否愿意再次接受社会工作服务项目

会否再次接受社会工作项目	频数(家)	百分比(%)
会	68	95.8
不 会	0	0
视情况而定	3	4.2
合 计	71	100.0

调研访谈发现,农村福利院对院舍社工项目的实施,及社会工作机构和社会工作者的服务满意度,主要有如下几个方面的评价。

1. 社会工作者的素质较高

"农村福利院大多地处偏远,交通十分不便,生活简单枯燥,在农村福利院中居住的,又多是些老弱病残的困难人群,环境比较压抑。目前,在福利院中工作的人员,大多是上了一定年纪,又是本地人,想就近找一份工作,才愿意到福利院里来做事。所以,很少会有年轻人,特别是外地的年轻人愿意到农村福利院里开展服务的,有的甚至参加一次公益活动都很勉强。

但是,院舍社工项目的实施,让那么多社会工作者都能到农村福利院里来开展服务。入驻福利院的社会工作者大多年纪轻、学历高、素质好,确实给福利院带来新鲜的气氛。驻点在我们福利院的社会工作者是一个小姑娘,她每次上班,从进福利院的门,一路上经过老人的房间或路上遇到老人,都会'爷爷奶奶'一路喊过来,让老人和我们福利院员工都感到很温馨。"(DC-2-1808)

2. 有助于加强福利院管理

"社会工作者入驻福利院之后,福利院的管理水平得到显著的提升,主要有四个方面:一是社会工作者到福利院,为开展和实施项目,首先帮助我们福利院建立和整理了所有老人和员工的档案,建档是一件费力又费时的工作,以前我们福利院在档案管理上,由于客观条件和主观因素的限制,显得有些力不从心,一直未能健全和完善此项工作,而现在已经基本建起了比较完整的档案体系。

二是使福利院管理工作的电子化水平迅速提高。以前我们福利院,所有员工中就没有会用电脑的,但是,现在许多工作的对接都需要电子数据和文档,比如,福利院报给街道办事处或区民政局的数据,很多时候就要电子文档,这是我们很头疼的一件事,每次都要去打印店打印。但是,社会工作者来了之后,他们都是高学历的年轻人,能熟练地使用电脑,帮我们的工作实现电子化。

三是福利院管理的制度化水平上升。福利院的管理工作,原来只要能保证入住的老人吃饱穿暖、生活安全就可以,也没有想到要建设一些管理制度。但是,随着政府对农村福利院管理改革的要求日益提高,我们确实很需要建立一套管理制度,而院舍社工项目派驻到福利院的社会工作者,对我们有很大帮助,帮我们把消防安全、餐饮、生活照顾、员工管理等制度建立了起来。

四是让福利院中入住的老人更加遵守规则秩序了。居住在福利院的老人,大多在身体或精神方面有一些障碍,越是这样的老人,生活习惯也会存在许多问题,比如,夏天喜欢光膀子,平常也不注意讲卫生,很多天不洗头洗澡,我们福利院的工作人员和他们讲道理,他们总是很难听进去。但是,社会工作者到福利院之后,她们大多是小姑娘、小伙子,和老人讲讲道理、老人也爱听。我们发现老人们普遍都更爱干净了,也更加注意讲话和行为文明。"(JDQ-2-1807)

3. 有助于提升福利院服务

一是福利院中老人的心理健康和情绪稳定有显著改善。"说起福利院的老人和养老服务,以前最让我烦心的,是老人之间的吵嘴、打架。老人就像小孩子一样,前一分钟还好好的,后一分钟就吵起来,尤其是一些有精神障碍的老人就更严重。社会工作者入驻福利院之后,和所有的老人谈过心,每天都在和老人说话、聊天,能感觉福利院里老人的心理和情绪都稳定很多。"

二是为老人提供丰富多样的休闲娱乐、文化康乐服务。"现在的福利院,吃饱穿暖早已不成问题,就是日常生活过于枯燥乏味。福利院里的老人,大多是附近村里的村民,最常见的娱乐方式,就是三个一群、五个一组地打牌。社会工作者入驻福利院之后,每周都会组织老人开展活动,手指操、做手工、玩游戏、看电影、唱红歌、故事会等,老人的文化娱乐生活丰富起来了。"

三是为福利院和居住在其中的老人链接公益慈善资源。"老人居住在福利院中,生活是比较封闭的,会感到很孤独。社会工作者入驻福利院之后,积极地为福利院和老人链接外部的社会资源。比如,联系爱心企业和爱心人士,为福利院老人捐款捐物;联系一些文化团体,为老人表演文化节目;联系大学生志愿者,到福利院为老人提供爱心服务等,让老人能接触外面的世界。"(HGH-2-1807)

综上,在实地调研访谈中,绝大多数福利院的管理者和工作者都认为,院舍社工项目为农村福利院注入了新鲜的活力,带来了农村福利院管理水平和服务质量提升的有利契机。在项目实施过程中,福利院能直观地感受到,有些管理和服务是福利院没有想到的,有些是福利院想到但却未能做到的。由于院舍社工项目的实施,农村福利院获得很大的收益,希望院舍社工项目能持续进行下去。

二、接收方关注的项目欠缺

同时,农村福利院的管理者和工作者也指出,项目仍然存在一些不足之处,主要包括以下方面。

1. 社会工作者角色定位模糊

"在院舍社工项目中,我们福利院大多数管理者会认为,社会工作机构是一个独立组织,就像独立的企业一样。但是由社会工作机构派驻到福利院的社会工作者,他们的身份和角色并不是很清晰。有些福利院认为,既然派驻到福利院中,那就以福利院员工对待;有些福利院则认为,社会工作者仍然是社会工作机构的员工,而与他们保持一定的距离。

身份和角色定位之所以重要,是因为其与权利和责任的划分密切关联。如果把社会工作者视为给福利院增添一名员工,那么福利院就可以根据自身需要统筹安排社会工作者的工作。如果把社会工作者视为社会工作机构派驻到福利院开展专业服务的人士,那么福利院就不能完全以自身意愿安排他们工作,但此种情形下,也可能导致服务缺乏监管。

在福利院最初接触到项目时,我们大多认为是政府以购买服务的方式,给福利院增加一名员工,但是,在社会工作者入驻到福利院后,经过社会工作机构和社会工作者不断和我们沟通,我们才了解到,他们是以项目的形式到福利院开展专业服务的,有其自身的独立性。因此,在我看来,比较妥当的方式是:一方面尊重社会工作者服务的独立性,不把他们混同于福利院的员工;另一方面,福利院应该有权对社会工作者的项目服务,进行一定的

监管。"(OY-2-1807)

2. 专业能力体现不足

"在院舍社工项目中,社会工作者的到来有效地提升了农村福利院的科学管理和养老服务质量。比如,他们给福利院的老人和员工建立较为完整的个人档案,帮助完善福利院的各项管理制度,促进福利院管理的电子化和制度化水平;同时,社会工作者给福利院的老人提供心理疏导和慰藉,并带来丰富多样的文化康乐活动,提升老人的精神文化生活质量。

但是,我们也发现,社会工作者的专业能力体现得还不够,或者说,福利院对社会工作者还有更高的期待。比如,有些服务内容,如手指操等,一开始大家都觉得很新鲜,但是重复两次之后,老人的积极性就不是很高,也就是说,一些服务活动还比较简单,福利院的工作人员也能组织。若后续院舍社工项目持续开展,期望社会工作者能展现更有专业水准的服务。

比如说,福利院里普遍存在的一个问题,是有一些特殊的老人,存在一定的认知和精神障碍,由于福利院客观条件和能力的限制,长期得不到有效的干预,社会工作者能不能对这些患有轻度认知和精神障碍的老人提供专业服务。再如,福利院里有些老人,由于亲属长期不看望、不过问,而经常陷入情绪低落、精神孤独,社会工作者能不能为老人们建立起亲属定期探望的服务?"(LX-2-1807)

3. 资源链接不够稳定

"在院舍社工项目中,一个很突出的特色在于,社会工作者能够帮助福利院链接到社会资源,这是我们在项目开展之初并未预想到的。接触到院舍社工项目时,只是想到社会工作机构会派驻社会工作者到福利院中,给老人提供专业的社会工作服务,未曾想社会工作者还能链接外部资源。在我们福利院,社会工作机构和社会工作者,给福利院筹集到数万元慈善款项。

但是,同时,我们也有一点担忧,就是资源链接并不太稳定,它是随着社会工作机构和社会工作者开展服务项目而来的,会不会也随着项目完成而带走。因此,对于福利院而言,希望社会工作机构和社会工作者能建立一种更为稳定的资源链接:一是稳定的志愿者队伍;二是稳定的爱心企业和爱心人士,愿意为农村福利院老人奉献爱心,并能长期与福利院的需求对接。"(DC-2-1808)

三、接收方建议的项目优化

因此,对于可能在新的年度持续开展的农村福利院院舍社工项目,福利院的管理者和工作者提出了一些优化建议。

1. 项目团队的稳定性

"在院舍社工项目开展和实施中,福利院希望项目的执行团队,即社会工作机构和社会工作者保持一定的稳定性。一方面,希望团队成员保持稳定性。由于种种客观条件和主观因素,有些入驻到福利院的社会工作者,变动很大,一年之内,变化3~4次,这意味着福利院对入驻的社会工作者刚有所熟悉,以及社会工作者刚熟悉福利院的情况,就很快变化或流动离开了。这对于福利院与社会工作者之间能否建立信任、融洽的关系,以及项目能否顺利完成都有很大影响。

另一方面,希望团队在福利院开展服务的时间保持稳定性。对于那些完全入住在福利院或每天与福利院员工一起上班的社会工作者而言,可能情况会好一些,但是,有些不在福利院按点上班的社会工作者,可能会存在服务时间缺乏规律性、稳定性的问题。比如,有时一周之内,开展2~3次活动,老人会感到疲惫,有时却又半个月、一个月未组织活动,老人的期盼就落空了。长期如此的话,老人们参与活动的积极性会下降,而且对社会工作服务的热情会降低。"(DL-2-1807)

2. 福利院员工的培训

"在院舍社工项目的开展和实施中,入驻农村福利院的社会工作者,给福利院带来新的活力和动力,他们以专业服务素质和能力,影响和鼓励了许多福利院的员工,尤其是年轻的工作者。比如,我们福利院,属于区中心福利院和农村福利院建设在一起,规模比较大、建筑比较新、设施比较好,也有一些年轻人在福利院工作。社会工作者入驻到福利院之后,福利院一位前台小姑娘,在耳濡目染之下,现在也决心学习社工、成为社会工作者。

若后续持续开展院舍社工项目,我们希望,能加强对福利院员工的培训。因为,若福利院员工不能在项目中有所成长和进步,那么,社会工作者提供的服务只能是暂时的、随着项目而变动的。有项目的时候,会有社会工作者入驻在福利院,提供专业性服务,项目完成后,社会工作者就离开了,对于福利院和老人来说,都是很难接受的,因而需要培训福利院员工。

因此,希望院舍社工项目增加培训内容,加强对农村福利院的员工培训。一方面,培训社会工作专业相关知识和技能,因为在福利院中提供养老服务,是社会工作服务的一项重要内容,希望福利院的员工能掌握一定的专业知识和技能。另一方面,社会工作机构和社会工作者帮助链接社会资源,请专业老师给福利院的员工开展一些关于医疗、护理、营养等方面的知识和技能培训。只有福利院员工的服务能力提升,才能持久地改善服务质量。"(XCH-2-1807)

3. 更有效的协调机制

"一方面,希望政府部门之间建立更有效的协调机制。比如,农村福利院的主管部门有两个:一是业务主管部门在民政,指导福利院业务工作的开展,推进福利院的管理改革和服务质量提升;二是行政主管部门在街道办事处,负责福利院的人事安排和财务管理等。目前,农村福利院院舍社工项目,是由民政部门在主推,但是,在项目开展和实施过程中,常会涉及人员安排和财务支出等问题,需要向街道办事处申报和审批,需要得到街道办事处的支持。

目前,有些街道办事处并未深入了解农村福利院院舍社工项目的工作,因而,当福利院期望街道办事处支持的时候,往往需要进行大量的沟通。比如,社会工作者入驻福利院,按政策文件,需要给他们提供适当的办公和生活条件,而购置办公设备和生活所需品,需要财务开支。

又如,社会工作者链接到社会资源,如一些爱心人士组成的文化团体,来福利院为老人开展慰问演出,或是在传统节日,志愿者们到福利院陪伴老人热热闹闹地过节等,都需要福利院给爱心人士们准备一些餐食,购买物资也需要财务开支。这些都要得到街道办事处支持才能顺利开展。

因此,如果后续院舍社工项目能持续地开展,福利院期望针对项目,政府相关部门都能深入地参与和支持,尤其是要让街道办事处参与其中。这样,对于农村福利院而言,业务主管部门和行政主管部门都能积极地协调和支持项目,有助于项目的顺利实施、达成目标,并获得成效。

另一方面,希望政府部门能更充分地促进农村福利院和社会工作机构、社会工作者之间的协调。毕竟,社会工作服务对于农村福利院而言,是一个完全崭新的事物,在项目开展过程中,难免出现角色和身份定位、权利和责任划分把握不准等问题,需要政府部门为双方搭建更有效沟通的渠道和平台,以及建立长效的协调机制,有助于项目在实施过程中及时调整方向。"
(DC-2-1808)

第六章 执行方的循证评估机理

农村福利院院舍社工项目,执行方是7家社会工作机构及其派驻到71家福利院的社会工作者。作为组织和实施项目的一方,社会工作机构和社会工作者参与了评估访谈,主要内容包括:在项目启动阶段,入驻农村福利院并启动项目;在项目实施阶段,根据签订的协议,按计划拟定服务进度以推进项目;在项目完成阶段,项目执行方对于项目的感受、看法和评价等。

第一节 评估立场:项目的承接与执行

社会工作机构,属于非营利社会组织中的一种。非营利社会组织,是指政府组织、经济组织之外的组织,具有非政府、非营利、自愿自主的特征,而且其主要功能和目的,在于满足人们对社会生活的需求。

2009年,民政部发布的《关于促进民办社会工作服务机构发展的通知》,对民办社会工作服务机构进行了界定:民办社会工作服务机构"是以社会工作者为主体,坚持'助人自助'宗旨,遵循社会工作专业伦理规范,综合运用社会工作专业知识、方法和技能,开展困难救助、矛盾调处、权益维护、心理疏导、行为矫治、关系调适等服务工作的民办非企业单位"[1]。

我国规范性法律文件将社会组织分为三类,即:社会团体、民办非企业单位、基金会。其中,民办非企业单位是指"企业事业单位、社会团体和其他社会力量以及公民个人利用非国有资产举办的,从事非营利性社会服务活动的社会组织"。社会工作机构的性质,属于民办非企业单位,因此,它并不涵括社会工作行业协会以及社会工作领域的基金会。

2003年,我国第一家社会工作服务机构——乐群社会工作服务社,在

---

[1] 《民政部关于促进民办社会工作机构发展的通知》,民发〔2009〕145号,http://laws.swchina.org/policy/2013/1216/2625.shtml,2023年12月26日。

上海成立。在2010年之前,社会工作服务机构的发展颇为缓慢。2009年,民政部出台政策推动社会工作机构发展,认为社会工作机构发展对于加快政府职能转变,创新社会管理和公共服务方式,加强以改善民生为重点的社会建设、促进社会稳定和谐,提升社会管理和服务的专业化水平等,都具有重要意义。

相关政策文件中明确提出:社会工作机构发展,需要资金、人才、设施、政策等条件保障和支持,因此,需要政府部门积极转变职能、购买社会工作机构提供的社会服务;鼓励建设"社会组织孵化器",完善社会工作机构发展的保障和激励措施;同时,支持社会工作人才队伍建设;用5~10年时间,使社会工作机构的数量、规模、服务水平与社会需求相适应。自此,2010年后,我国社会工作机构发展步伐迅速加快,从500余家增长至2014年的3 300余家。

2014年,民政部出台《关于进一步加快推进民办社会工作服务机构发展的意见》,在政策文件中重申要充分认识加快推进民办社会工作服务机构发展的重要性和紧迫性,指出:"发展民办社会工作服务机构,对于加强现代社会组织建设、促进转变政府职能、引导社会力量有序参与社会治理、建立健全社会服务体系,具有十分重要的意义。"①

政策文件明确提出有利于民办社会工作服务机构成立的登记条件。一般而言,依照《民办非企业单位登记管理暂行条例》,申办民办非企业单位,需要满足其中一个前提条件,即"经业务主管部门审查同意",才能在民政部门登记注册。而在2014年的《意见》中,放宽了民办社会工作机构的申办条件,对于符合《民办非企业单位登记管理暂行条例》规定、成立社会工作服务机构的,不再需要业务主管单位的前置审批,可直接向民政部门依法申请登记。

同时,2014年的意见重申:政府相关部门要加快推进职能转变,依据《国务院办公厅关于政府向社会力量购买服务的指导意见》②和《民政部、财政部关于政府购买社会工作服务的指导意见》③文件,积极向社会工作服务机构购买社会工作服务;加大对社会工作服务机构孵化和扶持力度,降低其

---

① 《民政部关于进一步加快推进民办社会工作服务机构发展的意见》,http://mz.ah.gov.cn/ztzl/2021njhsgzztxchd/zcyl/gjjzc/120279171.html,2014年4月9日。
② 《国务院办公厅关于政府向社会力量购买服务的指导意见》,http://www.gov.cn/zwgk/2013-09/30/content_2498186.htm,2013年9月30日。
③ 《民政部、财政部关于政府购买社会工作服务的指导意见》,http://www.gov.cn/zwgk/2012-11/28/content_2276803.htm,2012年11月28日。

管理、运营和服务成本；鼓励社会力量积极参与和支持社会工作服务机构发展。

在国家政策的推动下，地方政府职能转变速度加快，政府购买社会工作服务的资金增多。在政策和资金的支持下，2014年后，社会工作服务机构发展速度进一步加快，由3 300余家增长至2017年的7 500余家。社会工作机构在老年人、残疾人、青少年、城市流动人口、农村留守人员、特困人群、受灾群众等重点服务对象及相关领域迅速发展。

目前，作为民办非企业单位的社会工作机构，主要有三种类型：第一种是服务型社会工作机构，即直接提供社会工作服务，如在婚姻家庭、教育辅导、就业援助、职工帮扶、犯罪预防、矫治帮教、卫生医疗、人口服务、应急处置等社会治理和服务领域开展专业服务；第二种是平台型社会工作机构，即为直接服务型的社会工作机构提供孵化、培训、整合资源等服务的机构；第三种是评估型社会工作机构，主要从事相关社会工作组织和社会服务项目的评价工作。

现实情境中，大多数地区的社会工作服务机构，主要以直接服务型为主体，在有条件、先发展的沿海地区，有专门孵化社会工作机构的组织以及专门开展科学评估的组织。但整体而言，社会工作机构的发展，尚未达到专业细分的水平，规模稍大的社会工作机构，常同时覆盖三种服务：既提供直接服务，也提供孵化和培训，同时，也参与社会工作组织和项目的评估工作。

2017年6月，H市政府发布《关于进一步加强农村福利院改革和发展工作的通知》，明确提出：要在农村福利院实施院舍社工项目，以推进农村福利院的管理和服务改革。7月，7个远城区的区政府为农村福利院院舍社工项目展开采购招标工作，分别有多家社会工作机构参与各区的招标，最终共有7家社会工作机构，陆续竞得院舍社工服务项目。

尽管近年来，国家出台了一系列政策文件，推动了农村福利院管理和服务改革。比如，加强了对农村福利院的基础设施和硬件设备建设，改善了福利院的生活环境和物质条件；又如，积极引进市场化力量参与农村福利院的管理和服务，或者以公建民营的方式，将福利院的管理和服务交由经济组织运行等。但是，在农村福利院实施社会工作服务，启动院舍社工项目，在全国尚属首创。

前文分析可见，整体而言，社会工作服务在我国是一个新兴事物，社会工作服务机构，更是近年来适应政府职能转变以及社会发展需求的新产物。自国家层面政策在2009年提出要推动民办社会工作服务机构发展，到如今仅10年左右的时间，自2014年国家政策文件再次重申进一步加快推进民办社会工作服务机构发展,不过5年多时间。因此,社会工作机构在我国依然处在成长期,并未发展成熟,还缺少成熟的运作方式及管理和服务流程等。加之,农村福利院院舍社工项目,又是全国首创的项目,社会工作机构尚不具备成熟经验,因而亦面临挑战。

一、项目的投标与招募

该项目是一项开创性工作,社会工作机构并无相关经验可借鉴,需要在实践中摸索出一条适合在农村福利院开展社会工作服务的道路。

(一)投标的考量

在7个远城区相继发布农村福利院院舍社工项目的公开招标公告之后,尽管其是一个全新的项目,参与竞标的社会工作机构亦有其考虑。

1. 认同项目的意义

"我们社会工作机构,是在网络上看到院舍社工项目的招标公告。当看到项目的题目时,就觉得很有新意。目前,政府购买的社会工作服务项目,大多是在城市社区中开展,比如,关注城市养老服务、流动人口、青少年教育、社区矫正等领域,所以,我们机构提供的社会工作服务,也主要在中心城区开展和实施。在这个项目之前,我们机构基本尚未涉足农村社会工作服务。

当看到农村福利院院舍社工项目的介绍时,我们觉得很兴奋。因为,在偏远的农村福利院,入住福利院中的老人,大多是特殊困难人群,尤其是农村五保老人,更是农村中的特别需要关怀和照护的对象。因此,我们认为,农村福利院院舍社工项目,有其特殊的意义,它使社会工作服务,真实地接触社会中最困难、最需要帮助的群体。所以,我们积极地参与项目申报。"(HLP-3-1808)

2. 关注养老的主题

"近年来,随着老龄化趋势日益严峻,老年人口迅速增多,我国开始进入人口加速老龄化的时期,养老问题,成为我国社会一个十分突出的问题。我们机构一直关注养老领域的社会工作服务。但是,在这个项目之前,我们一直是在城市的中心社区,如养老院、社区养老中心等承接养老服务项目,而对于农村,尤其是农村福利院这样的养老机构服务还比较陌生。

因此,政府决定在农村福利院购买社会工作服务,对我们机构而言,是一个很好的契机:一方面,在农村福利院居住的老人,尤其是五保、贫困老人,是农村中的特殊困难群体,我们应该为他们提供更好的养老服务;另一方面,国家把农村福利院作为农村养老服务体系的有机组成部分,我们机构

关注养老服务,就需要全面了解城乡养老服务体系,因此,就积极申报了项目。"(LDJ-3-1808)

3. 积累农村服务经验

"我们机构是在行业的内部交流群里看到农村福利院院舍社工项目的招标信息。起初,机构中负责项目的部门并未太在意,因为目前,我们机构主要承接的社会服务项目,集中在城市社区,在城市社区中开展社会工作服务,我们已经颇为熟悉,也能很好地把握关于项目申报、开展和实施、时间和任务的匹配、取得成效、达成目标等一整套项目流程。

但是,在汇报给机构负责人之后,他们商议后觉得,以前政府购买社会工作服务项目,主要集中在城市,因此,这次启动在农村开展社会工作服务具有重要意义。机构经过分析认为,农村社会工作服务,在未来一段时间可能会成为社会工作服务一个新的增长点。因此,机构希望尽快积累在农村开展社会工作服务的经验,申报院舍社工项目,给我们提供了向前探索的契机。"(YF-3-1808)

4. 深远的社会影响

"我们社会工作机构,在得知农村福利院院舍社工项目的招标信息后,对此十分感兴趣,因为它具有深远的社会影响。一方面,在农村福利院开展社会工作服务,是全国首创的一个项目设计,具有前瞻性和重要的创新意义,如果我们能成功地申请、并很好地执行和完成此项目,不仅能为机构积累宝贵的在农村福利院开展社会工作服务的经验,也能参与到社会工作服务的前沿领域。

另一方面,院舍社工项目,是在全市的所有农村福利院开展和实施,在项目数量、规模等方面具有很大的影响力,能形成一定的聚集效应和规模效应。我们想看看在农村地区、在农村养老机构,对于农村特困人群,开展社会工作服务,会遇到哪些问题、形成怎样的服务经验,进而能否提炼出一定的服务模式等。我们看好这个项目的持续性影响,因而对此展开积极的申报。"(YL-3-1807)

(二)招募的策略

招募到适合的社会工作者,是项目的第一个难题。整体而言,社会工作机构采用了多种策略,为院舍社工项目招募合适的社会工作者。

1. 招募有社会工作经验人员

"在竞得农村福利院院舍社工项目后,机构开始招募新的工作人员,以派驻到农村福利院中。按照以往项目的经验,我们在机构的官方网站、微信公众号等平台公布项目社会工作者的招募信息,同时,在社会工作的一些行业联络平台、微信群发布招聘公告。但是,由于从项目中标到启动,其时间比较紧,又已到7月份,应届的高校毕业生招新已经结束,因此招募高校学生有些困难。

因此,我们把重点放在有一定社会工作经验、从事过相关社会工作服务的人员上。比如,有在城乡社区工作经验的人员,尽管他们并非专业的社会工作者,但可能接触或参与过诸多形式的公共服务和社会服务,对社会工作服务也有一定的了解和认知;或是社会工作相关专业毕业,虽然之前在其他职业领域工作,但有过社会工作服务的体验或经验,都是我们重点招募的对象。"(YL-3-1807)

2. 招募有养老服务经验人员

"农村福利院院舍社工项目,主要是在农村福利院开展养老服务,提升福利院的养老服务质量和水平,推进农村养老服务体系的建设。因此,机构在为项目招聘人员时,会重点考虑有养老服务经验的人员。我们不仅在机构的官方网站、微信公众号平台发布招聘信息,而且重点在养老服务行业的工作平台、微信工作群里发布招聘公告,招聘具有养老服务经验的人员。

在我国人口加速老龄化的背景之下,我们社会工作机构,拟定在未来5~10年内,会重点关注和深耕养老社会工作服务领域,因而,在承接社会服务项目时会重点倾向于养老社会工作服务。一方面,我们希望不断在养老服务领域积累项目经验和资源,如在城乡养老院、福利院、社区老年人服务中心(站)开展养老服务;另一方面,在实施养老服务项目过程中,发现和储备服务人才。"(LDJ-3-1808)

3. 招募有农村工作经验人员

"农村福利院院舍社工项目,是要驻点在农村福利院中实施。目前,我们社会工作机构的项目成果中,大多是城市地区的社会工作服务,很少有在农村驻点开展社会工作服务的经验,也缺乏有经验的工作者。在我们看来,城市和农村地区的经济和社会发展环境、风俗习惯、风土人情等,都存在显著的差异,因而,我们招募的重点在于有一定农村生活背景或工作经验的人员。

在竞得院舍社工项目之后,我们机构在官方网站、微信公众号平台发布招聘信息,并积极推广到社会工作行业的诸多微信交流群、工作联络群等。同时,我们还委托网上综合招聘信息平台,招聘项目工作者,在扩展招聘信息传播的基础上,扩大招聘人员的选择面。我们希望通过院舍社工项目,积累在农村开展社会服务的经验,招募和储备一些能实施农村社会工作服务的人才。"(LHJ-3-1807)

4. 招募有本土工作经验人员

"我们机构本身就是在区里注册的本土社会工作机构,很熟悉区情。在本区承接和开展社会工作服务的过程中,更是在不断加深对区里社会服务现状和发展趋势的了解。近些年,我们机构为本土的特殊困难人群、需要特别救助和帮助的群体提供了多领域的社会工作服务,了解他们的现状和问题,有清晰的社会服务目的和目标。因此,也得到区政府部门和服务对象的信任和好评。

在我们看来,实施农村福利院院舍社工项目,很有必要聘用本土的社会服务人员:一是语言方面,本地的工作者,入驻到福利院中,不存在语言的障碍,能很快融入语言环境;二是距离方面,农村福利院远离中心城区,动辄数十公里,若每天往返于中心城区和农村福利院上班,无疑是一项巨大的挑战;三是人才培育,用本土项目培育本土的社会工作和社会服务人才,具有重要意义。而且,作为本土的社会工作机构,我们能招募到本土的工作者。"(LDL-3-1808)

二、项目的培训与督导

承接农村福利院院舍社工项目的社会工作机构,采用了多元化的招聘策略。尽管招聘结果的满意程度各异,也有机构未能招聘到充足的人员,而决定从其他项目点调配,但是,整体而言,在时间颇紧的情形下,2017年8~9月,由机构派驻到农村福利院的社会工作者,均已陆续做好准备和工作安排。同时,对于驻点到福利院实施新项目的社会工作者而言,依然存在诸多困难和问题,需要社会工作机构提供培训和督导。

(一) 社会工作者的岗前培训

7家社会工作机构,在项目正式启动之前,都对将要入驻福利院的社会工作者展开了培训,项目岗前培训的主要原因有以下方面。

1. 工作者对机构并不熟悉

"院舍社工项目招聘的工作者,大多是'新人',即对于机构而言,他们是社会工作机构的新员工,需要对机构有所了解。具体而言,一是了解社会工作机构的规章制度和管理形式;二是了解社会工作机构的愿景、文化、目的和宗旨;三是了解社会工作机构主要的工作内容和工作流程;四是了解社会工作机构的组织形式和人员构成,尤其是机构会给新项目的社会工作者匹配督导等。"

2. 工作者对项目并不了解

"院舍社工项目的工作者通过招聘和应聘过程,大多已经知道会被派驻到农村福利院中实施社会工作服务项目,但是,仍然需要让一线工作者非常具体地了解项目。具体而言:一是了解社会工作机构竞投项目的考虑,以知晓机构通过项目需要拓展的发展方向;二是了解项目的目的和目标、项目需要达成的效果;三是了解项目的服务对象、服务内容、服务标准以及流程;四是了解项目的工作要求等。"

3. 工作者的学历背景多样

"在招聘农村福利院院舍社工项目工作者的过程中,各家社会工作机构,从实施项目的必要性和可行性出发,选择驻点工作者的侧重点有所不同,因而,派驻到福利院的一线工作者,其学历背景和职业经历较为多元化。他们入驻农村福利院之后,需要开展直接的社会工作养老服务,因此,在进驻福利院之前,应对其开展相关知识和技能的培训。

培训的主要内容有如下方面:一是关于社会工作专业、社会工作伦理、社会工作服务的重要知识和技能;二是有关生命发展周期的老年阶段、老年人的主要需求、老年社会工作服务的理论和实务方法;三是有关农村福利院的性质和目的,国家、省、市层面对于农村特殊困难人群的政策支持;四是关于农村养老服务体系的建设,选择院舍养老的主要人群及其所需要的养老服务等。"(HLP-3-1808)

综上,为使大多是"新人"的社会工作者,尽快了解社会工作机构的运作和管理、熟悉院舍社工项目的要求和目标,掌握在农村福利院开展社会工作服务的知识和技能,社会工作机构需对一线的工作者展开岗前培训。

(二)社会工作者的督导支持

社会工作者入驻到农村福利院中,开展具体的社会工作服务,在实施服务的过程中,由于客观和主观诸多因素影响,遇到的问题和困境,需要社会工作机构予以督导和支持。一方面,他们大多是"新人"的社会工作者,缺乏社会工作服务的丰富经验;另一方面,在农村福利院开展院舍社工的养老服务,是一个具有创新意义的项目,缺少可借鉴的项目经验,需要在服务中不断探索。因此,社会工作机构并不能让一线社会工作者自行摸索,而是要以机构的整体力量予以支持。

1. 服务指导和督导

"农村福利院院舍社工项目,是一个创新型项目。机构招募的一线社会工作者,多是社会工作服务的'新人',缺乏丰富的社会工作服务经验,因而,我们机构专门为项目配备了社会工作经验丰富的项目主管和督导。在宏观上,院舍社工项目的整体设计方案,是由项目主管和督导根据与政府部门签订的协议,按约定的项目内容和指标设计的,作为项目的年度服务计划。

同时，项目的主管和负责人，会对一线社会工作者展开定期和及时的服务指导和督导。一方面，指导入驻在福利院的社会工作者，在项目年度服务计划的基础上，根据每个福利院具体的环境和条件，以及福利院和入住老人独特的服务需求，制定详细的每季度、每月、每周的服务方案。另一方面，对于一线社会工作者在实施服务过程中遇到的困境和难题，给予他们专业的督导，并提出具体的解决方案和建议，帮助社会工作者应对工作困境。"

2. 知识技能的培训

"农村福利院院舍社工项目，是一个很独特的项目，很值得去做、去探索。但是，机构在招聘一线社会工作者的过程中，也遇到困难：由于院舍社工项目需要派驻的社会工作者人数较多，在较短时间内，很难招聘到合适的、有丰富社会工作服务经验的工作者。因此，我们选择从可行性出发，招聘有意愿到农村福利院开展养老服务的工作者。

但与此同时，机构对一线社会工作者有要求，他们要愿意学习社会工作和养老服务的理论知识和实务方法，有志成为专业的社会工作者。为此，社会工作机构专门为项目的一线社会工作者设计了多样化的培训形式和内容：一是内部培训，每月有一个周末，把农村福利院的一线社会工作者聚集到机构之中，接受系统的社会工作服务培训；二是外部培训，在条件许可的情形下，邀请专业的教师或行业专家，给一线的社会工作者做培训，提升他们的理论和实务水平。"

3. 提供资源的支持

"入驻福利院的社会工作者，是由社会工作机构派出的，他们在开展服务、实施项目的过程中，需要得到机构的资源支持。一方面，是机构内部资源的支持，比如，社会工作者在组织福利院老人开展活动时，可能需要购买一些用品、用具，或给老人准备小礼品，或需要请摄影师给老人拍照、拍视频等，所需的活动经费，在一定范围内机构都会给予支持。

另一方面，是机构链接外部资源的支持。驻点在农村福利院的社会工作者，按照项目服务内容的约定，以及居住在福利院的老人的实际需求，需要为福利院链接社会资源，比如，建立和维护志愿者队伍，向爱心企业和爱心人士募集慈善捐赠和捐助等。社会工作者大多入职时间短，且缺乏相应的社会资源储备，就需要社会工作机构积极展开联络，然后交由社会工作者执行。"（LHJ-3-1807）

三、项目的沟通与互动

承接农村福利院院舍社工项目的社会工作机构有两项工作重点：一方

面,内部而言,需建设项目执行团队,通过培训、督导、资源支持,提升社会工作者和团队的专业服务水平和质量;另一方面,外部而言,与相关政府部门及农村福利院建立良好的联系和沟通机制,并在此基础上,能与福利院的工作者协同,共同完成项目任务、实现项目目标。

(一) 社会工作机构与政府相关部门沟通

针对农村福利院院舍社工项目,社会工作机构与政府相关职能部门展开沟通,主要目的是明确政府决策部门的出发点和预期目标,以及对于项目的要求,其内容主要包括以下方面。

1. 社会工作机构与项目决策部门沟通

"农村福利院院舍社工项目,是根据市政府《关于进一步加强农村福利院改革和发展工作的通知》的政策拟定和决策的。因此,在我们社会工作机构成功竞投项目后,觉得有必要和政府决策部门展开沟通,以明确政策的核心精神,以及决策部门的预期。社会工作机构承接政府购买服务项目时,有自身对于项目的理解,需要与决策部门的期望相结合。

市级政府决策部门,把农村福利院院舍社工项目作为一项重要的工作创新尝试,即在农村地区建设健全养老服务体系、提升对农村特困群体的救助水平、在农村试点推广社会工作专业服务,三种考虑的结合。因此,我们社会工作机构承接院舍社工项目,在做好农村福利院养老服务的同时,需要把决策部门对于项目的期望,作为指引项目实施的方向。"

2. 社会工作机构与具体负责部门沟通

"市级政府部门,是农村福利院院舍社工项目的决策机构,同时,院舍社工项目落点在7个远城区的农村福利院之中,因而,区级政府部门成为项目的具体负责部门。农村福利院院舍社工项目的招投标工作,由区级政府职能部门负责组织,在竞投项目成功后,有关项目的具体服务合同和协议,也是由社会工作机构与区级政府部门共同签订。

我们社会工作机构很重视与区级政府部门的沟通,因为,对于院舍社工项目的实施,区级政府部门作为项目的具体负责部门,具有重要的角色和功能。比如,由区级政府部门'牵线搭桥',让农村福利院和社会工作机构会面并保持联系;在项目开展和实施的过程中,区级政府部门负责协调福利院、社会工作机构、社会工作者之间的关系及相互支持。

区级政府部门对于院舍社工项目也有具体的期待和要求。一方面,由于院舍社工项目是在全市的71家农村福利院中全面展开,因此,存在一种比较效应,每个区都会希望在本区开展的项目有相对更好的成果和绩效,不希望在各项目点的比较之中,处于落后的境地。另一方面,由于院舍社工项

目具有创新性,每个区都希望社会工作机构能在本区探索出有效的路径。"(CJ-3-1808)

(二) 社会工作机构与农村福利院的互动

院舍社工项目落点在农村福利院,社会工作机构需要与福利院积极联结,使双方以项目为纽带协同工作,其主要内容包括如下方面。

1. 尊重福利院的需求

"院舍社工项目,需要在农村福利院中展开,因此,项目启动后,排在首位的工作,是要了解福利院的需求。2017年7月,在区级政府部门召开的项目协调会上,我们机构与福利院会面。很快,机构负责人和院舍社工项目的督导,就到福利院中实地拜访,了解福利院的基本情况、入住老人的主要特征、福利院面临的工作难题,及福利院对于项目的期待等。

其后,伴随院舍社工项目的实施和推进,我们机构的项目负责人和督导,坚持定期地到福利院中拜访。一方面,深入了解社会工作者在福利院的工作情况、遇到的困难,以及是否符合专业服务的要求;另一方面,及时掌握福利院及其入住老人需求的满足程度,以及他们的需求是否随着项目推进而变化。总之,及时回应和满足福利院的需求,是社会工作机构顺利实施项目的前提。"

2. 需要福利院的支持

"在尽力满足福利院需求的同时,社会工作机构也会表达,机构对于福利院能给予支持的请求。在第一次与福利院会面时,社会工作机构负责人就提出,如果不能得到福利院的支持,院舍社工项目是难以顺利运行和开展的。因而,我们希望农村福利院能接纳由社会工作机构派出的社会工作者,给他们提供与项目服务相适应的工作和生活条件,以使他们能在福利院中安心开展服务。

同时,在社会工作者入驻福利院之后,仍然要请求福利院对于实施项目服务的支持。具体而言:一是详细介绍福利院的各项规章制度和管理流程,提醒入驻的社会工作者需要特别注意的事项;二是详细介绍福利院和入住老人的情况,以及他们的主要需求;三是介绍社会工作者与服务对象见面、并帮助他们形成相互信任的关系;四是为社会工作机构和社会工作者实施服务提供实地的支持。"(LDJ-3-1807)

综上,农村福利院院舍社工项目,是由承接项目的社会工作机构组织实施的,因而,对于社会工作机构而言,应主动地与政府决策部门、具体负责部门,以及项目所在地的农村福利院保持良好的沟通,以使项目的主要相关组织间形成有机的联结,推动项目顺利实施、达成项目目标。

第二节 评估路径：项目的实施开展

伴随着中国特色社会主义进入新时代，人民群众对美好生活的向往日益提上议事日程，这意味着人民不仅期望丰裕的物质生活、宜人的自然环境，亦渴望和谐的人际关系、真挚的社会交往，追求丰盈的精神价值、丰富的文化生活等。美好生活的实现，与社会整体福利水平提升、社会生活福祉改善密切关联。简而言之，社会服务或人类服务是提升社会福利和福祉的重要载体。

社会工作是一种专业的社会服务，其基本任务是改进人类福祉，满足社会需求，尤其关注弱势群体和特殊群体的需要，并为他们增能。美国社会工作协会(National Association of Social Workers)将社会工作界定为："社会工作是一种专业活动，用以协助个人、群体、社区去强化或恢复能力，以发挥其社会功能，并创造有助于达成其目标的社会条件。"[1]

社会工作的目的，是要以专业性的社会服务提升人与人之间的有益互动，进而提升个体成员的社会功能，以及全体成员的生活质量。[2] 社会工作的目标，在于增进所有人的生活福祉，它尤为关注弱势群体和边缘群体，积极推动个体、家庭、组织、社区在结构上的变革，推进社会福利政策的建立和完善，以期建设一个更加真挚、善良、美好的人类社会。[3]

伴随现代国家社会福利制度的建立和完善，社会工作作为一项专业的社会服务，逐渐成为社会福利体系中一项制度化的安排，成为改善社会福祉的重要力量。我国的社会工作，是在加快促进社会建设和社会发展的进程中提出、制定，并不断完善的，表明国家在制度层面，肯定社会工作在联系服务群众、调节社会关系、整合社会资源、激发基层活力等领域，具有其独特的功能。

2006年10月，党的十六届六中全会审议通过《中共中央关于构建社会主义和谐社会若干重大问题的决定》，对建设社会工作专业人才队伍，作出了战略性部署。《决定》指出：建设一支宏大的社会工作人才队伍，是构建社会主义和谐社会的迫切需要。高等院校加快社会工作人才培养体系建

---

[1] 李迎生主编：《社会工作概论》(第三版)，中国人民大学出版社2018年版，第4页。
[2] Minahan, A.: Purpose and Objective of Social Work Revisited, *Social Work*, 1981, 26(1): 5~6.
[3] Ehrenreich, J. H.: *The Altruistic Imagination: A History of Social Work and Social Policy in the United States*, NY: Cornell University Press, 1985.

设,培养社会工作专门人才;配备社会工作专门人员,充实公共服务和社会管理部门;完善社会工作的岗位设置,吸纳社会工作人才就业,提高专业化社会服务水平。

2011年11月,中央组织部、中央政法委、民政部等18个部门和组织联合发布了《关于加强社会工作专业人才队伍建设的意见》。这是中央第一个关于社会工作专业人才队伍建设的专门政策文件,是全国社会工作专业人才队伍建设的指导性纲领。《意见》提出,要加强社会工作专业教育培训,推动社会工作专业岗位开发和人才使用,推进社会工作专业人才评价和激励工作等。

社会工作的职业化源于2004年。国家劳动和社会保障部将社会工作者作为一种新的职业安排,并于同年7月1日将之纳入第九批新职业,正式向社会颁布国家职业标准,并编纂收入国家职业分类大典。自2007年开始,由劳动和社会保障部组织社会工作专业技术人员职业资格考试,通过考试者将获得劳动和社会保障部与民政部共同颁发的"社会工作者职业资格"证书。

社会工作纳入人才计划源于2010年。2010年6月,中共中央、国务院印发《国家中长期人才发展规划纲要(2010—2020年)》,它是我国第一个中长期人才发展规划,对国家中长期人才工作具有重要的指导意义。《规划纲要》中提出:构建社会主义和谐社会,需培养和造就一支职业化、专业化的社会工作人才队伍,2015年社会工作人才要达到200万人,2020年达300万人。

2017年,我国持有《社会工作者职业资格证书》的社会工作者共计32.7万人,其中社会工作师8.3万人,助理社会工作师4.3万人。同时,全国共有社会服务机构和设施182.1万个,从事社会服务的人员总数达1 355.8万人;全国共有民办非企业单位40万个,比上年增长11%,其中,社会服务类的社会组织有6.2万个,从事社会服务的社会工作机构7 500余家。[1]

农村福利院院舍社工项目,是在农村福利院中引入社会工作服务,提升农村特困群体的养老服务水平。一方面,项目符合社会工作的使命,关注身处困境的脆弱群体和边缘群体,项目的主要服务对象,是集中供养在福利院中的五保老人、贫困老人等。另一方面,项目符合加快社会服务专业化的需要,开发社会工作岗位、引进社会工作专业人才开展专业服务。

---

[1] 参见中华人民共和国民政部:《2017年社会服务发展统计公报》,https://www.mca.gov.cn/mzsj/tjgb/2017/201708021607.pdf。

一、社会工作者的应聘与入驻

农村福利院院舍社工项目,需要在7个远城区71家福利院派驻项目工作者,竞标成功的多数社会工作机构并未储备有充足的社会工作者可派驻到项目点,因而需要招聘新的项目工作者。2017年7~8月,一批工作者到社会工作机构应聘,随后被派驻到福利院。

(一)应聘项目社会工作者

在多家社会工作机构发布农村福利院院舍社工项目招聘驻点社工的公告之后,一批工作者出于自身考虑而应聘。

1. 认同社会工作职业

"可能你们想不到我以前是做什么工作的,在过去的十多年里,我一直担任村里的党支部副书记。我接触到社会工作者这个职业,其实就是在前年,有一次,区里组织村干部参加管理和服务能力提升的培训,其中有一门课,就是关于社会工作服务的内容。那次课程,给我留下深刻的印象,让我知道还有这样一门专业和职业。

那一次,老师讲课的内容,让我很感兴趣,我本能地感觉到自己喜欢这种服务理念,希望掌握那种专业的服务知识和技能。在老师下课之后,我又咨询了老师一些问题,特别是自己在做村干部、为村民提供服务的工作中,出现的一些困惑和问题,老师很耐心地和我聊了聊问题的原因,以及可能应对的策略,让我感到那是一种全新的服务思维,让我想要更加全面地了解它。

后来,那位老师把我介绍到一个专门交流社会工作专业和行业信息的微信群中,让我更多地接触到社会工作的理论和实务方法,渐渐地,我对它了解得更加深入了。然后,就在去年,我在那个微信群里,看到一家社会工作机构在招募农村福利院院舍社工的一线工作者,我很快就下定决心,参加应聘,而且也很幸运地被录用了,我感到非常开心。尽管我周边的家人和朋友,劝我说换工作要慎重,但是,我知道自己确实是很喜欢社会工作,所以毫不犹豫。"(HL-3-1807)

2. 愿意服务农村工作

"我从小家在农村,在农村长大。尽管后来到城市读大学,但一直很喜欢农村生活。大学毕业后,我在四川老家那边的一家社会工作机构,做了一段时间的社会工作者,因为,汶川地震之后,在全国来说,四川的社会工作发展都是比较领先的。我心里一点也不排斥做农村社会工作,而且,如果有机会,我会主动选择到农村,到所有需要社会工作服务的地方去。

2017年7月,我很幸运地考取了H市一所知名大学的社会工作专业硕士,我非常开心,因为我一直想在社会工作专业领域有深造的机会。同时,由于攻读的是在职硕士研究生,学校实行周末集中上课,因而,平常有时间,我就留意H市社会工作机构的招聘信息,希望一边读书、一边积累社会工作专业服务经验,实现理论与实务相互促进。

我们考取社会工作专业的在职硕士研究生建立了一个群,群里有许多原来就在H市工作的同学,大多是社会工作机构的职员,他们会经常在群里发布一些有关社会工作政策、专业、行业的信息。有一天,一位同学发布了他所在的社会工作机构的一则招聘信息,我认真看了看,了解到项目是在农村福利院开展社会工作服务,我对此很感兴趣,就积极应聘,也被幸运地录用了。"(TT-3-1808)

3. 愿意从事养老工作

"我在农村长大,一直有很传统的观念,对老人很孝敬,也愿意为老人服务。前些年,我在一家民办的养老院工作,工作很辛苦,但我也很享受和老人在一起的时光。有一次回村里,听到附近福利院上班的姨说,福利院准备开展一个院舍社工项目。我对社会组织有一些了解,就找到招聘的社会工作机构,告诉他们我有很丰富的养老服务经验,后来就被录用了。

到福利院工作之后,我感到特别亲切。一方面,现在这家农村福利院中的许多老人,都是我从小口中叫的爷爷、奶奶、伯伯、叔叔,那时我还小,他们会逗着我玩、给我糖吃,现在看到他们老了,但还能一一想起那时的情形来。另一方面,福利院的工作者,我也很熟悉,大多是附近村里的,还有亲戚,做起事情来挺便利的,而且离家也很近,我很开心找到这样一份工作。"(HYT-3-1807)

4. 愿意在本地工作

"我家就在附近的村子里,大学是在外地读的,学校的知名度不高,是一所三本学校,而且所学的专业不太好找工作。毕业后,我努力地在读书的城市找了一份企业文员的工作,但做得并不开心,就想回家乡。但是,我也知道,以我的学历文凭,H市的工作也不好找。

2017年7月,我高中时期的一个好朋友,她是在H市读的书,读的社会工作专业,毕业后又留在同城一家社会工作机构中工作。有一次微信聊天,她知道我想回老家工作之后,给我推荐了她所在社会工作机构的一个项目,就是农村福利院院舍社工项目,我一看,有我老家附近的一个福利院,就决定应聘,在她的帮助下,我补习了很多社会工作知识,得到了这份工作。"(LP-3-1808)

(二) 入驻农村福利院

应聘农村福利院院舍社工项目成功后,作为"新人"的社会工作者接受了社会工作机构对其的岗前培训,并在2017年8~9月相继进驻福利院。

1. 福利院的接纳

不同的农村福利院,由于客观条件及管理者和工作者对项目的主观认知和理解不同,对于社会工作者入驻的接纳程度有所差异。

其一,提供良好条件。"社会工作机构分配我驻点的农村福利院,是前年才新建竣工的福利院,它是按照国家规定的、新的农村福利院建筑标准建造的,整体非常宽敞。室内每套房间有一室、一厅、一厨、一卫,面积有40~50平方米,生活设施齐全、居住环境舒适。户外的前庭和后院有足够的活动场地,福利院还配备有游戏室、康养室等多种功能房,条件相当不错。福利院的院长,得知我家在外地,表示福利院有足够的房屋套间,只要我愿意,欢迎我就住在福利院中。"(TT-3-1808)

其二,客观条件有限。"社会工作机构派我驻点的农村福利院是一家老福利院,(20世纪)80年代修建的房子,有些老旧。尽管近些年,政府对农村福利院的投入不断增加,福利院也进行过多次修缮,但总体而言,房屋建筑和配套设施还是有些简陋。同时,福利院所处的地点,是在一个镇子中,占地面积不大,户外活动的场地很有限,出房间走十来步就到围墙。但是,因为交通比较便利,入住的老人也不算少,有30多个。由于客观条件有限,也并未邀请我入住到福利院中。"(ZW-3-1807)

其三,主观有些排斥。"社会工作机构派我驻点的农村福利院,应该说客观条件是不错的,福利院规模较大,房屋数量充足。虽然修建的年代不是很新,但由于近些年不断在修缮和提档升级,服务设施也基本有所配备,福利院户外的院子很大,围成四合院的样子,显得颇为宽敞。但是,由于福利院的管理者和工作者,可能对院舍社工项目的理解有一些偏差,即认为社会工作者会对他们目前的工作有所竞争或替代,而对社会工作者表示出一定的排斥,这使纳有些困难。"(ZQ-3-1808)

2. 社会工作者的选择

其一,入住到福利院。"我所驻点的农村福利院,房屋设施和居住环境算是不错的,而且福利院也表示能给我提供住宿的房间,于是,我很快就决定搬到福利院中居住。一方面,我的老家在外地,在H市没有房子,福利院若不提供住宿,那我还需要自己租房,如果在中心城区租房,那上班太远,如果在福利院周边租房,那还不如直接住到福利院中。另一方面,院舍社工项目,是我在H市的第一份工作,我希望能做出一些成果,居住到福利院,能使

我更好地融入院舍。"(TT-3-1808)

其二,有备用的宿舍。"我是本地人,家就住在远城区的中心街道。我所驻点的农村福利院,地点有些偏远,距离家里有十多公里,但是,由于是本地人,我对交通路线很熟悉,所以还是选择每天上下班。远城区的中心,公共交通便利,路上一共转乘两路公共汽车,下车后有共享单车,骑行二十来分钟,就可以到福利院了。我所驻点的福利院,对于社会工作者的进驻,是比较支持和接纳的,还给我安排了宿舍,如果遇上加班或开展服务,时间有些晚的话,我就会住在福利院。"(HD-3-1807)

其三,每天往返通勤。"我毕业后就在 H 市工作,在中心城区和原来的同学一起合租房子居住,已经有好几年了,比较适应城区的生活。社会工作机构派我驻点的福利院,客观条件很有限,福利院的工作人员,主要是周围村子里的人,家里离福利院很近,所以每天上下班。对于社会工作者的驻点,福利院表示,如果我确实需要住在福利院,他们会尽力安排,但是条件会比较简陋。我仔细考虑了,如果我要求住在福利院:一方面,一定会给福利院增添负担;另一方面,我自己住得也会比较不舒服。所以,还是决定每天往返上下班,但是,路上时间会非常长,6 点以前必须出门,才能在 8 点半左右到达福利院,还是很辛苦的。"(ZH-3-1808)

二、社会工作服务的开展

入驻农村福利院的社会工作者,自 2017 年 8~9 月开始,在福利院中开展为期一年的驻点社会工作服务。一方面,根据社会工作机构与政府部门签订的协议,由社会工作者具体提供社会工作服务;另一方面,社会工作者在实施项目的过程中,需要机构和福利院的支持。

(一)社会工作服务提供

入驻农村福利院的社会工作者,所提供的社会工作服务主要有两个方面。

1. 对福利院的直接服务

依照农村福利院院舍社工项目的目的和目标,社会工作者对福利院的直接服务,主要是为了促进福利院管理改革和服务质量提升。

其一,对福利院入住老人的服务。"派驻社会工作者到农村福利院,为农村中的老人群体,尤其是特殊困难的老人,如五保老人、贫困老人等,提供专业社会工作养老服务,是院舍社工项目的核心内容。在社会工作者入驻之前,福利院对于老人需求的满足,主要侧重于物质生活层面,因而,需要社会工作者运用社会工作的专业理论和实务方法,发现老人面临的困境及其自身具有的优势,通过跟踪重点个案、策划开展小组、组织或支持老人自组

织活动,以提升福利院养老服务质量。"(HL-3-1807)

如表6-1所示,在社会工作者看来,农村福利院最需要的社会服务:比例最大的是福利院老人的心理支持和情感疏导,占比57.5%;其次是老人的康乐、保健和文娱活动,占比32.9%;两者共计90.4%。

表6-1 社会工作者认为福利院最需要的服务

服务类型	频数(人)	百分比(%)
老人心理和情感疏导、介入	42	57.5
老人康乐、保健、文娱活动	24	32.9
老人日常护理和照料	6	8.2
福利院行政管理事务	1	1.4
合 计	73	100.0

如表6-2所示,社会工作者在农村福利院实际提供的社会服务:比例最大的是老人的心理支持和情感疏导,占比52.0%;其次是老人的康乐、保健和文娱活动,占比42.5%;两者共计94.5%。

表6-2 社会工作者在福利院提供的最主要服务

服 务 类 型	频数(人)	百分比(%)
老人心理和情感疏导、介入	38	52.0
老人康乐、保健、文娱活动	31	42.5
老人日常护理和照料	3	4.1
福利院的清洁和卫生	1	1.4
合 计	73	100.0

如表6-3所示,社会工作者在福利院提供服务时,对于社会工作专业方法的运用:认为社会工作专业的个案、小组方法等,对农村福利院老人群体并不适用的,占比2.8%;在福利院的服务中,主要开展日常活动、不采用专业方法的,占比13.9%;两者共计16.7%。与之相对应,有83.3%的社会工作者在服务中,综合地运用了社会工作专业方法。

表6-3 社会工作者在提供服务中运用的方法

方法运用	有效频数(人)	有效百分比(%)
综合运用社会工作方法	60	83.3
个案、小组方法不适用	2	2.8
日常活动、不用专业方法	10	13.9
合　计	72	100.0

其二,完善管理制度的行政服务。"在为福利院老人提供专业养老服务之外,驻点的社会工作者做得最多的一项服务是,帮助农村福利院完善管理制度和流程。一方面,改革和提升农村福利院管理水平,是院舍社工项目的重要目的之一,项目内容要求社会工作者提供社会工作行政服务。另一方面,管理改革也是福利院一项迫切的需求,完善管理制度和流程,有助于福利院提升管理效率和效能。"(LT-3-1808)

其三,培训和提升人力资源服务。"在农村福利院开展院舍社工项目,不仅要让福利院中的老人群体,尤其是特困老人群体受益,同时,也要让福利院中的工作者和服务者受益。因此,项目对福利院的工作者展开了能力培训:一方面,伴随社会工作服务项目的实施,受益人群越广、人数规模越多,表明项目的收益越高、效益越好,项目更具有合理性和有效性;另一方面,实施社会工作服务项目,常常有一个重要的目标,就是促进项目相关群体的能力提升,即使院舍社工项目不再延续,由于福利院工作者的能力增强,也会提升福利院的服务水平。"(YZ-3-1808)

2. 链接资源的间接服务

入驻农村福利院的社会工作者,在提供直接服务之外,还为福利院链接外部的社会资源,这是一项重要的间接服务。

其一,链接志愿者资源。"H市是高等教育十分发达的城市,有100多万在校大学生,高校志愿者资源十分丰富。以前高等学校集中分布在中心城区,但是,近些年,由于城市发展速度加快,一些高校的新校区逐渐向城市远城区扩展。因此,在我所驻点的农村福利院,周围就有两所高校的新校区。我刚从大学毕业没多久,对高校的志愿者团体比较熟悉,就在实施项目时有计划地链接资源。

首先,我请所驻点的农村福利院,以及我所工作的社会工作机构,联合给我开具了一封介绍信。然后,我积极地与两所高校的团委联系,向他们介绍农村福利院的情况,以及所需要的高校大学生志愿者资源。让我高兴的是,两所高校的团委对此都颇有兴趣,因为学校的志愿者工作,也需要一定的平台才能开展。接下来,我多次到两所高校拜访,和学校团委、学生工作部、大学生志愿团体的负责人建立联系,为福利院链接上一支稳定的志愿者团队。"(ZY-3-1808)

其二,链接慈善捐助资源。"我是本地人,家庭条件不错,家里有一个亲戚在开一家民办医院。我在驻点的农村福利院发现,居住在福利院中的老人,大多高龄且身体或精神有一定障碍,因而,对医疗护理有很强的需求。在我的不懈努力下,动员亲戚,以及他从事药物、医疗器械经营的朋友们,为福利院进行了三次捐赠,共捐赠药品、医疗设备等物资5万多元,让老人们感受到社会关怀。"

"我所在的社会工作机构,有比较稳定的联络爱心企业和爱心人士的渠道。在我入驻到农村福利院后,得到机构的支持,相继与两家爱心企业建立联系,并随后多次拜访,向他们介绍农村福利院的情况,以及老人们的生活等。在我们不懈的坚持努力之下,最终取得不错的成果:一家企业向福利院捐赠了2万多元的物资,包括给老人们的牛奶,冬天用的棉衣、棉裤、手套、围巾等;另一家企业给福利院老人捐赠了1万多元的药品,而且是根据老人的日常用药专门准备的。"(HYQ-3-1808)

(二)开展服务需要的支持

入驻农村福利院的社会工作者,在实施项目、开展社会工作服务的过程中,需要得到来自社会工作机构及福利院给予的资源支持。

1. 工作条件的支持

驻点的社会工作者,在福利院开展服务的过程中,需要一定的工作支持。

如表6-4所示,对于驻点社会工作者而言,在其入驻农村福利院、实施社会工作服务项目的过程中,有90.4%的工作者表示能得到来自所属社会工作机构的服务督导和工作支持。

表6-4 社会工作机构对社会工作者的督导和支持

服务督导和支持	频数(人)	百分比(%)
有	66	90.4
很少/几乎没有	7	9.6
合 计	73	100.0

如表6-5所示,驻点的社会工作者表示,农村福利院给予其开展社会工作服务的办公条件支持中:有75.3%配备了电脑、打印机等齐全的办公设备,简单配置办公条件的占比15.1%。

表6-5 农村福利院对社会工作者的办公条件支持

办公条件的支持	频数(人)	百分比(%)
电脑等办公设备齐全	55	75.3
简单桌椅等办公设备	11	15.1
办公条件基本不具备	5	6.9
其他	2	2.7
合计	73	100.0

如表6-6所示,驻点社会工作者在实施项目、开展社会工作服务的过程中,农村福利院支持其使用办公材料的情形有:按需使用、无需申请的占比26.1%,申请使用、易于批准的占比53.4%,两者共计79.5%。

表6-6 农村福利院对社会工作者的办公材料支持

办公材料的使用	频数(人)	百分比(%)
按需使用,无需申请	19	26.1
申请使用,易于批准	39	53.4
申请使用,不予批准	2	2.7
不配备办公材料	13	17.8
合计	73	100.0

2. 工作经费的支持

驻点的社会工作者在福利院开展服务的过程中,通常需要与服务相适应的经费保障。

如表6-7所示,入驻农村福利院的社会工作者,在实施项目、开展服务的过程中,开展工作及服务活动经费的主要来源有:71.2%的受访者表示主要来自社会工作者所属的社会工作机构支持,24.7%的受访者表示主要来自所驻点的农村福利院支持,同时,还有4.1%的社会工作者表示很少得到支持,主要依靠自己筹集经费。

表6-7 社会工作者开展服务中的主要经费来源

主要经费来源	频数(人)	百分比(%)
所属社会工作机构支持	52	71.2
所驻点农村福利院支持	18	24.7
自己筹集经费	3	4.1
合　计	73	100.0

如表6-8所示,入驻农村福利院的社会工作者在实施项目、开展社会工作服务的过程中,得到所属社会工作机构的经费支持情况:非常支持、只要是申请服务经费通常能得到批准的,占比46.6%,比较支持、会依据申请情况酌情审批的,占比41.1%,两者合计87.7%。

表6-8 社会工作机构对开展服务活动的经费支持方式

社会工作机构的经费支持	频数(人)	百分比(%)
非常支持,申请常被批准	34	46.6
支持,酌情审批经费	30	41.1
不知道能向机构申请	7	9.6
其　他	2	2.7
合　计	73	100.0

如表6-9所示,驻点社会工作者在实施项目、开展社会工作服务的过程中,农村福利院给予其开展服务活动的经费支持情况:申请使用且易于得到批准的,占比56.2%,申请使用,但批准并不容易的,占比21.9%,同时,福利院并不对项目的服务活动进行经费支持的,占比19.2%。

表6-9 农村福利院对开展服务活动的经费支持方式

农村福利院的经费支持	频数(人)	百分比(%)
申请使用,且易于批准	41	56.2
申请使用,但批准不易	16	21.9
不进行支持	14	19.2
其 他	2	2.7
合 计	73	100.0

三、社会工作者的环境适应

社会工作者,驻点在农村福利院中实施项目、开展社会工作服务,与农村福利院形成一定的关系。由于不同社会工作者与农村福利院形成关系的类型不同,社会工作者在福利院的融入程度会有所差异。社会工作者在福利院的融入水平,对项目顺利实施及所能获得的成效,影响深远。

1. 很快融入

"我是本地人,更确切地说,我父母的家就在附近村庄里。我所驻点的农村福利院,我从小就知道,现在福利院里住着的老人,只要是我们村里的,我都认得,都是爷爷、奶奶、伯伯、叔叔。福利院里的工作者,有一个是我的亲戚,其他也都是附近村子里的姨、姐。所以,入驻到福利院,对我来说,是非常熟悉的环境,不需要过多磨合,就能很顺利地开展工作。

由于是本地人,我和福利院里的老人——也就是项目的服务对象,交往起来很顺畅:一是语言没有障碍,都是乡土语言;二是风土人情,我很熟悉和了解;三是我是他们的晚辈,他们有什么需求,能很顺畅地表达出来。所以,在对福利院老人开展社会工作服务的过程中,我和老人们一直有很好的沟通,能及时发现他们的需求,以及需求的变化,而后及时调整服务的方向。"(HL-3-1807)

2. 有所疏离

"我所在的社会工作机构,一直比较强调社会工作服务的专业性和独立性。因而,在项目的启动阶段,我所驻点的农村福利院,希望我能像福利院的工作人员一样,完全遵守福利院的规章制度,包括按时上下班、服务于福利院的工作计划和安排等,我并不太认同,就努力地和福利院的管理者沟通,向他们解释我是社会工作机构派驻到农村福利院、实施院舍社工项目的专业工作者。

现在回想起来:一方面,这样做的好处是,让福利院的管理者和工作者,了解院舍社工项目要达成的目的和目标,以及我作为社会工作者在福利院驻点的主要项目任务;但是,另一方面,由于当时我在沟通的过程中,可能有些操之过急、过于急躁,让福利院的工作人员产生误解,好像我在刻意和他们保持距离。所以,在其后项目的实施和开展过程中,彼此关系一直比较疏离。"(ZH-3-1807)

3. 听从其命

"我所在的社会工作机构,一直很重视与项目所在地保持和谐的关系。因此,当我入驻到农村福利院后,为了尽快得到福利院的管理者和工作者的认可和接纳,在态度和行为上,就采取了比较顺从的方式与福利院的工作人员展开交往。这样做的好处是,他们觉得我性格和善、开朗、不清高,能把自己当成是福利院中的一员,因而,对我也是照顾有加。

但是,长期如此的话,还是存在问题,也就是说,福利院已习惯把我当成一个员工,并安排给我具体的工作。这样一来,我的时间就有些不够用,对于需要实施院舍社工项目的核心内容、按计划推进项目的进度等,无疑有很大影响。但是,此时,我若拒绝福利院安排给我的工作,又有不热爱福利院大集体、推脱工作之嫌,所以,整个项目实施期间,我感到很为难、很疲倦。"(ZXY-3-1808)

4. 互相掣肘

"社会工作机构派我驻点的福利院,一开始就显得对院舍社工项目有所不解,即不清楚为何要开展社会工作服务,认为不如多给些经费,让福利院招聘能照护老人日常生活的护理人员,更有必要。因而,他们对社会工作者也有些排斥,并不是很配合地安排开展项目所需的工作和生活条件,因此,在交通不便利的情形下,我每天往返数十公里上下班。

由于每天长距离通勤,并非长久之计,因而,我和福利院商量,希望他们同意我以弹性的工作方式提供服务,根据社会工作机构和政府部门签订的服务协议,完成协议约定的社会工作服务内容即可,而并不需要按时间点上下班。当时,福利院并未明确表态。但是,我明显感觉到,他们对我实施项目的社会工作服务,有些不配合也不支持,无疑影响了项目顺利开展和实施效果。"(LL-3-1808)

5. 互帮互助

"我入驻的农村福利院,一开始,也把我作为政府为福利院增派的新员工来对待。因而,我并没有能很快融入福利院之中。但是,我并未着急,而是积极地寻求沟通的机会,和福利院的管理者和工作者交流谈心,说明农村福利院和我所在的社会工作机构,要共同完成的院舍社工项目,需要开展的核心工作,以及社会工作服务的有效性。

接下来,我主要开展两方面的工作:一是掌握福利院老人的主要需求,并依据社会工作专业的理论和方法,制定具体的社会工作服务方案,然后,交给福利院的管理者进行审阅、修订和批准;二是了解福利院的管理者和工作者的需求,看看他们在工作中的需求,以及希望改善的问题,同样用社会工作理论和方法进行分析并制定方案,帮助其加以解决和完善。

就这样,一两个月之后,我惊喜地发现,我和福利院的关系渐渐融洽起来。一方面,福利院有需求的地方,我会主动去帮忙,比如,传统节日,福利院给老人加餐,我就去厨房帮忙,有时,护理老人的阿姨忙不过来,我也会去协助。另一方面,她们也能主动帮助我,比如,每次我要开展服务活动时,负责老人生活照顾的阿姨,就会帮我组织老人前往活动室,让我感到很开心。"
(ZY-3-1808)

第三节 执行方立场的循证评估结果

社会工作服务项目,需要执行项目的社会工作机构及一线社会工作者。在项目实施过程中,项目执行团队经历了启动项目、推进项目、发展项目、完成项目的全过程。农村福利院院舍社工项目,由7家社会工作机构,分别派驻社会工作者,在71家农村福利院中开展。他们对于项目的执行、效果的达成、优势与不足等,也作出了评价。

在农村福利院院舍社工项目中,作为项目执行方的社会工作机构和社会工作者,参与了此次评估调研,采取的形式主要有:一是以集中座谈的形式,邀请社会工作机构的负责人和驻点的社会工作者,参加针对项目开展和实施及对项目进行评价的座谈会;二是以问卷的形式,对在项目点的73名社会工作者展开问卷调查;三是实地走访调研,与驻点在福利院的社会工作者进行访谈。

一、项目对于执行团队的益处

农村福利院院舍社工项目,是一个创新型社会服务项目,有其显著优势。

(一) 项目对社会工作机构的益处

对于社会工作机构而言,农村福利院院舍社工项目具有重要的现实意义,他们对于能够负责院舍社工项目的实施,感到很兴奋。

1. 拓展社会工作服务的新领域

"在我国,社会工作服务是一个新鲜事物,目前,仍然处于萌芽和起步阶段,比如,H 市的社会工作机构,大多成立也只有 3~5 年的时间。但近年来,我们行业内人士能感觉到,国家推动政府职能转变、建立社会福利和服务体系、支持社会服务组织的发展、加大政府购买社会工作服务的力度,都在迅速推进,给社会工作发展带来契机。

H 市居于我国的中部地区,社会工作服务的发展,与沿海发达城市和地区相比,可能存在着发展速度和发展质量的差距。但是,农村福利院院舍社工项目,让我们社会工作业内人士惊喜地看到,H 市在推进社会治理体系变革、加快社会服务供给的组织化和专业化等方面,不断地在积极探索,并正走向一个创新性、引领性的发展方向,让人振奋。

前些年,我们社会工作机构一直关注的是城市地区社会工作服务的发展,主要承接的也是城市社区的社会服务项目。但是,农村福利院院舍社工项目的决策和施行,让我们机构看到了政府支持社会工作服务发展的新领域和新方向,即在农村地区组织、实施、推进社会工作服务。农村福利院院舍社工项目,在全国而言,是一项首创,具有创新探索社会工作服务发展的重要意义。"(LHJ - 3 - 1807)

2. 契合社会工作服务本质内涵

"社会工作服务的本质内涵,是增加人们的福利和福祉、提升人们的生活质量。社会工作尤为关注那些由于各种原因身处困境之中,缺乏足够的资源支持,而难有良好生活的困难群体。需要通过社会工作的专业理念和方法,改善困难群体的处境、提升他们的生活质量。

前些年,在社会工作服务项目起步阶段,我们社会工作机构,在城市地区承接的项目中,大多是发展型社会服务项目,比如,丰富城市社区居民的文化娱乐生活、增强社区凝聚力、促进多元化的社会治理等。农村福利院院舍社工项目,让机构在发展到一个时期之后,重新思考社会工作服务的内蕴,即在发展型项目之外,更要到迫切需要社会工作服务的领域和困境人群中去。"(YL - 3 - 1807)

3. 提升社会工作服务的规模化

"H 市有 7 个远城区,一共有 71 家农村福利院,让我们感到兴奋的是,政府部门决策在所有农村福利院实施院舍社工项目,即在同一种组织——

农村福利院,同一个领域——养老社会服务,同时开展社会工作服务项目。这样做,一方面,让社会工作服务具有一定的规模和影响力;另一方面,多家社会工作机构互相比较、相互学习,能提升行业服务的整体水平。

院舍社工项目,在政府购买社会工作服务项目里有其特色:一是对于主题相同的项目,大多是在一个区内,或是某几个社区同时开展,但院舍社工项目是在全市所有农村福利院同时展开;二是对于常规项目,通常会有许多主题和方向,比如青少年服务、老年人服务等,而院舍社工项目是在农村福利院同步开展养老服务。因此,院舍社工项目具有一定的规模效应。"(CJ-3-1808)

4. 促进社会工作者队伍的建设

"农村福利院院舍社工项目,得益于政府部门加快职能转变、推进多元社会力量参与社会治理、开发和提供社会工作服务的工作岗位。社会工作机构依托项目,也在寻找、发现和培养有意愿且有能力从事社会工作服务的未来人才。院舍社工项目启动阶段的招聘、项目实施过程中对一线工作者的实务培训和督导,都是在培养和发展社会工作者队伍。

同时,项目的一线社会工作者,也给社会工作机构带来很多经验和启发。比如,我们社会工作机构,之前缺乏在农村地区开展社会服务的经验,因而,在项目启动时,机构的负责人和督导都有些担心项目能否顺利地推进和完成。但是,我们的社会工作者,在一线社会服务中,表现出很不错的协调能力和专业素质,他们记录的服务内容和实务素材,给机构积累了丰富的项目经验。"(HLP-3-1808)

(二) 项目对社会工作者的益处

对于驻点在农村福利院、具体实施服务的一线社会工作者而言,农村福利院院舍社工项目,是一种独特的工作和人生体验。

1. 理解社会工作服务的意义

"在院舍社工项目之前,我主要从事城市社区服务工作,并没有在农村地区开展社会工作服务的经历。因而,一开始,我有些担忧,担心农村地区对于社会工作服务会不会排斥,项目服务能不能顺利开展。但是,当我入驻农村福利院之后,发现那些担忧都是多余的,农村地区的居民朴实热情,某种程度而言,对社会工作服务更为接纳。

尤其是院舍社工项目的实施地点,确定在农村福利院,居住在福利院中的老人大多是五保、贫困老人,他们是农村中有特殊困难的弱势老人群体。还有一些由于子女不在身边,而托养在福利院中的老人,他们大多是高龄、空巢、失能、半失能老人,同样是农村中特别需要帮助的群体。依托院舍社工项目,让我近距离地接触到他们、真心地为他们服务,期望一定程度上能改善他们的生活状态、提升生活的质量,于我而言,具有真正的价值和意义。"(TT-3-1808)

2. 体会到团队支持的重要性

"院舍社工项目,给我最深刻的感受,是体会到团队工作和互相支持的意义。一方面,福利院中的团队协作。我入驻到福利院后,并不把自己孤立在福利院的工作团队之外,而是努力地融合到他们的团队之中,让他们能把我看作是福利院的'自己人',而不是感觉有'外人'或'陌生人'在福利院里开展服务。在我看来,只有把社会工作服务嵌入福利院的工作中,形成一个更凝聚的团队,才能共同地、更好地为福利院及其老人服务。

另一方面,社会工作机构派出的项目团队协作。我们机构承接的是一个区的所有农村福利院院舍社工项目,共有17家,数量很大。因而,机构派出的工作团队由1名项目主管、1名项目督导和17名一线社会工作者共同组成。同时,考虑到现实中,17家农村福利院的地理位置分布相距甚远,所以,我们相对邻近的福利院的社会工作者,又组成项目小组。

每周的周五下午,项目小组的成员会轮流地聚集在某一家农村福利院之中,分享一周以来各自的工作情况、服务中遇到的难题,以及询问同工们的意见和建议。每一个月,项目主管和项目督导负责组织团建工作的例会,让项目全体团队成员聚集在一起,展开工作汇报、分享服务案例、申请所需的资源支持,以及共同解决工作中遇到的问题和难点,由项目主管和督导展开团体督导。我曾经在项目服务过程中,遇到特别疑难的问题,幸而得到项目督导的个别辅导才得以顺利解决。

不仅如此,由于我们大多是本土的'新人'工作者,因此,项目主管和督导,一直给予我们培训,要求和鼓励我们参加《社会工作者职业资格》考试,成为真正的专业社会工作者,为了这个目标,我们团队成员互相鼓励、互相鞭策、互相支持,让我们惊喜的是,伴随着项目服务即将完成,我们团队成员基本获得了助理社会工作师职业资格证书。"(HL-3-1807)

3. 在项目中实现自我成长

"院舍社工项目,不仅对项目的服务对象——农村福利院、居住在福利院的老人,以及福利院的工作人员来说,都有很大助益,同时,对于实施项目服务的社会工作者而言,同样意义深远。一方面,在专业素质上,依托院舍社工项目,社会工作机构对我们一线工作者展开了培训和督导,经过一年的专业理论学习和实务经验积累,我在今年通过了助理社会工作师考试,感到十分开心,意味着我在社会工作职业道路上前进了一步。

另一方面,在综合素质上,也有很大促进。我是家中的独(生)女,平常生活有些娇惯,到驻点农村福利院上班的第一天,就让我感觉到项目的辛苦。从中心城区出发,地铁然后转公交,到远城区中心,再转一趟公交车,到福利院附近,然后步行20多分钟,走到福利院,路上两个多小时。当天下班辗转回家时,觉得自己可能难以继续工作下去,也有过想放弃的念头。

但是,在坚持一段时间后,我发现自己的毅力确实比以前好了很多。而且,我发现如果能和福利院展开很好的沟通,其实有多种方法可以协调解决困难,比如,在福利院和家两边住,住在福利院时,我从早到晚多帮忙做事、多开展服务,晚上也主动参与福利院排班、值班等,这样,平常工作时间就能争取得相对更弹性一些。总之,为期一年的项目服务开展,让我快速地自我成长。"(CXM-3-1808)

二、执行方关注的项目困难

在肯定农村福利院院舍社工项目的重要意义的基础上,实施项目的社会工作机构和社会工作者,也提出了一些困难之处。

(一)社会工作机构的难处

对于社会工作机构而言,在组织实施项目的过程中,存在一些困难的地方。

1. 农村福利院院舍社工的形式界定

"农村福利院院舍社工项目的提法很好,既简单明了、又朗朗上口,能让大家很容易接受。但是,在项目实施的过程中,需要更明确地界定院舍社工的形式:第一种形式是,在每一家福利院驻点一名社工,由他在福利院中开展服务;第二种形式是,给每家福利院配备一名社工,但是,内部可以打通使用。比如,承接数家福利院院舍社工项目的社会工作机构,会派出一个项目执行团队,团队中的社会工作者能否打通使用?

为什么提出这个问题?是因为我们社会工作机构,就承接了一个区里的数家农村福利院,在组织项目实施过程中,发现一个问题,即福利院的规模之间有很大差异。如果完全按照院舍社工的形式涵义,在每一家农村福利院固定地驻点一名社会工作者,仅由他实施和开展社会工作服务,那么,可能存在有些社会工作者忙不过来,而有些社会工作者的服务又开展不起来。

比如,一家大规模的福利院,不仅入住的老人有数十位,而且,还和区级中心福利院建设在一起,共有100多位老人。当社会工作者开展服务活动时,中心福利院的老人也非常想参与,因而,在规模大的福利院中,驻点社会工作者的工作任务会很重。而另一家小规模的福利院,由于老人生病离世等各种原因,在社会工作者入驻时,只有数位老人居住在福利院中,由于人数过少,也很难开展社会工作服务,社会工作者的工作量就不能达到项目要求。

因而,在实际组织项目实施的过程中,我们采取了第二种理解,即不完全按照形式,把社会工作者固定在一个特定的农村福利院中,而是组成2~3人的项目小组,轮流地在所'驻点'的福利院中开展活动。但是,此种运行项目的方式,需要得到政府决策部门的认可,也需要与福利院协商一致同意,不然,可能会产生一定程度的误解和矛盾。比如,在项目实施过程中,一些规模小的福利院也对我们提出了意见,认为在他们福利院开展的活动不如其他福利院那么多。"(YL-3-1808)

2. 项目团队专业建设与稳定

"在组织项目实施的过程中,还有一个困难之处,就是项目团队建设问题。一方面,项目难以招募到专业素质好的一线工作者。我们希望招募有专业知识和技能的工作者,但在农村福利院中驻点是一件比较艰苦的事,地处偏僻、路途遥远、生活单调、任务繁多,相同待遇条件的话,许多工作者会选择在城市社区工作。如果招募本土的工作者,又会存在专业能力和素质较弱的问题,社会工作机构需要开展大量培训和督导培养'新人'工作者,更重要的是,还要能得到农村福利院的理解和支持。

另一方面,项目团队成员的流失率偏高。一线社会工作者在项目实施的过程中中途离职,原因是多方面的,有个人原因、家庭原因、环境原因等,但作为社会工作机构,我们发现院舍社工项目的团队成员流失率偏高。我们调研了一线社会工作者的想法,发现主要有两个方面的原因:一是驻点农村福利院的工作很辛苦,在应聘成为项目工作者之前,他们并未做好充足的准备;二是由于缺乏必要的工作、生活和社会经验,他们难以适应在农村福利院中的工作、交往和生活。

同时,一旦发生一线社会工作者中途离职的情形,社会工作机构就会非常被动,因为,机构会按照承接项目的情况,招募和配置一线社会工作者,并未有充裕的资金储备更多工作者。因而,项目中如果一线工作者离职,就需要重新展开招聘和培训程序。对机构而言,需要时间予以重新安排,对福利院而言,意味着有一段时间,未有工作者到岗驻点,难免对此会有不满,而且,更重要的是,影响项目的顺利开展和推进。

还有一个更深远的顾虑,就是项目的可持续性。若农村福利院院舍社工项目能很好地持续,且我们作为社会工作机构,能得到项目相关各方的认可,愿意继续让机构承接院舍社工项目,那么,我们在一年的项目实施中培养和锻炼的团队,就有更好的稳定性和连续性。但是,若院舍社工项目不再持续,或是机构未能再次成功竞得项目,那么团队的可持续性堪忧。"(HLP-3-1808)

(二)社会工作者的难处

对于社会工作者而言,在具体实施项目服务的过程中,也存在着诸多困难。

1. 陌生的工作环境

"对于没有过农村生活经验的我来说,适应农村福利院的工作和生活,是一件很困难的事:一是语言不通,我不会讲当地的语言,听也只能听懂一部分,在开展工作、实施服务过程中,常常是事倍功半,让我很有挫折感;二是福利院地处偏僻,如果每天通勤上下班,则路途遥远,如果入住到福利院中,又难以适应福利院的生活,很单调和枯燥;三是更重要的,就是福利院里没有同龄人,在工作和服务之余,没有同龄人可以说话、交流,让人感到有些苦闷。"(ZH-3-1808)

2. 担忧安全问题

"我所驻点的福利院里,有95%的院民是男性,而且还有一部分是精神有一些障碍的老人。我刚大学毕业没多久,以前也未有在类似福利院的组织中开展社会服务的经验,因此,如果让我入住到福利院中,我会感到有一些担忧和害怕。但是,如果每天通勤上下班,那在路上的时间会很长,而且,从福利院出门后,到有公共汽车的地方,还有一段路需要步行,也让我对安全问题感到焦虑。"(HY-3-1808)

3. 固定的工作制

"我所驻点的福利院,对院舍社工项目的社会工作者要求按时上下班,考虑到我上班路途遥远,早上可以晚到半个小时。我能理解福利院的做法,要求社会工作者按规定上下班,能在一定程度上保证项目有充足的工作时间,以及实施及时的监管。但是,对于社会工作者要开展的服务而言,弹性工作制可能更适合,比如,根据老人需要和参与活动的可行性,灵活安排服务时间。"(LL-3-1808)

4. 孤单的工作者

"院舍社工项目,是一种很好的项目形式。但是,对于社会工作实务经验还不那么丰富的工作者而言,把他一个人派驻到不熟悉的工作环境中,独立地开展工作,他会遇到很多困难、显得力不从心。如果项目决策部门允许2~3人组成一个项目小组,以团队的形式轮流在福利院中实施项目服务,会

不会比单个社会工作者的服务有更高的质量,达到更好的项目服务效果。"(ZH-3-1807)

5. 需要资源支持

"在地处偏远的农村福利院中开展社会工作服务,既很有意义也面临诸多困难和挑战。如果仅凭一线社会工作者一个人的力量,是难以把社会工作服务有效开展起来的,需要各方资源予以支持:一是专业知识和技能的支持,需要专业能力强、回应及时的督导;二是服务物资和经费的支持,需要有充足的开展项目服务的资金;三是人力资源支持,能链接到稳定的志愿服务者团队。"(WL-3-1807)

6. 需要福利院接纳

"院舍社工项目,对我而言,最大的困难在于,如何很好地融入福利院的环境之中,与福利院的管理者和工作者保持良好的关系。因为,社会工作者一个人在福利院中开展项目服务工作,如果不能得到福利院的管理者和工作者的支持和帮助,可谓是寸步难行,不可能开展具体的工作和服务。同时,如果福利院对于社会工作者的入驻有不理解或排斥,把社会工作者视为福利院员工的竞争对象的话,那对于社会工作者而言,想要有效地开展服务,就会很困难。因而,需要社会工作者更耐心地沟通,才能获得福利院的接纳。"(ZQ-3-1808)

三、执行方建议的项目优化

农村福利院院舍社工项目中,作为组织实施具体服务的一方,社会工作机构和一线社会工作者,提出了一些优化项目的建议。

(一) 社会工作机构的建议

社会工作机构依据其在组织项目实施过程中遇到的难题,建议项目进行如下优化。

1. 明确项目的持续性

"农村福利院院舍社工项目,是一个极具创新意义的项目,我们社会工作机构很高兴能承接到项目的实施工作。但同时,机构为院舍社工项目的投入很大,比如,一线社会工作者的招募、培训、督导,辅导她们参加社会工作职业资格考试,并顺利地获得资格证书等。而且,由于项目具有一定的规模性,因而我们招募的一线社会工作者数量较多。

因此,如果院舍社工项目不具有持续性,或者我们社会工作机构不能顺利地再次承接项目,那么机构会面临一定的管理难题,即如何安排这些为院舍社工项目新招募的员工?如果机构没有其他项目留住她们,那么会造成项目团队的不稳定性,以及培训和管理的很大损失。因此,建议项目决策部门,能考虑项目的持续性对执行团队的重要意义,签订更长时间的合作协议,以保持团队稳定。"(HLP-3-1808)

2. 更弹性的项目实施方式

"院舍社工项目在农村福利院实施,由于福利院的独特性质,其与其他在城市开展的项目相比有所差异:一是福利院的规模差异很大,居住在福利院的老人多则上百,少则数人;二是福利院地处偏远、分布分散;三是福利院的老人,大多是五保、贫困等有特殊困难的老人,或是高龄、空巢、失能、半失能的老人,开展专业社会工作服务的难度很大。

因此,希望项目决策部门能明确指出,院舍社工项目能用更弹性的方式实施项目服务。具体而言:一是更弹性的服务方式,目前常见的方式是,社会工作机构派驻社会工作者到福利院中驻点,未来是否可以以2~3名社会工作者组成项目小组的形式,轮流到相应、相邻的福利院中开展服务;二是更弹性的服务时间,以每周需要提供的服务为核心,安排社会工作者的工作时间。"(YL-3-1807)

3. 更顺畅的项目协调机制

"院舍社工项目,由社会工作机构组织实施,同时,项目落脚在农村福利院,福利院对项目也有需求和要求。因而,对于院舍社工项目能否顺利实施、达成目标而言,社会工作机构和福利院同样重要,需要两个组织紧密配合及相互支持。作为组织项目实施的一方,我们会努力与福利院保持良好的沟通和和谐的关系,但是,如果双方对于项目的认知、理解出现分歧,或者产生一些误解和矛盾,则需要政府部门及时干预和协调,以使沟通更顺畅。"(CJ-3-1808)

4. 共同关心社会工作者

"一线社会工作者,由社会工作机构派出,驻点在农村福利院,他们在两个组织的指导和督导下开展工作,同时,需要得到两个组织的共同关心。一线社会工作者的服务工作,直接影响项目能否顺利执行及产生何种效果,对于项目能否达成目标十分关键。而且,如果出现一线社会工作者不必要的流失或流动,对于社会工作机构、农村福利院,尤其是对于项目的实施和效果而言,会产生不利的影响,因而,需要社会工作机构和福利院共同关心社会工作者。"(LHJ-3-1807)

(二) 社会工作者的建议

社会工作者依据其在实施具体服务中遇到的难题,建议项目进行如下优化。

1. 有一定的自主权

"社会工作者,作为社会工作机构的员工,需要遵守机构的规章制度;作为入驻农村福利院的项目工作者,也要遵守福利院的管理规定。换言之,社会工作者是在各种组织中提供服务、展开工作的人,确实需要尊重组织的管理制度和方式。但同时,社会工作服务,与行政工作、管理工作存在一定的差异性,需要工作者运用专业知识和方法,提供创新性的服务。

社会工作者,对于项目的服务对象,要有深刻的观察和了解。比如,服务对象所处的生活处境、所面临的特定问题、所希望满足的独特需求等,需要社会工作者展开持续、深入的调研,设计和策划合适的服务方案,并综合运用一定资源,在特定环境中实施服务、实现目标。整个过程具有相当程度的创新性和独特性,因而,应当赋予社会工作者一定的自主权,让他们能够展开探索和创新。"(ZY-3-1808)

2. 能得到切实支持

"社会工作者,由社会工作机构派出,在农村福利院中工作,若不能得到来自社会工作机构和福利院的切实支持,是很难开展服务、完成项目工作的。一方面,社会工作机构应给予社会工作者更多支持。通过讲解政策文件,让工作者能更明确政策文件的精神,以及项目的目的目标;培训专业能力,让工作者能提升服务能力和水平,使项目服务更能体现专业化;支持服务开展,在工作者开展服务的过程中,提供人力和资金等支持。

另一方面,福利院能给予社会工作者更有力的支持。福利院的接纳,对于社会工作者而言,是尤为重要的一件事,因为,社会工作者入驻到福利院之中,是一个'新人'的身份,如果能得到福利院善意的信任和接纳,他在福利院开展服务会有更大的信心。同时,在实施项目、开展服务的过程中,如果能得到福利院提供的信息分享、资源共享、活动配合、资金配套等诸多方面的支持,则项目效果更有保障。"(WL-3-1807)

3. 渴望安慰和鼓励

"一线社会工作者在执行农村福利院院舍社工项目的工作中,有一项重要的挑战,就是我们所处的工作环境过于单调、枯燥和沉闷。我们秉持专业的伦理,以专业的理论视角,用专业的工作方法,尽我们所能,为福利院的老人带去心理关怀和精神慰藉,以及丰富的文化康乐生活。但是,同时,我们却也面临心理的困境,在完全没有同龄人的环境中长期工作,也会造成我们心里的苦闷,希望在后续的项目开展中,能得到更多的心理支持、安慰和鼓励。"(TT-3-1808)

第七章 目标群体的循证评估机理

农村福利院院舍社工项目,目标群体是居住在农村福利院中的老人。项目的直接目标是,通过引入社会工作机构和社会工作者入驻农村福利院,为福利院的老人提供专业的社会工作服务,以提升福利院的养老服务水平,改善福利院老人的生活质量。作为项目的目标群体,评估小组在实地走访的农村福利院中与老人进行了访谈,听取了他们对于院舍社工项目的感受、看法和评价。

第一节 评估立场:项目的目标群体

农村福利院,是农村地区的院舍养老机构。我国在20世纪50年代,建立了农村地区的五保供养制度,建设农村福利院,集中供养农村中有特殊困难的群体,尤其是无劳动能力、无生活来源、无法定赡养/抚养/扶养义务人或者法定义务人无履行义务能力的特困人员。因而,一直以来,在农村福利院中居住的主要群体,是由于自身或环境等诸多原因,需要集中供养的五保老人、贫困老人等。

同时,近些年,由家庭托养在农村福利院中的老人数目也在增多,原因主要在于:一是由于国家对建设农村养老服务体系的重视,将福利院作为农村院舍养老的主要依托机构,对福利院建筑设施和硬件设备持续投入,使福利院的物质条件和居住环境不断改善;二是农村中高龄、空巢老人逐渐增多,他们的子女多在外地务工,家中缺乏能够照料老人生活起居的家庭成员。

根据民政部2015年发布的农村福利院建设标准,近些年,农村福利院加快了设施设备的投入和建设,并持续地新建、改造、提档升级。改善之后,目前农村福利院中的床位比较充裕,可应对未来一段时期,我国农村地区人口老龄化、家庭空巢化、老人入住院舍养老的意愿上升等需要。同时,农村福利院也在不断改革管理和服务,努力为农村普通家庭提供所需要的院舍养老服务。

一、福利院老年人的类型

目前入住农村福利院的老人类型:一是五保老人,以及政府提供社会救助服务的贫困老人等;二是家庭出于客观条件和主观考虑,送至农村福利院代为赡养的社会老人。老人们入住福利院,有诸多原因。

(一)五保老人

"居住在我们福利院的五保老人,80%以上是男性,大多是有些残疾,或者精神障碍,也没有结婚、生育子女。年纪大了之后,更没有劳动能力,就住到福利院来。对于五保老人,不管他们的身体状况怎样,失能、半失能,或有轻度的精神障碍,只要他们愿意到福利院来,福利院都会集中供养他们,这是国家法律规定的。当然,如果五保老人的精神障碍严重,有可能威胁到其他人的人身安全,那也是不能收住的,要送到精神病医院。

有一定精神障碍的五保老人,有些自己不能表达意愿,就由村委会协助照看。比如,我们福利院有一个老人,在入住福利院之前,是住在自己的家里,属于分散居住,由国家发放生活补助,一个月1100元。有一天,他一个人出走了,村里一直联系不上他,几个月后,东北一个县的救助站和村里联系,才把他从东北带回来,然后村里就把他送到福利院集中供养了。

福利院中也有部分女性五保老人,一般是两种情况:一是身体和精神有些障碍,年轻时不愿意也没有结婚的;二是结过婚,但没有生育子女,年纪大了之后,老伴先走了,剩下自己一人无人照顾的,大多会选择住到福利院里来。我们福利院里女性五保老人常是后面一种情况,因为,年龄一大,没有人帮忙的话,做农活肯定做不动了,生活中做饭、洗衣也是很吃力的。"(ZSM-2-1808)

(二)低保老人

"在五保老人之外,我们福利院中还有一些由政府提供其他兜底服务和救助保障的老人,如低保老人。比如,前段时间,由村委会送过来的一位老人,60多岁,有一子一女,他很多年前就离婚了,和前妻早已没有联系,中年的时候到外面打工,赚的一些钱都用来供子女。现在,子女长大了,但经济情况都不太好,儿子三四十岁了,也还娶不上媳妇。

老人常年自己一个人住,子女都在外务工,和他也不是很亲。前些年,他得了心血管的疾病,住院做了手术,医药费报销了一部分,但还需要自己交两三万。生病之后,也没有劳动能力了,而且需要常年服药,一个月的药费要七八百。村里根据他的困难情况,给他申请了低保,每个月有五六百元的生活补助,又考虑到他生活需要照料,就把他送到福利院里来。

福利院的收费标准,是按照政府给予五保老人每月的生活补助而确定的。目前,五保老人的生活补助是1100元,如果老人住在自己家里,就会领到1100元补助;如果老人到福利院中集中居住,财政就会把1100元的生活补助交给福利院,由福利院安排老人生活。对于低保对象,福利院也是按照1100元每月的标准,老人的低保生活补助之外的部分,由村里协调解决。"(ZSM-2-1808)

(三)家庭托养老人

"我们福利院是整个区里最大的农村福利院,也是区里的中心福利院。入住的五保老人,以及政府提供其他兜底服务的老人,共有近百人。社会代养老人的数目近些年也一直上升,由于都是附近村里的老人,所以,收费标准和五保、低保老人一样,每月1100元。我是土生土长的本地人,附近的十里八乡都很熟悉,有些家庭,子女在外务工、年龄大的老人独自居住的,我们就会趁农忙、春节等子女回家的时候上门,劝说子女们把老人送到福利院来,好有个照应。

对于家中有高龄、独居老人的家庭来说,把老人送到福利院里,一方面,可免除子女在外务工的后顾之忧,不然,那么大年纪的老人一个人住,子女在外地务工也会不安心。另一方面,对于老人来说,子女都不在身边,一个人住也不安全,随时有可能滑倒、摔倒,而且滑倒、摔倒之后没有人知道,那就会造成严重的后果,因此,福利院是一个更好的选择。

同时,对于福利院来说,近些年,我们一直在做一些工作,提高福利院的入住率,因为,政府投入了许多资金建设农村福利院,如果床位不能得到有效利用,对养老资源也是一种空置。但是,农村地区的老人,有子女的家庭,对于老人入住福利院还是有些排斥,思想观念还比较传统,但现实情况是,很多高龄、独居的老人,其实需要福利院提供养老服务。所以,我们会主动去做工作,和那些空巢老人的家庭多沟通,让他们安心地让老人入住福利院。"(DC-2-1808)

二、福利院老年人的特征

居住在农村福利院中的老人,主要特征体现在如下方面。

(一)身体健康状况

农村福利院中老人的身体,普遍存在健康问题。从生理学角度而言,生物体衰老是自然、不可避免的过程,所有有机体都会出现生物学意义的衰老。尽管衰老进程有个体差异性，但人进入老龄阶段之后，骨骼、肌肉、大脑、神经、感官、循环、呼吸等系统，都会发生相对显著的生物性衰老。同时，尽管生物衰老过程与患病过程的原理不同，但是衰老增加了患病的可能性。①

在农村福利院里，身体有一定疾患障碍的老人比例很高。主要原因在于：一是福利院收住的五保老人，以及一些孤寡、贫困老人中，有一部分是由于先天或后天身体健康原因而陷入生活困顿，而进入农村福利院养老、由福利院集中提供生活照料；二是家庭托养在福利院的老人中，通常是由于高龄、日常生活不能自我照顾，子女不在身边或不能提供照料时，入住到福利院的。

"对于农村福利院而言，五保老人是主要的服务对象，不管他们的身体状况如何，失能、半失能也好，生活不能自理也好，只要不是严重的传染疾病或精神疾病，都是一定会接收的，但是，如果病得很严重，则需要住院治疗。同时，对于政府提供其他救助服务的对象，如残疾老人、低保老人等，即使他们有身体障碍，福利院也会尊重老人的意见，尽量满足他们的入住需求。

至于家庭托养在福利院的老人则有不同情况。原来，福利院主要接收的是生活能够自理的老人，因为福利院的护理人员不是很充足，生活不能自理的老人增多后，护理就跟不上。但是，近些年，由于国家政策支持农村福利院接收普通家庭托养的老人，一些生活不能自理或半自理的老人，希望入住福利院的需求也不断增多，我们正在尽力提升福利院的照料和护理能力，接收一些身体状况不佳的社会老人。"(OY-2-1807)

比如，在一家福利院里，60岁以上老人共有25名。其中，男性20人，女性5人；五保老人8人，孤寡老人7人，低保老人4人，社会代养老人6人。在25名老人中，7名老人有智力残疾，占比28%；8人有身体残疾，占比32%。有20人患有各种慢性疾病，占比80%。

同时，在另一家福利院里，60岁以上的老人共有18名，其中，五保老人9名，孤寡老人5名，社会代养老人4名。从自理程度来看，18名老人中，生活需要照顾、不能完全自理的有6名，占比33.3%，患病原因主要有，视力下降至失明、智力障碍、精神异常、偏瘫、阿尔茨海默病、高龄体弱等。

---

① 老年人常见的慢性疾病有骨骼病和高血压等。骨骼病以关节炎居多，如肌腱、韧带、软骨等，发病的组织会变得红肿、疼痛、行动困难，在女性身上更为常见。高血压是另一种常见慢性病，常由动脉硬化和动脉粥样硬化引起，影响肝肾功能，容易引发心脏病和卒中。

表 7-1　一家福利院中老人的身体状况①

姓　名	身患疾病	疾病详情	生活自理程度
张女士	心脏病、癫痫病	曾做开颅手术除瘤,术后癫痫病,常年服药	可自理
戚男士	截肢、心脏病	右小腿患病截肢,术后引发心脏不好	一定程度自理
聂男士	失明	高龄,身体机能弱,身体经常不舒服	半自理
李女士	轻度精神病	精神情绪不稳定;说话含混不清;右腿风湿病	一定程度自理
明女士	认知障碍症、关节风湿病	认知障碍;风湿疼痛	可自理
谢女士	胃病、风湿病	胃病;腿部风湿病	可自理
毛男士	抑郁	身体方面比较健康	可自理
李男士	肌肉萎缩、脸部有瘤	左腿肌肉萎缩,走路会瘸;左脸下侧长有拳头大瘤,说话含混不清	可自理
李男士	高龄虚弱	高龄,免疫力下降;腿部疼痛	可自理
康男士	高龄虚弱	高龄,免疫力下降	可自理
刘男士	认知障碍、小腿瘫痪	认知障碍症;小腿瘫痪不能行走	半自理
班男士	心脏病、智力障碍、耳聋	轻度智力障碍;心脏病;重度耳聋	可自理
张男士	聋哑人、智力障碍	儿童时期发烧导致聋哑;轻度智力障碍	可自理
孙男士	智力障碍	身体方面比较健康	可自理
胡男士	龋齿、智力障碍	牙齿严重掉落	可自理
王男士	智力障碍	身体方面比较健康	可自理

① 由笔者对农村福利院及社会工作者所提供的服务日志整理而成。

续 表

姓 名	身患疾病	疾病详情	生活自理程度
张女士	重度智力障碍	重度智力障碍,遗忘	一定程度自理
郭女士	脑膜炎、腰椎病、智力障碍、精神异常	严重腰椎病,影响行走;半夜大哭喊叫	半自理

评估访谈发现,农村福利院里老人的身体健康情况,弱于老年人口的平均水平,也弱于中心城区养老机构中的老人群体。比如,有一定程度身体残疾和智力残疾的比例,一般达到50%以上,而患有各种慢性病的比例,整体上超过总人数的80%。如一名82岁的老人所言:"如果不是眼睛实在看不清,不会住到福利院里来,只要生活能够自理,还是要自己料理生活的。"

(二) 社会交往状况

农村福利院中老人的社会交往,呈现显著的"脱离"特征。1961年,卡明和亨利在《逐渐老去》(Growing Old)一书中,提出脱离理论,即认为伴随年老而出现的身体机能衰弱,使老年人的社会能力下降,很难满足现代社会对于生产劳动及竞争等要求,他们已难以履行推动社会发展的责任和重担,需要逐渐地退出社会舞台,由年轻的一代承接发展的重任。

在脱离理论看来,人的老年阶段并非中年生活的延续,而是发生急剧的转折,即与社会"脱离",这不可避免,是由社会发展的需要决定的。尽管不同的老人个体,由于身体健康状况、受教育程度、所生活地区的文化背景等不同,其退出社会生产、离开社会舞台的时间会有所差异,但是,作为一个年龄群体,老年人整体的社会参与和社会活动会迅速减退。

对于普通老年人而言,从激烈竞争的社会生产和频繁互动的社会交往领域中一定程度地撤离,可以回归到家庭生活,家庭中年轻一辈的社会活动,能给老年人的晚年生活,注入活跃的因素、增添丰富的色彩。但是,对于居住在农村福利院的老人而言,由于诸多原因,需要福利院的集中供养,而与家庭相脱离,或者成年后并未有组织过家庭,因而难以退回到家庭生活之中。

因此,福利院中老年人与社会相"脱离"的情形,显得尤为严重,缺乏人们普遍需要的、正常的社会交往。"脱离"主要表现在以下方面。

1. 老人与社会外界的疏离

在实践中,养老模式主要有三种类型,即:居家养老、社区养老和院舍养老。居家和社区养老有多种组合形式,例如,居家+社区日间照料、居家+

志愿服务者上门照料、居家+院舍短期照料、居家+医养结合照料等,老人的生活皆具有相对开放性。尽管他们需要一定的照料,但是在日常生活中,他们能自我决定前往何地及参与何种社会活动。

院舍之外的养老,本质上,老人过着一种个体式的自主生活。他们行动的场景在家庭、邻里、社区,以及其他有意义的社会空间里,可以接触新的信息,见到不同的人,以不同的身份角色与他人交往,生活在开放的社会环境中。然而,长期居住在院舍里的老人,面临的情境则有所差异,与其他养老形式相比,他们需要面对有限的空间和集体式的生活。

同时,与城市中的养老院舍比较,农村福利院的封闭性显得尤为突出。尽管同为养老院舍,但在区域位置、管理方式、信息获取、外界交流等方面,中心城区养老院舍的开放性远高于农村福利院。农村福利院大多居于偏远区域,人口稀少、交通不便,诸多因素的综合,使农村福利院与外界社会的信息接触、社会互动、沟通交流等相对更困难。

而且,福利院的生活是一种集体生活,相对于个体自主的家庭生活而言,其要求人们遵守明确的规范和秩序。一是入住福利院,需满足一定的政策条件,与福利院签订集中供养或代为供养的协议。二是入住到福利院后,需遵守福利院的规章制度,比如,老年人不能随意离开或返回福利院,而需经过福利院的批准,或者在指定照顾者的陪护下行动。

"生活在福利院里的老人,年龄都有些偏大,我们福利院的老人平均年龄超过72岁,年龄大了,健康多多少少会有些问题。要么是身体上的,比如说话不清楚,耳朵听不清,行动不利索,容易磕绊摔倒;要么是智力上的,记忆减退、认知下降,出门容易迷路等。因此,福利院有规定,不让老人们独自出门,如果一定要出门,必须由亲属接送,或者由福利院工作人员陪同。"(OY-2-1807)

"我们福利院规模挺大,实际上是有两个院舍,一个是街里的中心养老院,另一个是农村福利院,两个院舍合并在一起。因此,院民不仅有五保老人,也有为家庭代养的社会老人,他们大多是因为子女出门务工、常年不在家而入住养老院的。因此,福利院里老人的身体和智力情况差别很大。我们允许身体健康的老人独自出门,但是规定他们返回福利院的时间,同时给他们戴上写有福利院名字和电话的手环,一旦遇到困难,可以向路人求助,拨打我们的电话,我们会去接他们。当然,那些身体条件不好的老人,是需要有人陪同的。"(DC-2-1808)

2. 老人与家庭的疏离

农村福利院中集中供养的五保、孤寡老人,由于诸多原因,大多在年轻时未组建过家庭或未有子女。"我一辈子没有结婚,现在年纪大了,总想起小时候的事。那时候有爸爸妈妈,还有两个姐姐,姐姐们都对我很好。但她们比我大很多,我八九岁时,她们很快都出嫁了,其中一个姐姐还嫁到河南,出嫁之后,再也难见到她们。现在两个姐姐都去世了,我很想念她们。姐姐们留下的子女,我的外甥、外甥女,我也是非常想,但是恐怕很难见到了。"(ZHM-4-1807)

普通家庭托养在福利院中的老人,更是难以适应与家庭的脱离。"我有一个儿子、一个女儿。女儿有精神疾病,一直是我在管她,但是,随着年纪增大,感到越来越力不从心,已经照顾不到她了。儿子长期在外务工,前两年又离婚了,日子也不好过。我脑中风后,有一边身子不灵活,不能自己照顾自己,儿子把我送到福利院来住,也是好事,就是很想儿子、女儿、孙辈们。"(LXL-4-1808)

3. 老人与福利院工作者的疏离

在福利院工作者看来,居住在福利院的老人,相对比较难沟通。"福利院的老年人,身体或精神多多少少有一些障碍。有些老人性格、脾气很是古怪、难以捉摸,容易发脾气、吵闹,尤其是有精神障碍的老人,更是让人头疼不已。我们工作人员尽心尽力为老人服务,但也不能保证老人们都满意。工作人员和大部分老人之间相处还不错,但也有些老人,让人很难接近,特别难沟通。"(HBY-2-1808)

在福利院中的老人看来,福利院的工作者为他们服务,他们内心对工作者是很有感情的。但是,同时,两者也存在一定程度的疏离。一方面:"福利院的工作人员,要照顾这么多的老人,她们每天都有很多活要做,忙不过来,不怎么有时间和老人说话"。另一方面,"住在福利院久了,工作人员也是那些人,彼此都非常熟悉了,也没有什么新鲜的事、新鲜的话要说,自然就交流沟通得少了"。(XYZ-4-1807)

4. 老人彼此间的疏离

有一部分老人是由于一定的身体和精神障碍,受到客观条件的限制,而很少与他人互动和交往。"一些身体状况很差的老人,失能或半失能的老人,基本不能自主活动了。护理服务人员有时会推着他们到户外晒晒太阳,但是大多数时间,他们生活的范围,就在自己居住的那个房间里。还有一些有一定程度精神障碍的老人,大多数时候,不能与人正常地谈话,有时还有暴力的行为倾向。因此,身体相对健康的老人,不怎么愿意和身体不太健康的老人交往。"(WGH-2-1808)

同时,福利院缺少新鲜事物,也对老人的交往产生影响。"以前住在村里,左邻右舍总能聊天。住到福利院后,一开始和几个好姐妹相处得很愉快,也有很多话说。但是,福利院总共就这么些人,又没有新鲜事,说来说去都是以前的那些事,相处一段时间也说完了,后来都没有什么话说,现在也不聊天了。闲时,我就托人到镇上买些毛线,织毛衣打发时间,再送给亲戚们。"(HSY-4-1807)

(三) 精神心理状况

由于身体日趋衰老、病痛日益增多,社会交往减少、活动能力减弱,农村福利院老人的精神和心理状况普遍不佳。如埃里克森指出,老年阶段,是一个人的人生回顾期:回顾人生时,若觉得人生已经经历的生活有价值,让人感到满足和幸福,则能形成人生圆满的健康心理;反之,若觉得人生的经历无价值、有遗憾,则会陷入自责,甚至绝望。

1. 老年人的"失去感"

尽管可能存在个体差异,但进入老年阶段后,人面临的共同问题是,会经历日益增多的"失去"。一是个体层面:如失去健康,尤其是随着年龄增长,从低龄老人到高龄老人,逐渐失去身体健康、心理健康、精神健康;二是家庭层面:年龄增长,会增加失去伴侣、亲属、子女、具有重要意义的人的风险;三是社会层面:年龄的增大,逐渐失去工作和社会舞台,不再承担原有的社会角色,在社会交往中失去地位,参与社会活动的机会越来越少。

在老龄阶段,面对各种"失去",人会产生悲伤的情绪。悲伤的表现,有生理形式和情感形式:一是生理的表现,比如,感觉到胃的底部被掏空,窒息和气短,膝盖发软,深深地叹息;[1]二是情感的表现,比如,感到伤感、难过、抑郁、愧疚、愤怒、抱怨等,心理陷入不健康的状态。[2]

"家里就我一个人住,前些年身体还好的时候,能种地种菜,因为村里出门务工的人多,还帮着种了别人家的一块地。但是,年纪大了,说不行就不行了,前年突然中风了,做了手术之后,虽然有所康复,但腿脚一直不太利索,什么都做不了了。村里就把我送到福利院里来,现在身体素质下降厉害,生活也不能完全自理了,很多事需要服务人员帮忙,心里感到很难过、内疚。"(LQY-4-1807)

2. 老年人的心理封闭

老年阶段的诸多失去,引发心理的悲伤情绪,使老人易于陷入心理封

---

[1] Butler, R. N., M. I. Lewis and T. Sunderland: *Aging and Mental Health: Positive Psychosocial and Biomedical Approaches*, MA: Allyn and Bacon, 1998.

[2] Kalish, R. A.: *Death, Grief, and Caring Relationships*, CA: Brooks/Cole, 1981.

闭。心理封闭的形式,主要有两种:一种是内向的心理封闭,老人不愿迈出房门、不愿多说话、不愿与人交流;另一种是"外向"的心理封闭,老人时常哭泣、吵闹,将他人排除在外,反映其内在的心理孤独。

"福利院里常有些老人性格十分孤僻,除了一日三餐到餐厅用餐之外,经常整天不出门,主要在房里看电视、睡觉。如果同住的老人有一些活动影响到他,他就会不停吵闹、扯皮。有时,福利院里有些活跃的老人,出于好心,邀请他们参加一些集体活动,比如,打打纸牌什么的,他们都是拒绝。

有一位老人,入住福利院已有十数年,有严重的心脏病病史,曾多次发作并被送往医院抢救。2017年12月,他的心脏病再一次发作,住院半个月,回到福利院之后,性情大变,不开口说话,也不愿吃饭。像这样的老人,他们感觉到身体不好、时日无多,心理上有很深的悲伤,就把自己封闭了起来。"(HLP-3-1808)

3. 老年人的精神匮乏

福利院能感知老人精神生活的匮乏,但感觉难以满足其需求。

"与以前相比,现在农村福利院的生活条件是相当好的,但是,老年人的精神状况确实存在很大的问题。在福利院里,有许多孤僻、脾气古怪暴躁的老人,有些是性格一直如此,但还有一些,是因为长期住在福利院中,老人的生活和活动空间有限,又很少能接触新鲜事物,精神生活确实很难愉悦。我们工作人员也理解,老人为一点小事吵架、扯皮,其实是一种情绪发泄。"(WH-2-1808)

"我们福利院里目前入住老人38名,但工作人员只有6名。不论是负责打扫卫生、清理老人房间,或是护理失能、半失能的老人,还是准备一日三餐以及采购各种物品等,每个工作人员的工作量都很大,稍有闲暇还要种菜喂猪,作为福利院里一部分餐食的来源。因此,老人闲暇的时间,基本只能由他们自己安排,工作人员很难有时间和精力,专门给老人组织丰富的活动。"(CJH-2-1808)

三、福利院老年人的需求

评估访谈中发现,农村福利院老人的生活需求,主要有如下方面。

(一)身体健康维持和照料

居住在农村福利院的老人,在身体健康方面有三个主要特征。一是普遍高龄,75岁以上的高龄老年人口居多。二是身体疾患普遍,其中有部分老人,是在身患比较严重疾病、接受手术后失去劳动能力,而入住到福利院中;另有部分老人,身患多种慢性疾病,以眼疾、心脏病、中风偏瘫、风湿性骨病等为常见疾病；还有部分老人，存在精神异常、认知障碍等。三是失能、半失能老人增多，尤其是家庭托养在福利院的老人，常有一定程度失能。

因此，福利院的老人对于日常保健与身体照料的需求通常很迫切。一方面，生活尚能基本自理的老人，希望能多些活动，保持身体的基本健康，以避免陷入不能自主活动、需要照顾护理的境地。另一方面，生活不能自理或需要辅助的老人，也希望能多些活动，帮助他们做一些康复性训练，或能锻炼身体机能，维持相对稳定的状态，避免身体机能快速衰退。

（二）社会交往和支持

居住在农村福利院的老人，在社会支持、互动和交往方面的需求，主要有三个维度。一是与外界的交往。由于农村福利院常常地处偏远、交通不便，与外界的联系和互动少，使得福利院的老人很少能接触外面的世界和新鲜的事物。同时，相对封闭的生活方式，让老人迅速脱离丰富的社会活动，并不利于老人的身心健康，因而，他们需要接触外界信息，与社会其他群体有互动和交往。

二是与家庭的联结。五保、孤寡老人尽管未有配偶、子女等法定义务赡养人，但依然有一些亲属让他们牵挂和思念。家庭托养在福利院中的老人，更是经常想念子女、孙辈等亲人。入住到福利院中，尽管生活照料等有所依托，但与家庭、家族、亲人的分隔，是老人最难接受和适应的。他们在入住福利院的同时，依然希望能与亲人保持亲密的联结。

三是在福利院中的社会交往和互动。居住在福利院的老人，能够经常见到的、生活在同一个空间之中并能与之互动的，主要是福利院中的其他老人和福利院工作者，他们相互之间若不能形成良好的交流和沟通，那么，老人会失去直接的社会互动和交往的机会。因而，农村福利院老人之间、老人与工作者之间，需要形成友好的关系、活跃的氛围，它有利于老人在福利院中的社会交往生活。

（三）丰富精神生活

居住在农村福利院的老人，伴随物质生活条件的持续改善，其精神文化生活需求日益增长。一方面是心理慰藉的需求。高龄、身体机能逐渐衰退的老人，面对愈来愈多的"失去"，失去健康、亲人、角色身份、社会功能乃至生活自主性，因而易于陷入悲伤、孤独、自闭的心理情绪中，当他们回顾人生时，会觉得不满足、不圆满，需要有心理的安抚和慰藉。

另一方面是文化生活的需求。农村福利院与外界少有联结，进而形成相对封闭的居住环境，让生活在其中的老年人，甚至是福利院的工作者，也觉得福利院的生活单调而枯燥。福利院难以招募到年轻的工作者，也与福利院缺乏丰富的精神文化生活密切相关。与此同时,精神文化生活的匮乏,正在不断加剧福利院老人的心理状态趋向封闭和固执,他们需要丰富的精神文化活动充实其生活。

第二节 评估路径:感受项目的服务

2017年8月,农村福利院院舍社工项目启动,由承接项目的社会工作机构派驻社会工作者,陆续入驻到相应的福利院之中。社会工作者进驻福利院之后,在福利院管理者和工作者的协助下,开始对项目目标群体——福利院的老人展开调研,与老人接触、了解老人的现状和需求。

一、目标群体对于项目服务的认知

农村福利院院舍社工项目,是一个创新性的项目,福利院中老人对于项目的认知,经历了一个从陌生、排斥到了解、熟悉的过程:一方面,社会工作者和社会工作服务,是我国社会福利制度发展到一定阶段的产物,在近些年才开始出现和兴起,因而,人们对于社会工作者和社会工作服务的认知十分有限;另一方面,在农村福利院相对封闭的生活环境中,更是难以接触到新鲜的事物,因而,福利院中的老人对于社会工作服务项目,需要一定时间才能形成认知。

(一)目标群体对社会工作者的认知

对于农村福利院的老人而言,社会工作是一项新鲜的事物。老人们从熟悉社会工作者开始,慢慢地形成对社会工作服务的认知。

1. 老人对社会工作者身份的认知

"社会工作者小Z,去年8月开始出现在福利院的时候,我们完全不清楚她是来做什么的,大家背地里都在暗暗猜测。有些老人说,她是福利院新来的工作人员,但是,一般来说,福利院的工作人员都没有那么年轻,年轻人愿意到福利院里来工作,是很少见的。有些老人说,她是来福利院检查工作的领导,但是,小Z长期在福利院工作,又不像是检查工作的。还有些老人说,她是有关部门派到福利院做调查研究的。总之,各种说法都有,可热闹了。

小Z每天在福利院上班,我们老人和她慢慢熟悉起来,但是,她一直也没有和我们详细讲,她是做什么的,就是常常和我们聊天,问每个老人的身体状况、兴趣爱好、亲属情况等。直到后来,有一次,她组织我们老人开展活动,正式介绍自己是一名社会工作者。刚听到社会工作者的时候,我们都觉得很新鲜,但都不知道社会工作者是什么意思,可以做些什么。

那次活动以后,小Z正式地使用社会工作者的名称了,我们听到社会工作者的频率也多了起来。每次和我们聊天、谈话,组织我们开展活动,她都会告诉我们,她是一名社会工作者,在福利院为老人们提供社会工作服务。经常听她这么讲,我们也就慢慢习惯了,知道小Z是社会工作者,她提供的是社会工作服务,听起来觉得挺有意思,以前从来不知道还有这样的职业。"(YXL-4-1808)

2. 老人对社会工作者角色的认知

"社会工作者出现在福利院中时,老人们对他到福利院会做一些什么事,有不同的看法。有些老人说,他的工作和福利院员工一样,主要是照顾老人生活的,要么做清扫、做饭,要么护理生活完全不能自理或者不能完全自理的老人。有些老人说,他们年轻又有学历,因此,主要是做管理工作的,帮助福利院更好地管理员工,同时更好地管理老人。

但是,社会工作者工作一段时间之后,我们很高兴地发现,他既不是像已有员工一样,主要照料老人们的日常生活;也不像管理人员一样,主要负责制定文件、召开会议等。他有时间就和我们聊天、陪我们娱乐、组织我们开展各种有趣的活动,如做手工、唱老歌、回忆往事等,把福利院的康乐室、游戏室、影视室利用起来,让福利院中的生活更有意思。

最初的时候,社会工作者和我们聊天,陪我们做事,组织我们开展一些有益于身体健康、心情愉快的活动时,我们还以为是偶尔有这样好的活动。但是,随着社会工作者在福利院里工作的时间越长,我们发现,社会工作者好像主要就是来为我们福利院老人服务的,专门为我们量身打造一些有趣、有益的活动,让我们在福利院里生活得更加愉快、舒心,就是他主要的工作内容。"(HLL-4-1807)

3. 老人对社会工作者地位的认知

"社会工作者,在福利院里出现时,我们不知道她是什么地位,这也是大家感兴趣的话题。有些老人说,社会工作者是福利院招聘来的员工,和其他员工一样,归福利院统一管理;有些老人则说,社会工作者,是上级部门派到福利院来工作的,她和福利院的员工不一样,有更高的地位;还有些老人说,社会工作者不属于福利院,是临时来福利院工作的。

后来,我们和社会工作者熟悉之后,慢慢地了解到,她们有她们的工作单位,是一家社会工作机构的员工。在政府的支持下,社会工作机构把她们派到农村福利院中,为福利院的老年人开展社会工作服务,因此,她们并不是政府部门派在福利院的公务人员。她们和福利院的关系,是合作的关系,福利院支持她们在福利院开展工作,她们也帮助福利院提供更好的服务。"(XXH-4-1808)

(二) 目标群体对院舍社工项目的认知

农村福利院院舍社工项目,对于福利院的老人而言,并不容易理解,福利院老人通过了解社会工作服务,理解院舍社工项目的内涵。

1. 老人对项目来源的认知

"社会工作者,一开始出现在福利院时,有老人听福利院的工作人员说,她是由一个项目派过来的,还说每个福利院都派了一个。老人们都在猜她们是怎样派过来的,有些老人说,既然是项目派过来的,那就不是福利院聘请的,应该是由政府派来的。后来,社会工作者入驻福利院时,我们看到民政部门的工作人员和她交谈,觉得她应该是民政部门派来的。

最初我们不知道什么是社会工作者,后来,我们福利院的社工小H,经常跟我们讲,她就是一名社会工作者,我们才对社会工作者慢慢有了一些印象。而且,小H不是一个人在工作,她有很多同事,在其他福利院里工作,她们有时会聚到一家福利院开展活动,这样,我们也认识了她的一些同事。在开展活动时,她们会跟我们讲,她们是由院舍社工项目派来的,每家农村福利院都由一个社会工作者提供社会工作服务,我们就慢慢了解了农村福利院院舍社工项目。"(ZQP-4-1807)

2. 老人对项目服务对象的认知

"一开始,我们以为社会工作者,就是福利院的工作人员。我们知道,福利院的工作人员要做很多事,照顾老人的日常生活,也就没有很多时间能和我们老人聊天、开展活动等。所以,当社会工作者花很多时间和我们聊天谈心时,我们一方面感到很开心,另一方面也有些担心,生怕他们耽误了自己的工作。后来,社会工作者告诉我们,福利院老人就是他们主要的服务对象。"

3. 老人对项目服务内容的认知

"社会工作者到福利院工作之后,我们觉得他们为老人提供的服务,确实和福利院的工作人员所做的工作有很多不同。福利院的工作人员,主要是负责我们老人日常生活的吃饭、穿衣、就医、服药等,以及照料一些生活不能自理的老人,他们的工作很辛苦,但老人们的生活也比较单调。社会工作者来到福利院之后,他们不是专门来照顾我们的衣食住行的,而是用更多时间陪伴老人、开展活动,让老人们的生活丰富起来。"

4. 老人对项目服务目标的认知

"最近这些年,农村福利院确实有很大变化,看看我们住的房间、各种配套的设施、活动的场地,就知道政府对于农村福利院的重视。但是,农村福利院确实也存在生活很单调的问题,政府把社会工作者派到福利院里来,是想让他们更多地陪伴老人、安慰老人,让老人们的晚年生活不那么孤单。社会工作者都是一些有才能的人,她们来到福利院工作,带给老人更多欢乐。"(QP-4-1807)

二、目标群体对于项目服务的体验

对社会工作者和农村福利院院舍社工项目有了一定认知之后,福利院老人逐渐接受社会工作者提供的服务,主要有以下几种服务类型。

(一) 健康服务

1. 锻炼身体

到老年阶段,从生物学视角看,人的骨骼、肌肉、大脑、神经、呼吸、循环、皮肤、感官等身体各个器官系统,相继发生显著的变化。①

骨骼系统:骨质的流失使骨质疏松,骨密度下降易发生骨折。研究发现,约30%的老年人会患骨关节炎,关节活动范围因此受限。

肌肉系统:脂肪含量上升,肌肉力量和持久度下降,易感到疲劳。

神经系统:神经元减少,加之大脑供血减少,神经递质发生变化,胆固醇累积,会影响人的反应时间,使感觉和认知能力下降。

呼吸系统:肺功能减弱。

循环系统:动脉壁易发生疾病,血管弹性降低,循环能力下降。

皮肤系统:皮肤干燥、松弛、出现色斑,指甲变脆。

感官:嗅觉、味觉、触觉、视觉、听觉能力变弱。

身体日趋衰老,生理功能的衰退和减弱,会增加老年人患慢性疾病的风险。有研究显示,老年人常患的慢性疾病主要有:关节炎,会造成疼痛和行动困难,并影响心脏、神经、肝脾、血管的功能;高血压,容易引发心脏病和卒中;以及心脏病、听力受损、白内障、耳病、糖尿病等。

因此,老年人对于在患有慢性疾病的情形下妥善照料自己、维持较好的身体健康水平、尽量保持生活自理能力等有强烈的需求。在院舍社工项目中,社会工作者根据老年人的身体和生理特征、普遍患有慢性疾病的现状,以及针对其保持身体健康的需求,开展了系列服务。

"早晨,我们吃完早餐,天气好的时候,就会到院子里走走,晒晒太阳,舒

---

① 参见[美]乔斯·B.阿什福德、克雷格·温斯顿·雷克劳尔、凯西·L.洛蒂:《人类行为与社会环境》,王宏亮、李艳红、林虹译,中国人民大学出版社2005年版,第650~653页。

展一下身体、活动一下筋骨。社会工作者会利用这段时间,带领我们做早操,比如:手指操,主要活动手指关节、预防关节炎;还有一些简单的体操,活动全身关节,增强行动能力。有些老人年纪较大,或者行动不太方便,社会工作者就帮助他们做一些力所能及的活动,增强老人自主活动的能力。

年纪大了以后特别担心摔倒,摔倒后,有很长一段时间生活是不能自理的。我们福利院有两个老人,由于年纪偏大,摔倒后很难康复,可能不能再下床行走了。另外几个有摔倒经历的老人,痊愈之后也很少活动,对自己独立做事情有恐惧,害怕再次摔倒。社会工作者了解老人们的担忧之后,就专门给老人做讲座,讲预防摔倒的知识,以及康复后如何克服恐惧、锻炼我们自理的能力。"(FY-4-1808)

2. 益智活动

到老年阶段,大脑和神经系统的衰退,易于引起认知障碍。认知,涵括感觉、知觉、记忆、注意、理解、推理、判断、语言和思维等方面。严重的认知障碍,如阿尔茨海默病等,会使老人逐渐失去语言、理解、计算、运动、行为等能力。在院舍社工项目中,社会工作者针对老人因高龄、患病、生活环境相对封闭而引起的认知功能衰退问题,为老人提供益智服务。

"我们老年人年纪大了,记忆力下降很快,经常不记得刚发生的事情,对很久以前的事情倒是记得清楚。社会工作者来福利院之后,对我们这些记忆力下降很快的老人很关心,经常组织我们做一些有趣的游戏,打牌下棋、做手工、打毛衣、串珠子、在纸上走迷宫、猜谜语、认识物体的颜色和形状等,让我们动手做一些精细的事,同时也能多动脑筋,防止老年痴呆症。

福利院的老人,随着年纪的增长,有好些慢慢糊涂了;还有一些,性格很内向的,长期不怎么说话;有些是有家庭的,思念儿女和孙辈,经常自己哭泣,不愿和他人交流,慢慢就像痴呆了一样。总之,福利院很难接触到新鲜事物,又加上年纪大了之后、病痛又多,所以很沉闷。社会工作者的到来,给我们带来许多新鲜有趣的东西,让我们动手动脑,感觉脑子又用起来了。"(DZX-4-1808)

(二)心理关怀

居住在福利院的老人,心理需求满足受到一定的限制,呈现出孤独、弱势的状态:一是身体,他们的身体日趋衰老,劳动和生活能力退化,尤其是失能、半失能的老人,处在深深的悲伤和忧愁之中;二是老人入住到福利院中,与家庭、亲属、朋友等社会关系的联结日益减少,难以得到足够的社会关怀和支持;三是福利院的人际结构固化,人与人之间的交往封闭、单调、乏善可陈。

农村福利院原有的院舍管理和服务模式,主要是一种"仓库模式",即在政策和经费等约束条件下,重点改善老人的衣食、居住、医疗等照料水平。由于院舍社工项目的契机,社会工作者得以在农村福利院中倡导院舍养老服务的"花圃模式"①,提倡改变原有以管理为中心的模式,全面关注老人的需求,尤其重视给予老人以精神慰藉和心理关怀。

居住在福利院的老年人,由于环境相对封闭、与原有的社会关系日益疏离,常出现失落、抑郁、厌世等心理问题。社会工作者入驻福利院后,为每位老人建立了个人档案,详细记录老人的身体和心理健康情况以及独特需求,社会工作者与每位老人聊天谈心,帮助老人舒缓情绪、精神愉悦、安宁地生活。评估访谈的数据显示,社会工作者在福利院提供的服务,52%是给予老人心理关怀。

1. 日常生活的心理关怀

在福利院居住的老人,主要有两种类型:一类是无家庭的五保、孤寡老人,没有伴侣、子女等家人;另一类是由于自身或家庭原因,由家庭托付福利院代为照料看护的老人。尽管两类老人群体的家庭情况有所不同,但是,由于都是独自居住在福利院中,与家庭和社会关系脱离,常感觉到深深的孤独。社会工作者入驻到福利院,尤为重视对老人的陪伴,尽力缓解老人的孤独感。

"我们经常能看到社会工作者,早晨、中午、晚上都能看到他。除了在办公室做一些文件工作之外,只要有时间,他就会到我们老人的房间里坐坐,或者陪我们在户外活动,或者组织我们做游戏、开展活动。福利院的工作人员很忙,要照料我们的生活,社会工作者却可以经常陪我们老人谈话聊天、打牌下棋,以前我们有什么话常常只能闷在心里,现在却可以和他讲,有些话、有些气,闷在心里容易生病,只要讲出来就好多了,而且他还常常安慰我们。

我们福利院有几十位老年人,社会工作者都能叫出我们的姓,总是叫我们爷爷奶奶,见到我们,就会问我们,早饭/午饭/晚饭吃得好不好?睡眠好不好?身体怎么样,有没有哪里不舒服?想要吃什么、买什么,她会帮我们从外面带。她到行动不便老人的房间,会一边和老人聊天,一边看老人需要做些什么,就动手帮忙,比如穿衣、喂饭等,我们能感受到她对我们的关心。"(CQX-4-2807)

---

① "仓库模式"和"花圃模式"的提法,参见仝利民:《老年社会工作》,华东理工大学出版社2008年版,第294页。

2. 特殊时节的心理关怀

在传统节日、老人生日等特殊时刻,老人的心理容易出现波动。入驻福利院的社会工作者尤其关注在特殊时刻,给予老人特别的关怀。

比如节日会:"每逢佳节倍思亲,每到传统节日的时候,我们都很想念自己的亲人。有些老人一辈子没有成家,会思念父母、兄弟、姊妹,有些老人是有过家庭生活的,更是想念老伴、子女、孙辈。社会工作者来到福利院后,在许多传统节日,都邀请社会爱心人士来看望我们,同时,组织我们开展庆祝节日的活动,感觉节日过得更热闹、更喜庆,也冲淡了许多思念亲人的愁苦。"

再如生日会:"父母生我们的时候,日子很穷,福利院的许多老人,甚至不知道自己确切的生日,也没有过生日的概念。社会工作者来福利院之后,为我们每个老人建立了档案,了解每个老人大致的出生日期,然后每月定期组织集体的生日会,邀请福利院的工作人员、志愿者、爱心人士给老人过生日,有些老人是生平第一次过生日、吃生日蛋糕,感觉很激动,感受到了关怀。"(WJD-4-1808)

3. 患病老人的心理关怀

福利院的老年人,以高龄、有疾患、失能、半失能老人居多,因而,老人群体呈现出高患病率。一方面,是普遍的慢性病,几乎所有老人都患有一定的慢性疾病,以骨关节炎、心脏病、眼疾、卒中后遗症等为常见,长期受到病痛的困扰,而感到痛苦和无奈。另一方面,是患急性病或意外事件,而导致需要入院治疗,以突发疾病、重症、意外摔跤为常见。

患病期间,他们深受病痛的折磨,感到恐惧和忧虑,同时,也会失去自主的生活能力,需要他人给予生活照顾,因而,常希望有亲属或重要的人能给予陪伴和安慰。福利院的老人缺乏家庭的支持,显得尤为脆弱,同时面临心理的困境,需要社会工作者在他们患病期间予以关怀。

"年纪大了以后,我腿脚很不灵便,前一段时间,晚上起夜的时候,不小心摔了一跤,把骨头摔折了,住了很长一段时间的院。在住院期间,福利院对我很关心,给我请了护工,院长也过来看我,但是,住在医院,人特别脆弱,疼痛的时候,常常忍不住哭泣。特别感谢福利院新来的社会工作者,她几乎每天过来陪伴我、安慰我、宽我的心,让我在生病的时候感受到了温暖。"(XYZ-4-1807)

"前不久,不知道怎么回事,我感染了一种肠胃的疾病,住了一个星期的院。回到福利院后,刚开始,我仍然住在原来的房间,和另一位老人住在一起,后来,社会工作者和医生沟通病情时,医生明确地说那是可以传染的病,因此,我就搬了出来,现在一个人住,专门有人给我送饭,但不能随意出门活动,有时很难受。幸好,社会工作者并不介意,她每天都会过来看望我,我心里很矛盾,既希望她能来陪伴我,说说话、聊聊天,但又担心她会被传染,就让她不要老是过来,但她说,她会小心注意,不会那么容易传染。我很喜欢和感谢她。"(HDY-4-1808)

4. 临终老人的心理关怀

福利院的老人,由于高龄、患病等诸多原因,经常面临死亡的威胁。通常临终的老人,渴望家人、亲人或重要的人的陪伴,以舒缓身体和心理的痛苦、获得某种安宁。但是,福利院里的老人,由于缺乏家庭等重要社会关系的支持,而显得格外孤独和凄苦。在福利院开展项目的社会工作者,面对重症、即将临终的老人,需要给予他们心理关怀和慰藉。

福利院中有一位老人,终身未婚,在一次心脏病发作住院治疗半个月回到福利院之后,不开口说话,也不愿吃饭。社会工作者详细询问后发现,他感觉自己不久于人世,十分想念已去世的父母,想念远嫁他乡的姐姐。姐姐自从60年前嫁到外省之后,再无音讯,姐弟俩再未见过面。社会工作者根据家庭关系档案,联系上他姐姐的居住地,并通过当地有关部门查询到他姐姐的信息,他姐姐早已去世,但是有一个女儿。社工和他的外甥女联系之后,她很快赶到福利院看望老人,和老人讲述他姐姐生前的故事,并带了许多礼物给老人。

社会工作者在梳理家庭档案时,发现老人还有另外一个姐姐,同样,姐姐已经去世,有一个女儿仍在本市生活。社会工作者联系上他的另一个外甥女,当她听闻老人患病后身体状况不容乐观,可能将不久于人世的情况后,特意熬了鸡汤来看望老人,而且持续了数天。之后,老人的情绪迅速好转,愿意开口说话,愿意按时吃饭,尽管病情仍然不容乐观,但是老人的精神好了起来。

数天后,老人感受到社会工作者真心的关怀,故而主动找她聊天,说到见姐姐的心事已然了却,但还有一件事放心不下,就是自己身后事的处置,他希望自己的一些亲属能够出席,以及安排安葬等事宜。社会工作者向院长汇报,并联系上老人希望来参加他葬礼的亲属,安排他们到福利院和老人见面商谈,在努力协调之下,各方表示尊重老人的意愿,按他的想法来安排他的身后之事。自此,老人的精神得到极大的抚慰,身体一天天好转起来,甚至恢复了一定的自理能力。

(三) 康乐服务

老年人生活在福利院中,日常生活的衣食住行有一定的照料和保障,但同时面临一个严重困扰是,生活日复一日的重复、单调、乏味、沉闷,缺乏有趣的新鲜事物和丰富的文化生活。社会工作者入驻到福利院后,通过康乐服务等形式,满足福利院老人的精神文化生活需求。

多数福利院,尤其是新建的福利院,硬件设施已较为完善,有功能较为齐全的活动室,比如棋牌室、歌舞室、益智游戏室、影像室、书画室、报刊室等,能满足多样化活动的需要,但一直以来缺乏专业人员组织老人开展活动。社会工作者进驻后,一项重要服务内容是改善老人的精神文化生活。

1. 老有所乐

福利院的老人身体健康程度日益下降,心理上常有愁苦的情绪,让老人老有所乐,需要社会工作者组织丰富的文化康乐活动。

"福利院的生活十分枯燥、单调,房间里的电视机、收音机,是我们老人最好的陪伴。有一次,电视里在放一个唱歌节目,是一些老歌的合唱,我年轻时爱唱歌,听到熟悉的旋律,也就跟着大声唱了起来。不一会儿,社会工作者来我的房间看望我,鼓励我说老人家多唱歌对身体有好处,又说我唱歌唱得很不错,和我商量说,成立一个歌唱小组,让我带领一些喜欢唱歌的老人一起唱歌。我开始觉得有些不好意思,后来在社会工作者的组织下,我们的歌唱小组真的成立了起来,老人们在一起唱唱歌,也是对以前生活的回忆,很开心。"(WYG-4-1808)

"我有一儿一女,但都在城市里务工,一年都难得回来一次。老伴前几年去世,我年纪大了,又一个人独自住在福利院里,心情总是很孤独、伤心。我很喜欢翻看以前留下来的老照片,还有儿女孙辈们给我寄来的一些照片,看着照片就觉得心里能得到一些安慰。社会工作者来福利院后,帮我把最喜欢的两张照片装进相框。然后,给我们每个老人拍照,留下我们微笑的样子,把我们满意的照片也做成相框,放到我们的床头,让我们经常看到自己的微笑。"(YXL-4-1808)

2. 老有所学

福利院的老人,在年轻时,要么忙于生计、要么因身体障碍,很少有学习的机会,也很少培养自己的兴趣爱好。年老了,入住到福利院后,时间充裕起来,却不知如何安排时间、排解孤独。为此,社会工作者创造学习环境,鼓励和引导老人继续学习,找到自己的兴趣。

"我年轻时当过兵,喜欢关心国家和社会的事情。住到福利院之后,感觉周围的老人有文化知识的少,所以也不太愿意和他们说话、交往,自己也很孤独。社会工作者来福利院之后,她又年轻、学历又高,我很喜欢和她说话。她了解到我能识字、看书看报,就鼓励我说,让我牵头成立一个学习小组,帮我组织一些对此有兴趣的老人,讲一些历史故事、国家大事给他们听,提高他们的文化水平,也让福利院有更浓厚的学习氛围。现在学习小组已经成立了。"(FST-4-1807)

"我身体不好,前几年脑中风动了手术,腿脚一直不利索。手术之后,感觉自己的身体素质下降得很快,经常这里不舒服、那里不舒服,然后就问福利院的工作者要药吃。社会工作者来福利院后,经常给我们开讲座,讲如何注意饮食、如何锻炼身体、如何合理用药。同时,她还请医院的医生过来给我们讲知识、义务帮我们做诊疗。因此,我了解到很多知识,知道要合理饮食、锻炼、用药,尤其不能滥用药物,否则只会加重病情,现在我能更好地照顾自己了。"(FY-4-1808)

3. 老有所为

老龄期,尤其是中高龄的老年期,老年人的身体健康日益受损,不再能胜任生产劳作,他们在社会中的角色也相应地发生改变,失去了生产者的身份,转变成被供养者。尤其是居住在福利院中的老人,他们的生活统一由院舍供给和安排,时常感到自己已不能给家庭和社会创造价值,甚至不能照顾自己的日常起居,而深感无可奈何。

福利院中一位老人讲述,她以前身体好的时候,能做很多农活,春耕种地,施肥除草,种很多菜,养鸡养鸭,秋收冬储,样样在行,家务活也做得好,洗衣做饭,各种针线活、纳鞋底,不让众人。年轻的时候,在村里,左邻右舍都夸奖。后来,跟随丈夫外出打工,抚养一子一女。可惜的是,丈夫去世得很早,前几年自己患上高血压和冠心病,不能做重活,为了不给儿女添负担,就住到福利院里。原来的生活,尽管过得紧巴巴的、很辛苦,但是自己能够做事,得到家庭和社会的认可,闲暇时走亲访友,村子邻里婚丧嫁娶,常被请去帮忙,一个人把儿女拉扯长大,很有成就感。但现在在福利院中,无事可做,无所寄托。

"年轻时,我就是一个闲不住的人,喜欢做事。年老了,住到福利院,很不适应的一点就是,福利院太清闲了,觉得自己快闷出病来。社会工作者来福利院后和我谈心,我就告诉她我想多做一些事,她很支持我。她帮助我把身体情况比较好、又愿意做事的老人组织起来,成立了一个劳动小组,现在我们可忙了起来,种菜园、挖地、喂猪、打扫院舍环境、照顾行动不便的老人,既能做事、有成就感,又能锻炼身体,还能得到报酬,不再感觉自己是无用的。"(DZX-4-1808)

(四)协调关系

农村福利院是一个相对封闭的院舍空间,主要生活有两类群体:一是居住在福利院中的老人,他们的身体日趋衰老,内心孤独、失落、悲伤;二是福利院中的工作者,他们照顾老人起居的工作很辛苦,收入待遇并不高,存在职业的倦怠和疲惫。整体而言,福利院生活缺少丰富性,颇为单调、枯燥、沉闷。久居在福利院中,人与人之间易出现隔阂、冷漠,甚至产生矛盾和冲突。

1. 老人之间的关系

居住在福利院的老人,由于身体状况、家庭背景、人生阅历等各不相同,老人之间难以形成融洽的人际关系。一是有些老人由于身体障碍等原因,一生孤苦,久而久之形成孤僻、古怪、暴躁的性格和脾气。二是有些老人由于认知、心理困境等原因,趋于自我封闭,不信任他人、易于怀疑和猜忌。三是福利院中有一部分老人是五保、孤寡老人,另一部分是有家庭但托养在福利院中的老人,他们相互之间容易比较各自的家庭、子女,而存在彼此隔阂和疏离。

"我们福利院是两个老人住一间房,因为老人年纪大了,需要互相照应,如果摔倒,或是发生其他意外情况,也能及时发现。但是,和我住一个房间的婆婆,太让人生气了,她经常怀疑我偷拿她的东西,大家住在福利院里,她有的我都有,我为什么要拿她的东西?为这件事,我哭了好多回,福利院的工作人员又管不了,感觉住不下去了。幸好,社会工作者来了之后,帮忙调解,她一边安慰我,说婆婆年纪大了之后,记忆力下降,对事物记得不清楚,才会经常发生误解,一边又做婆婆的工作,告诉她要记住东西放在哪里,如果找不到,社会工作者会帮忙来找,不要误会同住的人,住在一起,要互相关心和互相帮助。社会工作者每天只要有时间,就会来我们房间坐坐、聊天,现在我们两个的关系已经好多了。"(GF-4-1808)

"我们福利院里有几个老人,脾气特别暴躁,一点小事就骂人、打人。有一次,我去开水房打开水,打完之后正准备走,忽然,那个经常惹事的胡爹爹,就过来找事,说我拿错了他的开水瓶,我看了看,确定是我的,就没理他,他就一直站在开水房门口骂,让我很生气,但又不能和他对骂。社会工作者来了之后,把情况弄清楚,当时开水房里还有两个老人,给我作证说是胡爹爹无端惹事。社会工作者先送我回房间,安慰了我,说胡爹爹有一些精神方面的疾病,让我要注意保护自己,然后听说她又找到胡爹爹,确认他的开水瓶,并做好标签,以防今后错认、错拿,胡爹爹也没有话说。社会工作者还给胡爹爹做思想工作,告诉他以后遇到什么事,先不要发脾气,可以找社会工作者帮忙解决。"(HCZ-4-1807)

"福利院里有一部分是五保、孤寡老人,他们长年没有人看望,一方面确实感到很孤独,但另一方面,也没有什么好期盼。另一部分是有家庭的老人,他们心里更渴望家人、子女能多来看望他们。如果家人长期没有来,他们就会情绪很低落、经常哭泣,如果家人来看望,他们又会在其他老人面前炫耀,让其他老人心里不舒服。社会工作者来了之后,经常做两类老人的工作,让他们互相关心和帮助,有子女、亲属来看望的老人,有带礼物给老人的,老人就拿出一些来送给其他老人,让其他老人也能分享那种高兴和快乐,气氛就融洽很多。"(CXY-4-1807)

2. 老人与福利院工作者之间的关系

农村福利院老人和工作者之间的关系,一方面,老人很依赖工作人员,工作人员也尽心照顾老人的生活,另一方面,他们在长期共同生活中,又易于产生一些冲突和矛盾,需要社会工作者予以调节和化解。

"福利院中有一些爹爹婆婆脾气很暴躁,动不动就喜欢吵嘴、骂人,甚至打人。福利院工作人员人手不够,有时候照顾不过来,他们就会骂服务人员。有一次吃午饭,工作人员的速度慢了一点,给到一个蔡婆婆的时候,她就开始哭闹,说饭菜已经凉了,不能吃了,还把饭菜泼得到处都是,不仅影响其他老人吃饭,把工作人员也气得够呛。社会工作者过来后,一边安抚蔡婆婆的情绪,给她重新打一份饭,用微波炉加热好,一边又严厉地告诉她,如果有什么需要,可以找社会工作者帮忙,但是不能乱发脾气、又哭又闹,特别是不能影响别人。蔡婆婆自知理亏,很快就不吵闹了,现在大家都能够更讲道理了。"(DZX-4-1808)

"我刚住到福利院没多久,还不是很清楚福利院的生活情况。每天早餐都会有鸡蛋,但是,每次别人拿了之后,就没有了,后来我知道鸡蛋是一人两个的,有的老人多拿了。我跟福利院的工作人员讲,但是他们并不重视,只是让我自己快拿一些,后来,我提出把鸡蛋发给我,我自己在房间用电饭煲煮,他们又说我不会操作。我心里很生气,社会工作者和我谈心时,我就把情况跟她说了。很快,她就说服福利院的工作人员,帮我领了一个月的鸡蛋,并教会我操作电饭煲,然后跟我讲,工作人员忙不过来时,我也要自己有能力照顾好自己。"(LZC-4-1807)

三、目标群体对于项目服务的认同

院舍社工项目的目标群体,是农村福利院的老人。在项目的初始阶段,老人对社会工作者和社会工作服务,是陌生或认知有限的,故而表现出一定程度的漠然,甚至排斥。但是,伴随项目服务的持续推进和展开,老人对社会工作者和服务项目的认同度迅速上升。

(一) 心理的接纳

社会工作者入驻福利院后,与目标群体展开接触,经过一段时间的社会工作服务,老人逐渐从心里接受了社会工作者和院舍社工项目。

"社会工作者刚来福利院时,我们不知道她是来做什么的,会不会对我们老人有不利的影响,有些担心和顾虑,对她也有所警惕。她来和我们说话聊天,我们会有所保留,不会什么都说;她征求我们意见,组织我们开展一些活动,我们是能推就推,不愿意去参加;她询问我们老人的身体健康、家人亲属等情况,我们也会避而不谈,因为不知道她是什么目的。

但是,社会工作者好像并不介意我们对她的防范,每天只要一上班,就和我们老人打招呼,叫我们爷爷奶奶,然后到我们的房间坐坐,问问我们吃没吃饭、觉睡得好不好,有没有哪里不舒服。看到老人有一些需要,比如,想到房间外面走走,她就很高兴地陪着走,或者帮助行动不太方便的老人、搀扶着走走。一段时间下来,我们能感觉到她是真心关心我们,也就放心和她交往了。

再往后,我们更加能体会到社会工作者是在为老人尽心尽力服务。比如,冬天的时候,天气很冷,福利院的工作人员有时候忙不过来,社会工作者就帮忙给行动不方便的老人送饭。有一次,她送饭到房间,发现老人很难起身,而且情绪很低落,责怪自己年纪大了不中用,她就一边帮助老人穿衣服,一边安慰老人的情绪,还给老人喂饭,让老人能吃饱、穿暖、心情好,老人很感谢社会工作者。

一段时间以后,老人们越来越喜欢和尊重社会工作者。遇到要帮忙的时候,可以让社会工作者帮忙,比如,老人不会给暖手宝充电、加水,社会工作者就一遍一遍地帮助老人、教老人用。遇到冲突和矛盾的时候,可以让社会工作者协调解决,社会工作者既能够安慰老人的情绪,又能和老人讲道理,让老人们相处更加和谐。老人能感觉到谁关心他、对他好,所以特别信任社会工作者。"(CQX-4-2807)

(二) 主动地参与

项目开始阶段,社会工作者开展服务需要做很多动员,但是,随着项目的持续推进,福利院老人主动参与项目的积极性不断提升。

"社会工作者刚到福利院的时候,我们对她很好奇,但是,也没有把她当回事,心想一个年轻的小丫头能做什么。社会工作者组织我们开展一些活动时,大家普遍都不积极、不愿意参加。但是,随着我们和社会工作者越来越熟悉,参加活动越来越多,受益也越来越大。现在,不用她说,只要有活动,老人报名可踊跃了,如果一周都没有一次活动,大家心里还空落落的。

不仅如此,我们自己有什么需求,也会和她讲,让她帮我们组织活动。

我们福利院规模很大,是街里中心养老院和农村福利院合在一起的,目前有100多位老人入住。前几年,政府大量投入,改善福利院的硬件设施,盖了两栋新大楼,一栋是老人们住宿的楼,另一栋是老人们日常活动的楼。在大楼里,有很多活动室,比如棋牌室、唱歌室、游戏室、影像室、书画室、报刊室等,但由于工作人员不够,一直利用率不高。社会工作者来了后,福利院热闹多了。每次社会工作者给福利院老人开展活动,中心养老院的老人就问我,他们能不能一起报名参加,社会工作者考虑到老人有需求,也乐意安排。"(XHY-4-1808)

(三) 和谐的关系

社会工作者入驻福利院后,通过开展服务,与老人建立起了和谐的关系。

"社会工作者来到福利院后,帮助我们做了许多事,给我们孤苦的老人带来很多温暖。有一次,我和萧婆婆、罗婆婆等几个婆婆商量,用国家给我们每月的零用钱,买些排骨炖藕,请社会工作者吃。我们没有事先告诉她,只是委托她帮我们买莲藕和排骨,她很高兴地帮我们买回来、洗干净、用电饭煲炖上。炖好之后,我们才跟她讲,这是我们请她吃的,感觉到她很开心、很感动,都要掉眼泪了。她说她很感谢我们,但是,她不能吃老人的东西。尽管是这样,我们也很开心,因为社会工作者为我们做了那么多服务,我们也能回报她一些。

国家的政策好,不仅让我们老人住上宽敞的房间,负责我们的吃穿用度,还派来社会工作者给我们服务。社会工作者来到福利院之后,解决了我们生活中的许多问题,让我们在福利院的生活更加舒心了。最开始来我们福利院的社会工作者叫小蒋,后来她家里有事,辞职回家了,她走的时候,我们知道消息的老人都舍不得她,掉眼泪。后来新来的社会工作者也一样的好,现在只要社会工作者一天没有来上班,我们就会互相打听,生怕她也不来了。我们不知道项目能做多久,但是希望能继续做下去,希望和社会工作者在一起。"(LLJ-4-1807)

第三节 目标群体立场的循证评估结果

农村福利院院舍社工项目直接的目标群体,是生活在福利院中的老人。尽管在项目的启动阶段,老人对于社会工作者、社会工作服务、社会工作项目有一定困惑、感到陌生,但是,随着老人与社会工作者日益熟悉,感受到社会工作者为他们提供了独特的、有意义的服务,他们在心理上逐渐接受了社会工作者和院舍社工项目。访谈中,目标群体对农村福利院院舍社工项目给出了评价。

一、项目对于目标群体需求的满足

与其他养老形式相比,院舍养老采取集中照料模式,因而具有显著的封闭性。院舍以外的养老,老人过着一种个体式的自主生活;而长期居住在院舍中的老人,面对的则是有限的空间、有管理规范的集体式生活。同时,与城市养老院比较,在地理位置、管理方式、信息获取、外界交流等方面,农村福利院存在相对更显著的封闭性。

农村福利院封闭性的形成,主要有几个方面的原因:一是地理位置僻远而形成的空间封闭,如交通不便利、周边人口稀少、商业服务缺乏,处在相对隔离的状态;二是管理方式闭合而形成的社会封闭,农村福利院提供的是集中照料,因而福利院的生活是一种集体生活,需要遵守一定的规则和秩序;三是人际结构固定而形成的情感交流封闭,人际结构固化单一,使院民失去交流的动力。

近年来,国家推动农村福利院管理改革和服务提升,鼓励引入社会组织为福利院提供社会服务,在此背景下,H 市农村福利院院舍社工项目得以立项和实施,推动农村福利院的管理和服务从封闭走向开放。社会工作者通过促进多种形式的联结,使项目的直接目标群体——福利院老人的生活从相对封闭转变为具有一定的开放性。

(一)老人之间的相互联结

农村福利院为有需要的老人提供集中照顾,居住在福利院中的老人,过着集体式生活。在院舍的集体生活中,老人日复一日地面对相同的院友,容易产生情感倦怠。比如,福利院中的一位老人谈到,自己在福利院中有好姐妹,但是,她入住福利院已经有 8 年了,平常能说、能聊的,都是以前生活中的事,由于很少有新鲜事,如今和好姐妹也不太聊天了,大多数时间都是自己一个人。

同时,由于老人的身体状况、性格特征、家庭背景、文化程度、兴趣爱好、人生阅历等各不相同,老人觉得很难在福利院交到朋友,而陷入自我封闭。比如,福利院中老人由于身体健康程度不同,而易产生交往隔离,身体健康的老人不太愿意与失能、半失能老人接触、一起开展活动等,他们的生活需求不同,在日常交往中会产生较为明显的疏离。

又如，五保、孤寡老人和有家庭的托养老人之间，也有一定的交往分隔。有家庭、寄住在福利院的老人，愿意谈论的话题，多与家庭、子女、孙辈密切关联，他们渴望家庭、亲人的看望和关怀，因而，在有家庭的老人之间，能引发更多的共鸣和交往。而五保、孤寡老人，由于他们未有家庭、子女，对于此类话题就颇为回避，不愿多提及，也不愿听他人倾诉。

福利院的老人生活在院舍之中，活动空间有限，久居在福利院，很难接触到新鲜事物，生活乏味、沉闷。有些老人有身心障碍，性格孤僻、脾气暴躁；有些老人找不到谈得来的朋友，陷入封闭和孤独；有些老人思念家人、亲友，常常悲伤。老人们在院舍内的交往，呈现出两种倾向：一是老人间亲密交往的行动较少；二是在互动的过程中，易于出现矛盾和冲突。

社会工作者通过服务加强了福利院中老人之间的交往和联结。一是日常生活中的联结，社会工作者组织日常保健活动，如手指操、健身操等，让老人参与集体活动；二是特殊时刻的庆祝，如节日包饺子、集体过生日，创造集体生活的温馨氛围；三是开展小组活动，将有相同需要和兴趣爱好的老人联结在一起，如戏曲小组、学习小组、生命回顾小组、手工小组等，让老人以兴趣爱好为联结找到共鸣感；四是组织主题活动，如冬季趣味运动会、重温童年游戏等活动，让老人在游戏中结下友谊。

与此同时，社会工作者在不同的老人群体之间，架构起了沟通和关怀的桥梁。一是在健康老人与日常生活需要一定照料的老人之间，社会工作者通过福利院和社会工作机构的支持，给予健康老人以物质和精神的激励，鼓励健康老人帮助照料行动不方便的老人，同住一屋、互帮互助，在老人之间结下相互关怀的情谊。二是在五保、孤寡老人与有家庭的老人之间，通过回顾人生的经历、分享彼此的快乐和悲伤以及在福利院中的生活体验等，结成更亲密的伙伴关系。

（二）老人与家庭的亲情联结

人出生在家庭中，血缘是人与人天然的关系和纽带。父母和亲人的保护和照顾，生养、抚育子女及陪伴下一代的成长等，都是人在生活中所能感知到的最丰富和最深刻的情感体验之一，使人对家庭、父母、子女、亲人有着本能的依赖和眷恋。入住到福利院中的老人，与原有的家人、亲属分离，让老人体会到强烈的"失去感"，"失去"家人、亲属及有重要意义的人，失去来自家庭、亲人的爱和关怀。

与家庭、子女、孙辈、亲属的联结，是福利院老人最难割舍的情感，来自亲人的关心和探望，是老人最期盼的事。一些五保、孤寡老人想念逝去的父母、伴侣，以及重要的亲人；一些有家庭但由于自身或环境原因，寄住在福利院中的老人盼望儿女和孙辈的看望。社会工作者进驻福利院后,通过观察和访谈,发现老人对于亲情的普遍渴望,因而以多种社会工作服务形式,加强老人与亲人之间的亲情联结。

一是为每位老人建立家庭和亲属关系档案,通过描绘家庭、亲属结构,梳理家庭、亲属网络,发现对于老人而言重要的家人和亲属的基本情况。根据每位老人的家庭、亲属情况,社会工作者与他们建立联系,定期地与他们沟通老人在福利院中的生活,增强家人和亲属对于老人在福利院中生活的感知,同时,鼓励家人和亲属定期对老人进行看望和关怀,满足老人对于亲情的强烈需求。

二是对于重点服务对象,采用个案管理方法,让老人和家庭、亲属的联结更紧密。福利院中有一位老人,由于身体半失能,寄住在福利院之中,她有一个儿子在本地务工,但有一段时间没有来看望她,她常常哭泣,而且日常服用的药物也需要儿子购买,福利院的工作人员一直联系不上她的儿子。社会工作者几经周折找到她的儿子,发现原来他几个月前离婚了,心情十分低落、生活也陷入混乱。社会工作者把这个家庭,作为重点服务个案进行干预,帮助儿子度过危机的同时,他也在社会工作者的帮助下,重新定期地看望和关怀母亲。

(三)老人与福利院工作者的联结

久居在福利院之中,老人对于福利院的工作者,有依赖和感激,能理解他们的辛苦。"服侍老人,是很困难的事,穿衣、吃饭、清扫、保洁的日常照顾还算轻松,尤其是服侍生活不能自理的老人、长期生病用药的老人,确实非常辛苦,子女有时候都做不到,是福利院的工作人员在帮忙做。在福利院工作,确实需要一份耐心和爱心,不然,不可能长久地做下去。"

与此同时,久处在封闭的环境中,老人对于福利院的工作者,也难免有一些抱怨。一是福利院的有些工作者,以完成工作任务为目标,对于老人的情感关怀和体贴相对较少,有时也会流露出疲惫、不耐烦的态度和情绪。二是由于福利院的工作者,工作辛苦、工作量大,有时会出现对老人的照顾不周,比如打扫、清洗、晾晒、送餐有时不及时或不合老人的心意等,让老人感觉受到冷落对待。

对于福利院的工作者而言,他们尽心地为福利院的老人服务,是很辛苦的工作,尤其是对患病和生活不能自理老人的护理,是繁重的劳动、需要付出极大的体力和心力。同时,居住在农村福利院的老人,普遍存在一定的身体和心理障碍,受教育较少、文化素质相对较低,许多老人性格孤僻、脾气暴躁,一遇到不合心意的事情,就开始吵闹,甚至暴力冲突,也让福利院的工作者深感困扰。

在福利院中,老人和福利院的工作者长期共同生活,两者之间的关系,对于他们而言尤为重要。社会工作者入驻福利院,通过社会工作服务,加强了两者之间的联结,促进他们的关系更加和谐。一方面,对福利院的工作者开展培训,以邀请专家讲座、个案辅导、小组工作等方式,给福利院的工作者讲解护理、心理知识,培训护理、沟通技能,以使福利院的工作者提高养老服务的能力。

另一方面,对在福利院居住的老人,以开展个案服务、心理疏导、小组工作等方式,让老人能看到、理解福利院工作者的辛苦付出。同时,在福利院和社会工作机构的支持下,以一定物质激励的形式,鼓励福利院中的健康老人,组成多种多样的劳动小组,开展适度的集体劳动,既让老人通过劳动锻炼身体、增进老人之间协同合作的情感,也能帮助减轻福利院工作人员的工作强度,促进两者之间的相互关爱。

(四) 老人与外界社会的联结

农村福利院院舍的相对封闭,使老年人与社会有所脱离。在入住福利院之前,老人在身体健康状况许可的情形下,仍然会参与生产劳动和社会生活,比如种地务农、料理家务、照顾孙辈等。但是,入住福利院之后,老人成为被供养的对象,逐渐失去了社会生活中的角色和社会交往的机会。因此,居住在福利院的老人,会日益陷入封闭的情境之中,感觉被排斥在社会交往和社会参与之外。

因此,在农村福利院院舍社工项目中,社会工作者的一项重要工作内容,是在农村福利院与各种社会力量之间建立起联系,为福利院和居住在院舍中的老人链接社会资源。通过资源链接,聚集社会中各种公益和慈善力量,共同为农村福利院的老人服务,让福利院的老人与更广阔的社会生活紧密地联结。

一方面,社会工作者组织老人走出福利院看看,对于身体和精神状况良好的老人,他们渴望有机会能看到外面的世界。比如,社会工作者联系中山舰博物馆,安排老人到博物馆参观,听博物馆馆员介绍中山舰的历史故事;组织老人出游,与大自然密切接触等。在与社会外界交往的过程中,老人能感到与社会的联结。

另一方面,社会工作者将外部的资源引入福利院之中。福利院原来也拥有一些公益资源,多是当地资源,比如福利院所在社区的卫生服务中心、附近的小学和中学等,虽然关系比较密切,但毕竟资源有限。以农村福利院院舍社工项目为契机,社会工作者进驻农村福利院后,显著提升了福利院对外联络和交流的能力和机会。

社会工作服务的资源链接主要体现在以下方面：一是物质资源，社会工作者联系爱心企业和爱心人士为福利院的老人捐款捐物，在有些福利院，社会工作者链接的物资甚至超过政府购买社会工作服务的资金；二是志愿服务的资源，如联系医生为老人提供义诊和体检，联系文艺团体为老人表演节目，联系理发志愿团队免费给老人理发，联系大学生志愿团队陪老人开展趣味运动，联系爱心人士陪伴老人过传统节日等。

福利院的老人对外部资源的进入感到异常欣喜。比如，有老人谈道："我们福利院位置很偏僻，一直很少有人来，就是过年过节的时候，区里和街道领导会来看望我们。但是，社会工作者来了之后，完全不一样了，经常有外面的人来。夏天，给我们送扇子、蚊帐、防暑的药；冬天，送围巾、手套、被子；有的送牛奶和食物；有的送药品和医疗用品；还有大学生歌唱团来表演节目。每次，有外面的人来，我们老人就像过节一样高兴，他们给我们带来很多新鲜东西。"

对于福利院中老人需求的满足，福利院自身的资源有限，社会工作服务为社会资源进入福利院提供了契机，通过聚集社会中的公益力量，共同为福利院的老人服务。同时，在将社会资源引入福利院的过程中，又可增进福利院老人与社会外界的联结，让社会公众更加关注农村福利院的老人，同时，促进老人的社会参与，丰富老人的社会生活。

二、目标群体关注的项目欠缺

尽管农村福利院院舍社工项目，得到福利院老人的普遍欢迎和认同，但在福利院老人看来，院舍社工项目依然存在可完善之处。

（一）医疗护理需求难以满足

院舍社工项目，是在农村福利院开展社会工作服务，直接受益的目标群体是福利院中的老人。福利院老人的身心健康状况多不容乐观，急性病发病率高、慢性病普遍存在、时常有临终的老人等，因此，他们对于健康知识和医疗资源的需求较为迫切。同时，对于失能、半失能的老人而言，由于生活不能自理，尤其需要得到较为周到的疾病护理和生活照料。

而入驻福利院的社会工作者，由于种种原因，很难有效回应老人的健康和护理需求。一方面，在院舍社工项目中，社会工作者的角色是提供社会工作服务，至于能否提供护理服务，则需要有一定的政策予以解释和说明，以防范在护理过程中可能出现的意外风险。另一方面，社会工作者掌握的有关疾病预防和治疗等领域的知识和技能有限，难以在日常生活中为老人提供较为专业的健康咨询和指导,同时,社会工作者链接外部医疗资源的能力也尚未达到理想的预期,难以满足老人的迫切需求。

（二）项目服务群体的覆盖性

由于社会工作者在医疗、健康等方面的知识和技能受限,社会工作者在福利院中难以为一部分有身体、心理严重困扰的老人提供有效的服务。社会工作者目前提供的服务,有助于改善身体和心智相对健康的老年人在福利院中生活的质量,比如,促进福利院中老人之间团结友善地交往,丰富福利院老人的精神文化生活,创造福利院安定和谐的环境氛围,增强社会外界对福利院的资源支持等。

这意味着,社会工作服务目前尚未能有效地覆盖两个群体。一是身体健康状况不佳,失能、半失能的老人。有一些社会工作者协助福利院的护理人员,对生活不能完全自理或完全不能自理的老人,提供一些日常生活照料,如穿衣、喂饭、喂药等服务,但整体而言,未能提供更为专业的服务。二是存在精神、认知障碍的老人,比如,患有阿尔茨海默病的老人,由于社会工作者普遍缺乏精神、认知障碍等领域的知识和技能,因而未能针对此群体开展有效的专业服务,以提升他们的生活质量。

（三）项目服务内容的针对性

由于农村福利院院舍社工项目,是一个全国首创的创新型项目,此前未有过类似的项目实践,因而,入驻福利院的社会工作者,都是第一次在农村养老院舍开展社会工作服务。在第一年的项目服务中,社会工作者展开项目的重点在于:与项目的立项和决策者、农村福利院的管理和服务工作者、项目的主要目标群体之间建立起相互信任的关系,以使项目在展开过程中能得到各方的支持。

在服务提供方面,在福利院的老人看来,社会工作者的服务能力仍需进一步提升。具体而言:一是社会工作者普遍年纪较轻、生活经验不丰富、生活技能相对不足,有时难以解决老人日常生活中遇到的问题,比如指导老人进行康复活动、能谈到老人内心感兴趣的话题等;二是社会工作服务的针对性有待加强,社会工作者未能对福利院的老人展开细分,并在此基础上设计更具有针对性的服务。

（四）项目服务形式的稳定性

在农村福利院院舍社工项目中,社会工作者开展服务的形式并不完全相同。有些社会工作者与福利院的工作者和老人们一同居住,随时展开服务;有些社会工作者每天通勤,遵守福利院的考勤制度上下班,在上班期间为老人提供服务;有些社会工作者采取灵活的服务时间和工作制,依据年度计划安排,完成项目约定的服务内容。

由于院舍社工项目是第一年实施,一些执行项目的社会工作机构、社会工作者,在推进项目的过程中,对于人员和时间的安排有一定的弹性,故项目目标群体有不适应之处。具体而言:一是人员的不稳定性,对于福利院的老人而言,原本就对社会工作很陌生,加之驻点的社会工作者流动性大,就更难让老人熟悉和信任;二是社会工作服务和活动的时间安排,若缺乏一定的连续性和规律性,比如有时一周几次,有时半个月,甚至一个月一次都没有,无疑会影响老人对项目服务的参与和认同。

三、目标群体建议的项目优化

农村福利院的老人,作为项目的直接目标群体和受益群体,他们对项目有很高的赞成和认同度。评估访谈中他们希望:一是院舍社工项目不要中断、能够持续地开展,因为项目的实施,福利院的生活正在变得更加丰富、更有活力;二是对驻点的社会工作者,老人普遍有留恋之情,不愿意社会工作者离去。同时,在与福利院老人的访谈中,他们对于接下来一个周期的院舍社工项目也提出了建议。

(一) 引入更多的健康和医疗资源

身体健康,是福利院老人的最重要需求之一。在老年生物学的研究中,疾病压缩理论指出,人类的预期寿命在 70~100 岁之间,均值大约是 85 岁。[①] 伴随经济发展和生活水平提高,人们的预期寿命在不断增长,但是,在预期寿命延长的同时,需要压缩疾病的发生,否则,寿命的延长意味着疾病的延长。理想的老年阶段,是能维持身体的健康,直到生命尽头时才发生疾病。而入住农村福利院的老人,普遍面临身体状况不佳的困境,急需健康和医疗资源。

在首期院舍社工项目中,社会工作者关于健康医疗的知识、技能、资源等方面的储备有所不足,难以回应福利院中老人的迫切需求。因此,建议在后续的项目实施中,加强对社会工作者在健康、医疗等领域的知识和技能的培训,让社会工作者所提供的专业服务中,增加有关营养饮食、运动指导、血压控制等养生、保健、基础护理等内容。

依托农村福利院院舍社工项目,增进社会工作者在健康、医疗领域的知识和能力,还有如下方面的助益:一是有助于培训福利院的工作者,提升他

---

① [美]哈瑞·穆迪、詹妮弗·萨瑟:《老龄化》,陈玉洪、李筱媛译,江苏人民出版社 2018 年版,第 86 页。

们日常为老人提供保健和护理等服务的水平;二是有助于更有针对性地链接健康和医疗资源,缓解福利院老人因身患疾病而承受的痛苦、因滥用药物而造成的身体损害、因医药昂贵而产生的经济负担等,从而有效回应农村福利院老人在健康和医疗方面的需求。

(二) 提供更专业的社会工作服务

相比于原来福利院主要关心老年人衣食住行等日常生活需求,社会工作者的入驻,让福利院的老人享受到更丰富的精神文化生活。但是,由于是首期项目,社会工作者在福利院开展的服务,依然是以基础的社会工作服务为主,如组织节日庆祝活动、集体生日会等,后续的院舍社工项目,期待社会工作者提供更专业的服务。

比如,福利院的老人,由于年龄日益增长,或者患有阿尔茨海默病等疾病,存在一定规模的有认知障碍的老人群体。认知障碍给老人带来强烈的身心痛苦,使人际关系的矛盾增多,同时增加了福利院工作者的护理难度。社会工作者需要针对老年人常患的认知障碍困扰,设计专业的社会工作服务,通过基础数字辨识、颜色辨识、精细动作训练等方法,对福利院中患有中、轻度认知障碍的老人展开干预。

再如,社会工作者仍需为福利院老人构建更完善的社会支持网络。一方面,是院内支持网络,组织老人建立更丰富的兴趣爱好小组,让老人之间能增加沟通和交流,更重要的是增进相互关怀和帮助;在老人与福利院工作者之间建构起理解和合作的桥梁,营造和谐的院舍生活氛围。另一方面,是院外支持网络,让老人与家庭、亲属之间的联结更加紧密;同时,为福利院引入更多的公益和慈善资金和资源的支持。

第八章 利益相关主体参与循证评估的基本特征

本研究探讨的社会服务项目,亦称政府购买服务项目,是政府经由一定的决策程序、以项目的形式出资,委托或资助社会组织承接的专业性、公益性的社会服务。具体而言:一方面,项目具有福利性,是由政府出资的公益性社会服务,此种社会服务已成为国家福利体系配置资源的一种重要形式;另一方面,项目具有专业性,是由第三部门的社会组织及其专业的社会工作者,在专业的理论与方法指导下提供的服务。

社会服务从民间自发的慈善行动,到成为国家福利体系的重要构成,其间经历了一系列的发展历程。早期的社会福利,以物质救济为主,由"挎着装有食物和简单生活用品的篮子"的善心人士,在邻舍、在社区、在街道帮助贫困者、使其免受冻馁。直至1962年,美国通过《公共福利修正案》(公共法87-543条),"第一次特别认识到公共福利中预防性、保护性和恢复性服务的重要性,由联邦政府资助75%的这类服务的开支"①。法案的颁布,"代表了一个新取向——强调除了支持有需要的人还要有服务,要鼓励人们恢复自理能力而不是单纯救济,要培养人们做有用的工作的技能而不是长期依赖福利"②。

因此,在20世纪五六十年代,西方国家积极建构并不断完善社会服务体系,将为需要帮助的人提供社会服务,作为福利制度的重要组成部分,改善人们的生活条件、提升生活质量,增进社会的整体福祉。公共服务提供有两种主要形式:一种是政府直接提供,由政府成立相关部门实施公共服务;另一种则是政府与非营利组织合作,政府负责制定社会政策、提供服务经费、监督服务质量,而由非营利组织具体提供公共服务。

---

① [美]O.威廉·法利、拉里·L.史密斯、斯科特·W.博伊尔:《社会工作概论》(第11版),隋玉杰等译,中国人民大学出版社2010年版,第27页。
② [美]O.威廉·法利、拉里·L.史密斯、斯科特·W.博伊尔:《社会工作概论》(第11版),隋玉杰等译,中国人民大学出版社2010年版,第27页。

到20世纪80年代,"新管理运动""新公共服务"理念的兴起,对于政府直接、全面管理公共事务的方式提出挑战。此种观点认为:政府直接管理已不能适应时代的要求,一方面会扩大政府工作者的规模,进而使政府组织更庞大、结构更臃肿,另一方面社会力量得不到动员,蕴藏在民众之中的丰富资源无所作为。因此,政府应集中精力做好决策,同时通过政策调动人们自我管理和自我服务的积极性,减少民众对政府的依赖。

自此,政府逐渐缩减直接提供服务的比重,而代之以与社会组织合作,以项目为依托购买社会服务。社会服务项目成为社会福利的主要供给方式之一,归纳而言,与三种因素密切相关:一是社会服务从业人士,尤其是社会工作者的日益专业化与职业化,使"助人"行动成为一种得到社会认可的专业的、专门的职业;二是社会服务组织的兴起,使社会慈善与服务部门成为与政府组织、市场组织并行的第三部门;三是社会服务资金作为公共预算的制度化,社会服务被纳入社会福利制度体系的设置安排,成为公共福利投入的重要领域。

在我国,社会服务项目的兴起,与社会管理体制改革密切关联。在改革开放前,国家对社会实施全面管理,以户籍制度区分城市人口与农村人口。社会福利由国家直接供给,农村实施土地保障,社会福利弱于城市;城市则以单位供给制为主、辅之以社区制,负责给城市居民提供生育、教育、医疗、工伤、养老等社会福利。改革开放后,社会主义市场经济体制逐步建立,单位制改革使原先附着于单位的社会福利功能与单位脱离。

党的十八届三中全会报告《中共中央关于全面深化改革若干重大问题的决定》,强调政府职能转变,政府需要简政放权,充分发挥社会各主体共同协商、合作参与社会治理的积极作用。在社会服务领域,要激发慈善部门、社区、社会组织的活力,帮助它们提升专业能力,能够主动承接政府转移的公共服务职能。伴随社会服务体系创新、政府职能转移,公共服务以社会项目的形式,交由第三部门、社会组织承担与实施。

近年来,国家对社会服务投入的资金逐年增多,比如,社会服务事业费支出,由2010年的2 697.5亿元,增长至2017年5 932.7亿元,增长近120%;2017年比上年增长9.1%,占国家财政支出比重的3.4%。[1] 伴随社会服务项目的数量、规模和影响力持续扩大,它已成为社会福利制度安排中的重要领域,随之而来的一个问题是,社会服务项目的投入是否合理、是否能获得

---

[1] 参见中华人民共和国民政部:《2017年社会服务发展统计公报》,https://www.mca.gov.cn/mzsj/tjgb/2017/201708021607.pdf。

预期的效果？即是否需要社会服务项目评估？

项目评估,在颇具人文色彩的社会服务领域出现得较晚,主要原因在于如下方面。

一是早期的社会服务属于私人事务,如睦邻友好和邻里互助的慈善行动,是个体之间的生活互助,并不需要专门的评估。

二是早期的社会服务具有道德优势,睦邻友好、邻里互助的慈善行动,常得到人们普遍的赞赏,而不需要对其开展评估。

三是社会服务属于人文领域,有较强的主观性,在缺乏理论视角与科学研究方法的情形下,也难以得出令人信服的结论。

然而,伴随情势的变迁,社会服务项目逐渐进入评估时代。在20世纪90年代兴起的"循证"实践的影响下,项目评估领域迅速借鉴"循证"理念,发展出项目循证评估,即评估并非凭借主观看法和判断,而是基于研究与实践的证据。由此,社会服务项目的循证评估,与项目决策科学化、项目管理规范化一起,成为项目科学性、合理性、有效性的重要依据。归纳而言,倡导社会服务项目循证评估的主要原因有如下方面。

一是社会服务项目的制度化。政府将社会服务纳入制度和政策体系,并以项目的方式购买服务,使得社会服务日益制度化,因而,作为国家福利体系的一部分,需说明项目的合理性及接受效能问责制。

二是社会服务项目的专业化、职业化。项目由专门的社会组织提供社会服务,且从事社会服务行业的人士日益专业化和职业化,因而,作为一门专业职业,需接受评估以证明其有效性。

三是社会科学研究方法在人文社会学科研究中的普遍应用,使得社会服务项目的评估能够采用实证研究方法采集证据。因而,在技术可行性的支持之下,需采集实证数据使评估研究与实践更具科学性。

本研究是一项"扩展"的社会服务项目循证评估。一方面,以循证评估的理论与方法为基础,以H市农村福利院院舍社工项目为依托,采用实证方法展开"循证"评估,以确保评估的科学性与有效性。另一方面,研究又并非"纯粹的"(即片面的)循证评估(具体关于循证评估的特点见下一章),而是将社会服务项目的利益相关主体带入了评估之中。具体而言：一是以不同利益主体的立场、看待项目的多元视角、赋予项目不同的意义等,展现多元利益主体对于项目的评估；二是基于研究者的立场,观察利益主体之间围绕项目在互动过程中形成的社会关系与社会网络,并由此呈现的合作、博弈及达成的共识等。后者并非典型的循证评估所涵括的内容,因而是一种扩展的循证评估。

第一节 利益相关主体的分化立场

社会服务项目,由立项决策、服务开展、结果产出、目标达成等一系列的过程构成,因而并非一个简单系统,而是由多元利益主体共同构成的复杂系统。因此,对于社会服务项目的循证评估,并不能仅由某一特定利益相关主体提供的信息作为评判的全部依据,而是首先要辨析出项目的主要利益主体,然后寻求不同利益主体对于社会服务项目的评价信息,以此综合地评估项目的合理性。

一、项目利益主体多元化

理论上而言,一个社会服务项目,它的利益相关主体主要有:
出资方/购买方:政府购买服务中的政府、慈善捐助的机构和人士等;
协同方/在地方:承载社会服务项目的在地组织或机构,配合项目实施;
执行方/实施方:负责实施社会服务项目的社会组织,及具体项目团队;
监管方/评估方:监督项目实施的监管方,及评估项目成效的评估方;
直接/间接受益方:社会服务项目的目标人群,及目标人群影响的群体;
慈善/志愿团体:为项目捐赠捐助物资,及提供志愿服务的团体;
辐射/影响:社会服务项目辐射和影响的社区、组织、机构、地区等;
其他利益相关者:公共媒体、社会公众等。

在农村福利院院舍社工项目中,依据利益相关主体与社会服务项目关联的紧密程度、对于项目实施的影响程度、对于项目能否获得成功的重要程度等指标,确定有四类主要的利益相关主体。具体而言是:政府职能部门;农村福利院;社会工作服务机构及其派出的社会工作者;福利院中的老人及其亲属。

政府职能部门:作为项目的立项决策方、出资方、监管方、评估方。
农村福利院:项目的接收方、落地方、协同方。
社会工作机构与社会工作者:前者是承接项目的社会服务组织;后者是在农村福利院运行项目的一线工作者、服务直接提供者。
农村福利院的老人及其亲人和家属:项目的直接和间接目标群体。
四类主要的利益相关群体,对于项目能否顺利立项、能否具备开展和实施的条件、能否获得预期的效果、能否维持效果的可持续性,具有重要的意义。因此,需要探讨他们对于社会服务项目的态度。

二、利益主体的不同立场

农村福利院院舍社工项目的四类利益主体,与项目间的关联方式及其在项目系统中所处的位置各不相同,在项目立项、投入、运行、产出中扮演的角色不同,对项目实施与结果的影响也不尽相同。故而,四类利益主体对于项目的需求与期待存在差异,他们拥有各自的立场。

(一) 项目的决策方和监管方:目标达成

农村福利院院舍社工项目,是政府购买社会组织服务的项目,由社会工作机构派驻社会工作者进入农村福利院,开展和实施社会工作服务。在项目决策、立项、监管、评估的过程中,政府扮演着重要的角色。

项目的决策:市政府、民政部门,对于立项项目的目的和意义、项目立项的合理理据、项目依据的综合政策背景等,展开调研和决策;

项目的出资:在项目立项的基础上,市、区两级政府的财政共同出资,为辖区的农村福利院购买"院舍社工项目"的社会服务;

项目的协调:市、区民政部门,协调项目所关联和涉及的工作关系,及时调和项目在实施过程中各方要求的支持和配合;

项目的监管:在协调项目各方关系的同时,对于项目的推进及项目过程中出现的重点难点问题进行监管和督促;

组织项目评估:在项目完成一个相对完整的服务周期之后,组织开展项目评估,以优化和完善项目、使其可持续发展。

因此,政府对于农村福利院院舍社工项目的评价,需要考虑全面的因素,判断项目是否达成立项决策时预期实现的目标。

一是宏观层面而言,院舍社工项目的政策背景,是国家加快农村福利院的管理和服务转型,完善农村地区的养老服务体系建设。因而,需要考察院舍社工项目的开展和实施,是否有助于农村福利院的管理改革,完善福利院内部管理制度、提升福利院管理水平;是否有助于增进福利院的养老服务能力,使农村福利院成为农村养老服务体系的有机构成,提供适宜的院舍养老服务。

二是中观层面而言,考察农村福利院院舍社工项目,是否得到各利益相关方的认可。项目产生预期的结果和效果,使项目的直接和间接目标群体满意;项目在农村福利院中开展,得到福利院的支持和认同。

三是微观层面而言,由于农村福利院院舍社工项目,是政府购买第三方组织服务的项目,双方签订有社会服务购买协议,因此,政府要在监管项目实施的过程中,评价项目的推进、能否按协议完成约定内容。

（二）项目的接收方与协同方：发展提升

农村福利院院舍社工项目的落脚在农村福利院，社会工作者需要入驻到农村福利院中，实施社会工作服务。因此，在项目落地、实施、推进、支持、协作的过程中，福利院扮演着重要的角色。

接纳项目：接纳院舍社工项目在农村福利院开展，接纳社会工作机构派出的社会工作者入驻福利院，并与社会工作机构对接项目；

提供条件：为社会工作者在福利院按计划实施项目提供条件，即在相对封闭的院舍环境中，给予社会工作者办公和生活条件的支持；

引导关系：院舍社工项目的目标群体是福利院中的老人，他们对于社会工作服务和社会工作者是陌生的，需要福利院予以引导、建立关系；

协同工作：社会工作者在农村福利院开展社会工作服务，需要福利院在场地、人员、组织等方面的协同，才能确保服务顺利开展；

给予支持：院舍社工项目在福利院中开展，而福利院拥有的资金、社会公益资源，能给予社会工作者开展社会工作服务以支持；

项目监督：农村福利院作为院舍社工项目实施的载体，能监督社会工作者开展服务的过程，并在服务过程中给予意见和建议。

院舍社工项目，目的是为改革农村福利院的管理体系，以及提升福利院的养老服务水平，因而，福利院对于项目的评价，主要针对福利院的管理和服务，以及福利院的工作者通过项目是否得到发展和提升。

一是福利院的管理改革和推进：国家层面政策推动农村福利院的管理改革和制度建设，项目是否有助于福利院制度建设、完善和执行。

二是福利院的养老服务水平提升：院舍社工项目，是否有助于推动农村福利院提供院舍养老服务的水平，能否提升老人的生活质量。

三是福利院工作者的能力发展：农村福利院的工作者，是提供农村院舍养老服务的主体，项目是否有助于提升他们的服务能力。

（三）项目的执行机构与团队：项目完成

农村福利院院舍社工项目，由社会工作机构派出的项目团队负责执行，执行团队主要由两部分构成：一是项目的直接执行者，即派驻到农村福利院的一线社会工作者；二是间接执行者，包括项目的负责人和项目督导等。项目执行团队在具体策划、实施、运作项目的过程中，扮演着重要的角色。

其一，社会工作机构层面的项目执行：

申请和承接项目：向项目购买方申请项目，并以法人资格承接项目；

人员招募：为项目招募合适的一线社会工作者，派驻到农村福利院；

岗前培训：对于招募的一线社会工作者开展岗前培训，培训后上岗；

方案设计：给院舍社工项目设计整体方案，将方案操作化成指标；

指导执行：指导一线的社会工作者，在福利院实施和开展项目服务；

培训督导：在社会工作者实施项目过程中，持续展开培训并及时督导；

管理员工：监督管理社会工作机构派驻到各个福利院的社会工作者；

提供支持：为入驻福利院的一线社会工作者提供资金、资源支持；

保持联结：与农村福利院保持有效联结，及时处置项目出现的问题。

其二，社会工作者层面的项目执行：

建立关系：入驻福利院的社会工作者，需要与项目各方建立关系；

开展服务：根据项目协议的约定实施服务，完成项目的指标内容；

协调关系：在项目实施过程中，协调项目利益相关各方的关系。

由于农村福利院院舍社工项目，主要由社会工作服务机构派出的项目团队实施和执行，因而，项目执行团队对于项目的评价，主要在于考察项目的完成度。

一是项目内容的完成：社会服务机构与项目出资方之间有合作协议，由社会工作机构、社会工作者提供社会工作服务，通过物质、人力、管理等资源的投入，完成约定的项目服务内容，达到约定的项目服务标准。

二是项目形式的要求：社会服务机构在开展和实施社会工作服务时，需要按照约定的形式开展服务，比如，项目服务符合规范性要求，项目服务完成约定的指标，实施项目过程中有确定的服务流程、服务方法。

三是项目团队的成长：通过项目的实施和开展，锻炼社会服务机构的团队成员、促进团队成员成长；在项目服务中不断总结有效的工作模式，提升团队成员开展社会工作服务的能力，及增强团队的凝聚力等。

（四）项目的目标群体：需求满足

农村福利院院舍社工项目，直接的目标群体是福利院中的老人，间接的目标群体是老人的家庭和亲属。项目的目标是要提升福利院中老人的生活质量，丰富老人的院舍生活，福利院中的老人是项目服务的接受者。

认知项目：让老人了解和认知院舍社工项目，及项目的服务团队；

体验服务：在认知的基础上，体验项目团队提供的社会工作服务；

感受评价：老人作为项目服务的接受者，给出服务的感受和评价。

由于福利院的老人是院舍社工项目的直接目标群体，因而，他们对于项目的评价，主要在于其养老需求的满足程度。

一是服务的效果而言：院舍社工项目的目标是改善老人在福利院的生活质量，经由项目的开展，目标群体的生活质量是否得到显著提升。

二是服务的过程而言：目标群体对于项目开展的过程是否满意，即目标群体是否愿意参与项目,是否与社会工作者建立良好的关系等。

三是服务的持续性而言:目标群体是否希望项目持续开展,是否愿意持续接受项目服务,是否愿意社会工作者持续开展服务等。

第二节 利益相关主体的合作博弈

在农村福利院院舍社工项目中,四类利益相关主体的关系:一方面,社会服务项目将不同利益主体联结起来,共同合作;另一方面,四类主体在社会服务项目中所处的位置不同、拥有各自的立场,存在一定的博弈。

一、利益主体间的合作

农村福利院院舍社工项目,是由政府购买社会工作机构服务的社会项目,由社会工作机构派驻专业的社会工作者进驻到农村福利院,为在福利院生活的老人及其他群体开展和实施社会工作服务。围绕项目,利益主体之间建构起一种联结,它们拥有一个共同的目标,而项目的立项、开展、实施,需要利益相关主体间在各司其职的同时展开合作。

(一)项目运行:立项与执行的合作

项目的立项与执行,需要三个主体的共同努力。

政府部门的立项决策。政府职能部门基于对农村福利院发展现状与困境的分析,通过购买社会工作服务,将专业的管理和服务理念引入农村福利院,推进农村福利院的管理和服务改革,完善农村养老体系建设。

社会工作机构的执行。政府购买农村福利院院舍社工服务的立项决策确定后,需要有专业资质的社会工作服务机构申请,并按照相关协议,在规定时间内完成项目约定的社会工作服务内容,达到一定的服务标准,达成项目预期的目标。

农村福利院的协同配合。院舍社工项目落地在农村福利院之中,社会服务机构派出社会工作者入驻到福利院开展服务,福利院是项目的承载方,需要给社会工作者提供支持,保障项目顺利实施。

(二)项目服务:提供与接受的合作

服务的提供与接受,需要三个主体的共同努力。

社会工作机构的服务。社会工作机构派出项目团队,以专业的理论和工作方法为指导,针对服务对象的需求,设计相应的服务内容和形式,以改善其原有的困境,提升目标主体的社会功能。

农村福利院的养老服务。在社会工作者提供专业服务的同时,农村福利院的管理者和工作者,仍在为老人提供日常的服务,而且在社会工作者的专业理念和方法的指引下,不断改进管理和服务的质量。

农村福利院的老人群体。一方面,福利院的老人,作为福利院日常工作及社会服务项目共同的目标群体,接受福利院与社会工作者的共同服务;另一方面,他们也对两者的服务提出进一步的要求与期待。

二、利益主体间的博弈

四类利益相关主体虽然处在同一社会服务项目之中,有推动项目完成、达成预期目标的共同任务,但是,由于其在项目中所处的位置各不相同,对项目的需求和期待不完全一致,可能出现互相博弈。

(一)决策方与执行方的博弈

价值性目标与工具性目标的博弈。政府期待价值性目标,即以项目为依托推进农村福利院管理与服务改革,推进农村养老服务体系的建设,对于项目的结果,是期望能获得改革的成效。社会工作机构则更关注项目的工具性目标,即完成项目协议书中约定的内容,完成项目考核的工作任务。

服务提供与服务监管之间的博弈。社会工作机构及其派出的社会工作者,是项目服务的具体提供者;而政府作为项目的监管方,负责对项目的开展和实施进行监督、管理、评价,两者在角色关系上存在一定的博弈。

(二)执行方与接收方的博弈

竞争压力。根据项目安排,社会工作机构及其派出的社会工作者,进驻农村福利院,为福利院中的老人提供社会工作服务。尽管社会工作服务与福利院提供的日常生活照料存在一定的差异,但由于两者面对的服务对象相同,且服务内容也有交叉重叠,社会工作服务又有专业的背景,而使福利院的管理者和工作者感受到竞争的压力。

互相监督。农村福利院院舍社工项目,让福利院中出现两个服务提供的主体,即院舍社工项目服务团队以及福利院的管理和工作团队,两者对对方的观察和监督,使双方均感受到压力。

(三)服务提供者与目标群体间的博弈

尽管项目旨在为目标群体提供更好的服务,但是由于受到服务形式、服务内容、服务提供者的专业能力以及环境条件等方面的限制,可能对于目标群体的某些独特需求,比如医疗照顾的需求难以充分满足。而在目标群体看来,若不能以他们期望的方式、满足其迫切的需求,则对项目感到有所失望,它反过来又会让项目执行团队受到挫败和信心下降。

第三节　利益相关主体的共识达成

尽管由于在项目中承担的角色不同,四类利益相关主体之间存在着复杂的合作和博弈关系,但整体而言,当被询问到农村福利院院舍社工项目是否需要持续与优化时,四类利益相关主体超越各自立场,达成共识。

一、社会服务项目的持续

四类利益主体都支持和赞同农村福利院院舍社工项目的持续开展。

政府职能部门作为项目的决策方:尽管第一年开展的农村福利院院舍社工项目存在不足,却是探索福利院管理与服务改革的创新路径,在总结社会服务项目经验的基础上,应继续推动农村养老体系的完善。

农村福利院作为项目的接收方:社会工作服务项目嵌入福利院中,对福利院而言是一次创新改革,福利院的管理者和工作者因此面临诸多挑战,但是,社会工作服务项目开展,同时也给福利院带来活力和机会。

社会工作机构、社会工作者作为项目的执行方:在农村福利院创新性地开展社会工作服务的过程中,经历了困难,但也积累了农村养老服务的经验,在之后的农村养老服务实践中,应使项目更好地达成目标。

农村福利院的老人作为项目的目标群体:从对社会工作服务的不了解、不知晓,到逐渐接受社会工作服务,并从社会工作服务中得到身体、心理、社会交往、精神慰藉的改善,期望社会服务项目能持续开展。

二、社会服务项目的优化

与此同时,四类利益主体都期待院舍社工项目的持续优化。

优化政府职能。一是支持社会服务机构发展,将有关社会服务转交给专业的服务机构,通过购买社会服务的方式,推进政府职能改革;二是政府在转移职能的同时,发挥权威的作用,协调项目系统中不同利益主体之间的关系;三是监管、督导、评价社会服务项目的过程与结果。

优化项目协同。项目接收方作为项目实施的主要载体,需要与执行方保持协同:一是保障项目服务开展的必要条件,如提供社会工作者所需的工作与生活条件,以及适当的经费支持等;二是支持项目服务所需的资源,将福利院的资源与项目执行团队共享等;三是负责项目服务的日常督促。

优化专业服务。项目执行方需要持续优化社会工作服务的专业化水平：一是提高项目团队中专业社会工作者的比例,并配备专门的督导;二是严格项目团队的管理制度,使项目执行的流程更加规范、方法更加科学,能达到专业的服务标准;三是提升项目团队的专业服务能力和水平。

综上,依据循证评估的结果,政府职能部门、农村福利院、社会工作机构与社会工作者、福利院中的老人群体,围绕农村福利院院舍社工项目,基于各自的不同立场,提出了不同的看法和期待。但同时,他们也超越各自的立场,达成了一定的共识:在农村福利院开展院舍社工项目,是一项极具创新意义的改革实践,值得坚持和持续,同时,需要在实践中不断优化。

第九章 社会服务项目循证评估的未来展望

循证,即遵循证据,以证据为基础(evidence-based)。循证是一种在20世纪90年代兴起于专业实务领域的实践方式。最早由致力于医学临床实践的学者提出,而后迅速扩展到需要展开专业实务的诸多领域。对于教育、心理咨询、社会工作、公共卫生等实务工作而言,循证是一项重要的启示。社会服务项目评估受到循证理念与范式的影响,而产生项目循证评估。

第一节 社会服务项目循证评估的特点

最早采用"循证"理念与范式展开实践的是医学临床决策。早在1972年,Archie Cochrane医生提出:在医疗资源有限的情形下,为使资源能得到充分而有效的利用,应该使用已被证明、有显著效果的诊疗方案与措施。[1] 1990年,戴维·埃迪(David Eddy)应《美国医学会杂志》(JAMA)之邀,探讨"循证"方式的临床决策。[2] 1992年,戈登·盖亚特(Gordon Guyatt)领导成立循证医学工作组,并在《英国医学会杂志》撰文,正式提出"循证医学"的概念,宣告循证医学的诞生。[3] 1996年,戴维·萨科特(David Sackett)等学者在《英国医学杂志》(BMJ)上撰文,界定循证医学概念,是指"有意识地、明确地、审慎地利用所能获得的最好研究证据,来制定和确定患者的治疗方

---

[1] 参见 Cochrane, A. L.: *Effectiveness & Efficiency: Random Reflections on Health Services*, London: Nuffield Provincial Hospitals Trust, 1972。
[2] 参见 Eddy, D. M.: Practice Policies: Where do They Come From? *The Journal of the American Medical Association*, 1990, 263(9): 1265~1275。
[3] 参见 Evidence-Based Medicine Working Group: Evidence-Based Medicine: A New Approach to Teaching the Practice of Medicine, *The Journal of the American Medical Association*, 1992, 268(17): 2420~2425。

案与措施"①。自此,以证据为基础和依据的循证医学(EBM,evidence-based medicine),成为医学临床实践中一个重要范式。

医学是经典的人类服务领域,既有理论研究,又有临床实务,且服务提供者对于服务对象的生命与生活有重要的影响。医学采用"循证"的理念和模式展开实践,对于专业实务领域的范式转型具有深远影响。在人类服务的专业实务领域,"循证"范式能产生广泛而深刻的共鸣、并得以迅速地传播,主要原因在于回应了社会对于专业服务与实务的现实关切。

其一,服务资源的有限性。尽管社会不断发展进步,社会生产能力的提升、财富创造的增长,能为社会福利与服务领域提供愈来愈充裕的资源,但资源仍是有限的。若服务资源能无限供给,则不需考虑资源充分利用的议题,但是,无论在经济生产抑或社会服务中,资源总是有限且稀缺的,若不加以充分利用,则会造成社会整体福利的损失。

其二,服务对于人的影响。纯粹自然科学的研究对象、实验对象通常是自然现象,尽管研究成果常常会对人类社会产生重大影响,但在研究和实验过程中不直接对人产生作用。然而,在人类服务领域,如医疗、教育、社会工作服务等,是直接服务于具体的人,其提供服务的形式、内容和效果,与服务对象的生命与生活休戚相关,因而受到社会公众的广泛关注。

其三,资源利用的有效性。服务资源是有限的、稀缺的,且能对特定、具体的人产生深刻影响,因而,政府与社会公众对于专业服务提供者的期待,是他们能用确切的证据,表明其所采取的服务、措施、行动是合理且恰当的。而"循证"的理念正是对此期望作出的回应,在人类服务的专业领域,倡导基于确实证据的行动,表明其考量资源利用的有效性。

社会服务项目评估,具有独特的双重实践性。一方面,项目评估的对象——社会服务本身是一种实践行动,通过对社会服务项目展开实务评估,而确定项目的合理性与有效性,进而对社会服务的供给产生重要影响。另一方面,项目评估自身亦是一种实践行动,需要运用特定资源展开,而用于社会服务项目评估的资源亦是有限的,同样需要说明项目评估的有效性,让政府与社会公众相信,其对于社会服务项目的判断是有依据的、可信的。因此,作为专业实践行动的一种,社会服务项目评估深受"循证"理念的启发。

一、采用实证研究方法

依据"循证"理念,需说明社会服务项目评估的有效性、合理性和可信

---

① Sackett, D. L., W. M. Rosenberg, J. A. Gray, et al.: Evidence Based Medicine: What it is and What it isn't, *British Medical Journal*, 1996, 312(7023): 71~72.

性,因而,采用实证研究方法展开评估,是一种明智的选择。实证研究方法,是伴随近代科技理性兴起的产物,正是在科技理性的指引之下,人类获得了比以往任何时代所能产出的总和还要多的成就。因此,科技理性成为近代以来主流的价值理念,并随全球化浪潮而得到世界范围的广泛认同。

科学的根本目标在于求得真知。而对于"真知"的判断,科学有两条重要的标准,"必须有逻辑(logical)和实证(empirical)两方面的支持"[①]。具体而言:一是具有逻辑性,能依据理性的原则,推理得到、言之成理;二是具有实证性,能通过经验的观察,得以验证、符合事实。传统求知的方法中,倚赖权威的意见、倚重日常生活经验、依靠直觉与思辨的方式,不能称之为科学研究方法。实证精神的引入是科学研究的重要价值根基。

在自然科学研究领域,实证主义范式的提出与实践,产生了现代物理学、生物学等自然科学。受到自然科学飞速发展的启示,在社会科学研究领域,学者们希望摆脱传统的"关于人的科学迄今只是一门猜想的科学"[②]的局限,而借鉴自然科学实证研究方法对社会现象展开研究。如迪尔凯姆所言:社会研究方法的首要原则,是要把社会现象、社会事物当作一种"客观事实"来考察。[③]

期望将自然科学的实证方法用于研究人类社会现象的孔德,更是提出了要建立一门"社会物理学"。在孔德看来,"实证"具有特定的涵义:一是意味着社会现象是真实存在的、可被直接观察的,而不是出于想象的;二是对社会现象的观察是可靠的、可被验证的,而非可疑的;三是对社会现象的研究是确切的、有明确界定的,而非含糊的;四是社会研究是有效用的,而非无用的。[④] 在实证主义精神的指引下,关于人类社会的知识,得以从哲学的纯粹思辨中解脱,而进入科学研究的领域范畴,获得真实的"知识"。

"循证"评估建立在实证研究的基础上,实证研究方法主要有两种类型。

(一) 量化研究方法

量化研究,亦称定量研究方法,是指针对社会现象、社会事物的特性与规律,用数量化的指标展开测量,所得的资料可以进行量化分析。定量研究,使用数量方法对社会现象的特性和规律展开测量时,用到的测量尺度主要有四种:名义尺度,即"是"与"否",表明事物存在的归属属性;顺序尺度,即高低大小的顺序,表明事物存在的秩序等级;间距尺度,即量的多少,表明

[①] [美]艾尔·巴比:《社会研究方法》,邱泽奇译,华夏出版社2005年版,第6页。
[②] 袁方主编:《社会研究方法教程》,北京大学出版社1997年版,第30页。
[③] 参见[法] E.迪尔凯姆:《社会学方法的准则》,狄玉明译,商务印书馆2011年版,第35页。
[④] 参见[法]奥古斯特·孔德:《论实证精神》,黄建华译,商务印书馆1996年版,第33页。

事物存在的数量多少;比例尺度,表明事物间存在的比例关系。

项目评估中常使用的定量研究方法,主要有三种。一是实验设计,实验是能探索现象之间因果关联的方法,自然科学的实验法常在实验室中进行,社会研究中则常在现实社会中展开,项目评估的实验或准实验设计,用以探讨项目干预所能取得的净效果。二是时间序列设计,即采用时间序列方法,分析多变量在多个时期的变化,通过比较以说明项目的效果。三是问卷调查设计,运用结构式的问卷收集实证证据资料。

(二) 质性研究方法

质性研究,亦称定性研究方法,"使得研究者能够在自然状况下观察社会生活:到行动发生的地点去看看。这种类型的研究比其他观察方法能够提供关于很多社会现象更丰富的理解,也使得研究者能够以一种深思熟虑的、周详计划的、主动的方式进行观察"[1]。质性研究方法,并非使用一套事先准备好的测量工具,其所收集的资料亦非是基于研究设计的量化数据,而是在现实世界中真实发生的事件及人们对事件所赋予的主观意义等。

项目评估中常使用的质性研究方法,主要有三种。一是实地观察法,在质性的项目评估中,评估者会长时间地在项目现场展开观察和思考,有评估目的、有理论准备、有专业训练、有系统地记录所观察到的事件与信息。二是深度访谈法,通过评估者与被访问对象面对面的接触、互动和访谈,获得关于研究主题和访谈对象的周详信息和资料。三是专题小组法,评估者将与评估主题相关的人们,集中到一个地点组成小组,围绕主题展开交流与讨论。

综上,"循证"实践建立在实证主义精神与实证研究方法的基础上,因此,循证评估需采用实证研究方法收集"证据"。同时,对于实证方法采集的诸多"证据"的可信度,不同学者基于不同视角有不同看法。一方面,弗拉泽(Fraser)和罗森塔尔(Rosenthal)等学者的观点,诸多类型的证据按层级顺序排列,形成一个"证据信度"等级的金字塔,其中元分析与系统评价居于"黄金证据"的地位;同时,量化方法获得的数据可信度高于质性方法。[2] 另一方面,在登津(Denzin)等反对"证据等级"的学者看来,量化方法与质性方法同属于实证研究方法,对于不同研究主题和领域而言,适合于采用不同的

---

[1] [美] 艾尔·巴比:《社会研究方法》,邱泽奇译,华夏出版社 2005 年版,第 274 页。

[2] 参见 Fraser, M. W., J. M. Richman and M. J. Galinsky (et al.): *Intervention Research: Developing Social Programs*, Oxford: Oxford University Press, 2009; Rosenthal, R. N.: Overview of Evidence-based Practice, In Roberts, A. R. and K. R. Yeager: *Evidence-based Practice Manual*. New York: Oxford University Press, 2004, pp.20~29。

研究方法,且在许多情形之下,结构化的量化方法也并不一定能得到更准确的结论。① 因而,对于实证研究所得到"证据",无须评判量化与质性方法的高低,而在于"证据"的适切性。

二、研究与实践的循环

在以实践为本的实务领域,理论研究与专业实务的"脱嵌"由来已久。一方面,理论研究者多埋首在书斋中思辨及创制理论知识,即使运用实证研究方法得出有益的研究成果,办多发表于学术期刊,供学术同行参考与交流,而不为学术圈外所了解。另一方面,实务工作者忙于在现实世界中展开实践,即使在实践中有经验积累和抽象思考,但由于"实践知识"缺乏学术研究所要求的"严谨性",而不被学术界所重视与认同。

久而久之,即使在同一个学科内,理论研究者与实务工作者像是生活在不同世界的群体,各自追求各自的目标。理论研究者对于实务不甚了解,也缺乏与实务工作者的交流;同时,实务工作者出现"反理论"的倾向,认为理论对于实务工作无所指导,实务工作者需要在实践中摸索出适合的方法。② 在社会工作领域,有学者指出:"专业社会工作实践正在成为一种十分复杂的过程,而现实情况是,专业理论并不能应用到实践当中去。"③

即使是在知识与技术以严谨著称的医学领域,研究与实务间的分离依然突出。有研究发现,在临床实务领域,不同医生在处置病患案例时,可能出现相当大差异:其中部分的诊疗方案有基于研究证据的支持,另有部分方案尚未得到明确的证实,更有部分方案是被研究证明的错误方法。④ 因此,为避免临床医生在面对病患时,仅凭自有的认知和主观的经验,而对患者作出不适宜的处置,愈来愈多的理论研究者与实务工作者提倡在研究与临床实务之间建立紧密的关联。

1990年,《美国医学会杂志》开辟"临床决策——从理论到实践"专栏,即推动医学实务领域与学术研究间的联结。循证是基于证据的决策,最佳的证据是运用实证方法展开临床研究的学术文献。经过专家严格筛选并建

---

① 参见 Denzin, N. K.: The Elephant in the Living Room: or Extending the Conversation about the Politics of Evidence, *Qualitative Research*, 2009, 9(2): 139~160。
② 参见 Munro, E.: The Role of Theory in Social Work Research: A Further Contribution to the Debate, *Journal of Social Work Education*, 2002, 38(3): 461~470。
③ Roscoe, K. D., A. M. Carson and L. Madoc-Jones: Narrative Social Work: Conversations between Theory and Practice, *Journal of Social Work Practice*, 2011, 25(1): 47~61.
④ 参见 Sackett, D. L., S. E. Straus, W. S. Richardson, et al.: *Evidence-based Medicine: How to Practice & Teach EBM*, London: Churchill Livingstone, 1997。

立的临床研究文献资料库，涵括有影响力的期刊与临床试验的研究数据集，通过实验的对比结果，为临床医生决策提供有信服力的证据。同时，临床实务也在实践中为"证据库"添加最新的案例和数据。

项目评估借鉴"循证"的理念和模型，同样是要建立研究与实践之间的循环。

（一）以研究指导实践

社会服务项目的循证评估，需要在正式开始项目评估之前，查询和探索相关理论文献及其研究成果。具体而言：一是社会服务项目的理论阐释和发展源流，以理解社会服务项目的理论基础与实务目标；二是社会服务项目评估的理论范式，以确定评估的理论模型；三是社会服务项目评估的实证方法，以明智选择已被证实有效的评估方法；四是社会服务项目相关的政策文献，以了解社会服务项目的政治与社会背景；五是与所评估社会服务项目类似的相关研究，以预期项目评估过程中需重视的重要事项、可能出现的风险以及应对策略等。

（二）以实践丰富研究

社会服务项目的循证评估，需要在项目评估实务完成之后，总结和提炼项目评估中的知识与经验，以丰富循证评估的"证据库"，为"证据库"提供新的经验证据。具体而言：一是展示评估的过程，以期为此后的项目评估提供过程参考；二是呈现评估的结果，以期为此后评估类似的社会服务项目的效果提供可供比较的数据和信息；三是针对社会服务项目及其评估展开反思，探讨新发现的议题。

综上，在很长一段时间内，在医学、教育、社会工作、项目评估等领域，存在显著的理论研究与实务工作的隔离。具体而言：在象牙塔中的理论研究者，将理论研究视为纯粹地探索"真知"，是在探求科学和严谨的知识；而在现实世界中的实务工作者，则全力应对现实问题及寻找解决方案，他们并不了解理论，甚至认为不需要理论也可展开实务工作，由此造成的错误判断，会引致社会整体福利的损失。"循证"的理念，是要将理论工作者的研究与实务工作者的实践联结起来，通过研究证实的理论和方法，为实务工作者提供可靠、可信的实务指引；同时，在实务工作中不断积累的知识和经验，亦能为理论研究提供新的实证证据。

三、标准化框架与流程

高度精细的劳动分工与职业专业化，使现代社会生产与生活高效率地运作。围绕精细化的分工体系，新的知识和技术源源不断地生产出来。专业,即是有关人类社会重要事务的专门性知识和技术。① 相比于以前任何历史时期,现代社会更突出地依赖专业的生产与服务,专业知识和技术愈来愈成为各种职业的基础,在社会生活的各个领域,获得了优势的地位。

格林伍德(E. Greenwood)指出:专业性,是指具备通行的"专业"属性,即具有完整的理论体系、有专业权威的地位、有社会群体的认可、有清晰的伦理守则、有特色的专业文化等。② 专业的核心之处在于:一是具有特定领域的专门知识,此种知识的掌握需专门的训练,超越常人在日常生活中的普通经验;二是能用特定领域的专门知识发展技术,用于生产产品或提供服务。③

内森·格莱泽在分析职业的专业性时提出:有些职业建立在专业的基础之上,是"专业职业"(major professions),如医生和律师,他们的工作有明确的目标,而目标的明确让人安心。而有些职业则建立在准专业的基础上,是"准专业职业"(near-major professions),如教育和社会工作,他们的工作目标相对模糊,在实践中受制于不稳定性、变动性等。④

即使是在专业性已受到广泛认可的医学领域,持续提升专业性依然是指引理论研究与临床实务发展的方向。在上述两者之中,理论研究的专业性被赋予更高地位,更少遭遇公众质疑;而临床实务的专业性则受到更多关注和挑战。一是由于临床实务需要与患者接触、互动,并接受诊疗效果的检验;二是由于不同医生的知识和技术能力存在差异,而使临床实务的专业性呈现出具体的差别。因此,在临床实务领域发展"循证"范式,即期望临床诊疗实现一定程度的标准化。

在以专业为基础的实务工作中,根据格莱泽(N. Glazer)的分类,医学的专业性程度处在高级阶段,但其仍在以"循证"理念为指引追求标准化的持续发展。同时,教育、社会工作、项目评估等"准专业性"的实务工作,则需借鉴医学等专业学科的实践经验,以"循证"范式引导实务工作的标准化。因此,"循证"的项目评估,致力于在评估研究中发展具有结构化与标准化特质的知识和技术,以提升项目评估实务工作的专业性与认可度,其主要涵括两个维度。

---

① 参见 Hughes, E. C.: The Study of Occupations, in R. K. Merton (et al.) *Sociology Today*. New York: Basic Books, 1959。
② 参见 Greenwood, E.: Attributes of A Profession, *Social Work*, 1957, 2(3): 45~55。
③ 参见 Moore, W. E.: *The Professions: Roles and Rules*, New York: Russel Sage Foundation, 1970, p.141。
④ 参见 Glazer, N.: The Schools of the Minor Professions, *Minerva*, 1974, 12(3): 346~364。

(一) 结构化的框架

理想的"循证"项目评估,应贯穿项目从立项到完成的全过程,在全程性的项目评估中,可以采用结构化的框架作为指引。

表9-1所示,一个项目从立项到完成主要分为四个阶段:立项、计划、实施、完成。理想的"循证"评估,应与项目实施同步展开,评估团队与项目团队共同入驻项目、开展工作,两个团队相互协同、相互支持、持续改善、互相促进。在项目实施的不同阶段,评估的主要类型与重点内容并不完全相同,而在每一种评估类型中,又可继续发展出更具体细致的结构性框架。

表9-1 项目的主要阶段与评估的主要类型

项目的主要阶段	典型评估问题	评估的主要类型
项目立项阶段	是否需要立项?	决策性评估/前评估
	反映何种需求?	需求性评估
项目计划阶段	需要哪些资源?	资源性评估
	怎样组织项目?	内部性评估
项目实施阶段	运作过程如何?	形成性评估
	如何改善项目?	改善性评估
项目完成阶段	项目产出结果/效果?	完成性评估
	是否需要持续项目?	决策性评估/后评估

图9-1所示,依据项目评估出现的不同阶段,可分为三个时期的评估。具体而言:前期评估,即在项目正式实施之前,涵括项目的需求评估、规划评估、方案评估、资金评估等;中期评估,即在项目实施过程之中,主要是过程评估,诸如项目的日常监测与行动管理等;后期评估,即在项目完成之后,涵括项目的结果评估、效果评估、影响评估、可持续性评估等。同样,在每一种具体评估类型之下,还能发展出更细致的结构性框架。

(二) 标准化的流程

"循证"的项目评估,不仅有结构化的评估框架,而且发展出相对标准化的评估流程,为实务工作者提供了操作化的评估步骤。评估工作者接受项目评估任务之后,应遵循和按照标准化的流程展开评估实务。

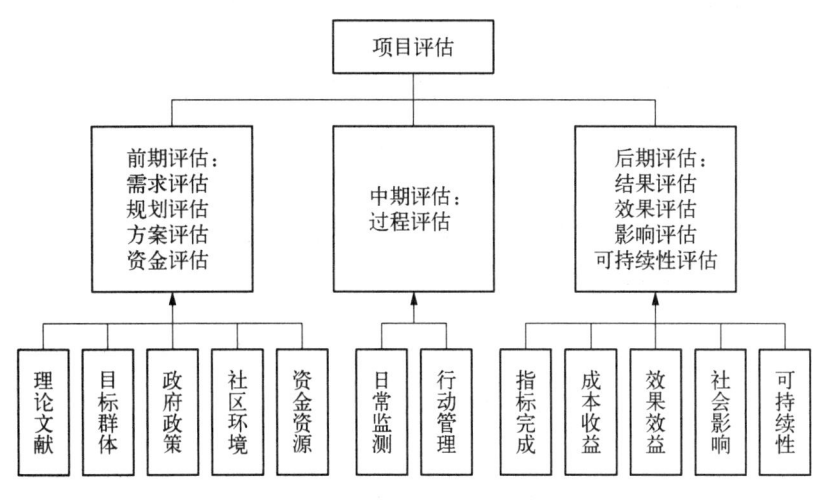

```
                              ┌──────────┐
                              │ 项目评估 │
                              └────┬─────┘
          ┌────────────────────────┼────────────────────────┐
    ┌─────┴──────┐          ┌──────┴──────┐          ┌──────┴──────┐
    │ 前期评估： │          │ 中期评估：  │          │ 后期评估：  │
    │ 需求评估   │          │ 过程评估    │          │ 结果评估    │
    │ 规划评估   │          │             │          │ 效果评估    │
    │ 方案评估   │          │             │          │ 影响评估    │
    │ 资金评估   │          │             │          │ 可持续性评估│
    └──┬─┬─┬─┬─┬─┘          └──┬────┬────┘          └─┬─┬─┬─┬─┬─┘
       理目政社资              日  行                  指成效社可
       论标府区金              常  动                  标本果会持
       文群政环资              监  管                  完收效影续
       献体策境源              测  理                  成益益响性
```

图 9-1 项目评估的主要类型与主要内容

第一步：界定问题。明确评估要回应的主要问题，定义和界定问题，若有系列问题则需排序，并确保问题能够得到回应。

第二步：研究文献。依据所界定的问题搜寻文献，主要有相关主题的评估研究、同类项目的已有研究、项目有关的政策文件等。

第三步：设计方案。在研究理论与政策文献的基础上，制定评估方案，主要事项涵括：明确评估所依循的理论指导；确定评估的组织方式，成立评估小组；设计评估的目标与主要测量的指标；计划评估的工作进度和安排；预算评估所需的资源和资金；分析评估的潜在风险及应对策略等。

第四步：评估开展。依据预先设计的方案展开评估，进入项目实地，采用实证调查研究方法采集信息和数据，建立数据资料库。

第五步：分析资料。整理数据资料库，并对资料展开实证分析，若发现资料采集不完备，则需重返项目实地核实与补充资料。

第六步：完成评估。在分析数据资料的基础上，撰写评估报告，展示评估过程、总结评估结论、提出合理可行的建议。评估报告的意义在于：一是能为同类项目及相关主题的项目评估，提供新的实证"证据"资料；二是为政策决策部门提供有关项目的科学决策依据；三是为负责实施项目的组织和机构提供专业的建议；四是为评估实务提供实践参考。

第七步：循环评估以上六个步骤的合理性、有效性、可信度等。

以上七步构成一个完整的"循证"项目评估的标准化流程，对评估实务工作者在开展评估实践时具有指导性的意义。尤其是最后一个步骤，是启示评估实务工作者需在整个评估过程中不断"循证"。

综上,科技理性使人类社会获得了前所未有的成就,因而跃居成为当代社会的主流价值理念。科技理性的影响力渗透在社会生产与生活的各个领域,不仅反映在科学研究中、亦体现在专业实务中。"循证"项目评估,即科技理性的一项成果和收获,在"循证"理念的指引之下,项目评估日趋成熟:一是重视理论研究与实务工作的互相促进,形成研究与实践的循环;二是采用实证研究方法采集数据资料,为实务提供确实的"证据";三是使实务不断专业化,用结构化的框架和标准化的流程引导和规范实务。

第二节 社会服务项目循证评估的局限

项目评估引入"循证"理念,为评估研究和实务带来显著的发展与提升。在循证评估兴起之前,项目评估原本作为一种"准专业"实务,其实务操作与评估结论的专业性、可靠性、可信度,时常受到社会公众的质疑。得益于"循证"理念的传播和嵌入,项目评估的范式得以革新与优化,成为一种科学性与专业性更强、更能得到社会认可的实务。但同时,在循证评估发展的历程中,由于"循证"理念建立在科技理性的基础上,而片面强调科技理性,亦会产生未能预期的后果,使循证评估也面临困境和局限。

一、行动主体的缄默

单纯的科技理性,是一种工具主义理性。所谓工具主义理性,是指关注行动的目标,以及为达成目标的有效手段,即一种目标-手段理性。如韦伯所言:"是行动者将其行动指向目的手段和附带结果,同时他会去理性地衡量手段之于目的、目的之于附带结果,最后也会考量各种可能目的之间的各种关系。"[1]在工具理性的指引下,行动者会优先考虑行动的目标及达到目标的最有效手段,在此过程中,行动者的主体性可能被遮蔽。

"循证"理念的缘起,在于研究者观察并困惑于:实务工作者在实践过程中的操作千差万别,甚至可能用错误的诊疗方案"服务"于案主,而造成严重的后果。因此,"循证"学派倡议摒弃实务工作中的主观随意性,以确切的实证研究数据,作为临床实务的依据。此种理念一经提出,得到实务领域的积极回应,并迅速推动实务工作的专业化进程。但是,伴随"循证"范式的日

---

[1] [德]马克斯·韦伯:《社会学的基本概念》,顾忠华译,广西师范大学出版社2011年版,第53页。

益固定化和程式化，其对于主体的忽视亦逐渐凸显。

（一）主体的遮蔽

在"循证"实践出现之前，实务领域的实践，高度依赖工作者的知识、技能与经验，但在专业主义者看来，这并不令人满意。威尔伯·穆尔指出：对于一个学科领域的专业实务工作者而言，他们面对的问题具有相对的同质性，因而解决方法也应该具有一致性，正是由于标准化的解决问题的方法，才让问题解决者成为专业工作者。如果每个实务工作者解决问题的方法都不同，那么，即使有些问题能得到解决，也具有偶然性，而不能称之为专家知识和专业工作者。[1] 因此，"循证"实践致力于发展标准化的知识和技能。

在不断驱动实务操作标准化的进程中，通则化的知识、技术、模型愈来愈占据"尊荣"的地位，而实务工作中的主体行动者则愈来愈"缄默"。一方面，实务工作者的主体地位被解构，他们变成了按专业标准化模型操作的工具，其意见无足轻重。在前述弗拉泽和罗森塔尔建构的"证据信度"等级序列金字塔中，即使是行业内权威专家的意见，也居于金字塔的信度低层。另一方面，实务工作中服务对象的主体地位亦被消解，服务提供者不再重视服务对象自身的想法和意愿，而一味依据循证的"证据"制定服务方案。由此可知，在"纯粹"的循证评估中，占据主要位置的是诸多标准化的流程及结构化的数据资料，而非行动者主体。

（二）关系的潜隐

在追求目标-手段理性的过程中，目标确定与手段选择成为实务行动考虑的中心，不仅行动者主体遭到忽视，行动者之间的关系亦被视为无关紧要。目标-手段理性的潜在假定是：目标与手段之间存在着确定的因果关联；同时，目标和手段都是客观的事实存在，并非随行动者的主观意识或行动者之间的关系而转移；决定行动产生不同结果的是由于采取了不同的手段。因此，受工具主义理性的影响，片面的"循证"实践并不重视行动者之间建构与维持的关系。

然而，此种认知显然并不符合实务工作中所观察到的事实，在实务工作中，人们能感受到行动主体间的关系颇为重要。比如，医生与患者、教师与学生、社会工作者与服务对象、项目的利益相关主体等，他们之间形成的相互关系，是信任与合作，抑或矛盾与冲突，对于实务工作中的专业工作者以及服务对象而言都至关重要，并在整体上影响实务工作所能达成的效果。

---

[1] 参见 Moore, W. E.: *The Professions: Roles and Rules*, New York: Russel Sage Foundation, 1970。

正如马克思所指出:"人的本质不是单个人所固有的抽象物,在其现实性上,它是一切社会关系的总和。"①

在"纯粹"(即片面)的项目循证评估中,项目的目标、方案的设计、测量的指标、采集的"证据"、分析的方法,以及评估过程中的组织与管理、监测与比较、效果与效率等,通常是循证评估的主体和重心。反之,项目主要的利益相关者、利益相关者之间的互动、评估者与项目利益相关者之间的关系等,则居于次要和潜隐的位置,并非循证评估关注的焦点。

二、情境场域的隐没

单纯的科技理性,是一种普适主义理性,认为在不断变化的社会现象背后,存在着永恒、恒常的社会规律,实证科学的任务是要寻找与发现客观规律,以期对社会事物作出"正确"的解释。如孔德所指出:实证科学是人类认知发展到高级阶段的产物,"自此以后,人类智慧便放弃追求绝对知识,而把力量放在从此迅速发展起来的真实观察领域,这是真正能被接受而且切合实际需要的各门学识的唯一可能的基础。"②Slife 亦指出,存在着最根本、最本源的社会规律,具有超越时间和空间的普遍适用性。③ 在普适主义理性的引导下,循证评估追求标准化的实务过程。

(一)排斥情境

"循证"实践兴起的一个重要原因在于:在医学的临床实务中,不同的实务工作者基于自身的判断,所采取的诊疗方案与措施常常千差万别,而导致同一种疾病出现不同的诊疗效果。因而,循证医学的提出者倡议:面对同一种类的疾病,应尽量排除临床医生的主观判断及所处情境的影响,让病患能获得相对标准化、一致化的诊疗服务。

由此可知,在实务工作领域,对于复杂性情境的处置是困难的,人们将许多令人失望的实务结果,归因为情境的不可控。同时,在普适主义理性的影响下,一项实务工作若要获得专业性的地位,则需要在不同时间、地点、情境中,都能证明其具有普适的有效性,才能在现代社会中成为一门专业职业(major professions),并获得社会公众的认可。因此,"纯粹的"循证评估对于项目及其评估中的情境性因素,即使不能完全避免涉及,亦是排斥情境性考

---

① 马克思、恩格斯:《马克思恩格斯文集》(第1卷),人民出版社2009年版,第501页。
② [法]奥古斯特·孔德:《论实证精神》,黄建华译,商务印书馆1996年版,第10页。
③ 参见 Slife, B. D.: Theoretical Challenges to Therapy Practice and Research: The Constraint of Naturalism, In M. Lambert(ed.) *Handbook of Psychotherapy and Behavior Change*, New York: Wiley, 2004, pp.44~83。

量的。

（二）抽象情境

在普适主义理性看来，科学实证知识主要有两种来源：一是有逻辑推理的分析命题，二是可重复检验的经验命题。那些不能被逻辑分析演绎、亦不能被经验重复检验、建立在频繁变化的感官感受基础上的社会现象，并不能产生科学严谨的知识。如爱德华·西尔斯（Edward Shils）所言：现代社会偏爱和欣赏实证科学获得的知识，社会的共识是只接受具有经验性证据、严谨理性分析的知识。[①]

因此，"纯粹的"循证评估，期望在实务过程中建立抽象的通用模型，以符合普适主义理性提出的要求。在评估的抽象模型中，设想提出具有普遍意义的评估问题、拟定客观性的评估方案、采用标准化的评估框架、遵循程式化的评估流程，即能获得科学的知识，并对项目作出正确的评价。而项目与项目评估所处之社会情境，常被简化、概括为"环境参数"。

综上，以普适主义理性的视角来看，感官的、传统的、具象的知识是不可靠的认知，科学的知识具有超越时间、空间、情境的普适性。科学知识的获得，来源于审慎的逻辑推理，以及可重复的经验验证，除此之外的认知并不能归属于科学。一门学科、一种实务若要获得专业性的地位，需要具备普适性的知识和技能，才能得到社会普遍的认可。因此，在项目评估的实务领域，循证评估范式所追求的通用模型与标准化流程，即普适主义理性的一定程度的反映，而对于项目及评估所处之独特情境，则是需排除、避免，抑或简化成可测量的指标。

三、价值关怀的退却

单纯的科技理性，是强调技术主义的理性。所谓技术主义理性，是指采用实用的技术与方法，驾驭自然与社会运行的理念。在技术主义支持者看来，技术理性是现代社会获得瞩目成就的主要动力：一方面，对于认识与改造自然而言，运用技术理性，能"帮助我们去思考一直闭锁在自然深处的秘密"[②]；另一方面，对于人类社会而言，广泛应用技术能够革新与改善人类生活。由此可见，技术理性不仅占据着自然科学的主导地位，亦日益渗透入社会科学与实务领域。

---

① 参见 Shils, E.: The Order of Learning in the United States from 1865 to 1920: The Ascendancy of the Universities, *Minerva*, 1978, 16(2): 159~195。
② [美] 卡洛琳·麦茜特：《自然之死》，吴国盛、吴小英、曹南燕、叶闯译，吉林人民出版社1999年版，第189页。

（一）技术中心

技术，尤其是建立在现代科学基础上的技术，深刻影响着人类社会的生产与生活。"技术思想与技术概念在很大程度上决定着生活秩序及现代社会生活自身的意义。现代社会往往将技术看成社会文化发展的决定性因素。"①国家与社会的管理者、科学研究者、实务工作者、社会公众等，皆信赖采用技术化的手段管理、研究、控制、整合社会个体与群体。技术日益走向人类社会生产与生活的中心，引领人们的价值观念与行为，即使是在传统的人文关怀领域。

循证评估的理念，亦是在评估工作中引入技术化的手段，其益处在于：一方面，在倡导技术主义理性的社会，可使评估的过程和结果更令人信服；另一方面，提升评估工作者作为技术专家的形象，获得令人尊敬的地位。然而，"纯粹的"循证评估，过于强调技术在评估实务中的中心位置，似乎只要具备技术能力，就能成为专业的评估工作者。技术中心的观念，消解了主体在实践中赋予行动的意义，将评估者的实践化约为技术操作。

（二）去价值化

在技术主义理性看来，技术是决定人类社会生活与发展变迁的最主要动因，人类社会中存在的诸多问题，皆能通过技术的进步而得到解决。如此，诸多社会问题即可被简化为技术问题，通过技术研发和推广即能得以改善。在医学、教育、公共管理、社会服务、项目评估等实务工作领域，技术中心主义隐含的前提假设是：只要实务工作者具备相当水平的专业能力和技术，就能使服务对象的问题得到令人满意的解决，而无需诉诸实务工作的价值观念。

综上，技术的引入能让实务工作更加专业化，但技术中心主义却会引致未可预料的后果，其中之一是使实务工作者的实践行动趋于去价值化。但是，技术本身并不能脱离价值而存在，如科斯洛夫斯基指出："技术同自然、同人是如何打交道的，并不取决于技术本身，而是取决于人对自然提出的问题，取决于人提出这些问题的方式以及人利用自然、揭示其规律的目的。"②在人文社会科学中，尤其是医学、教育、公共管理、社会服务、项目评估等实务工作领域，价值伦理是最为突显的特质，缺乏价值关怀的实务工作终将失去行动与发展的方向。

---

① ［德］彼得·科斯洛夫斯基：《后现代文化——技术发展的社会文化后果》，毛怡红译，中央编译出版社2011年版，第1页。

② ［德］彼得·科斯洛夫斯基：《后现代文化——技术发展的社会文化后果》，毛怡红译，中央编译出版社2011年版，第4页。

第三节 社会服务项目循证评估的优化

"循证"理念的提出,对于以实务为本(practice-based)的专业与职业而言,意味着一次重要的范式革新。医学、教育、社会工作、项目评估等实务工作领域,在证据为本(evidence-based)观念的影响下,不再局限于原有依靠具体实务工作者个体的知识、能力及经验展开实务,而转变为主动寻求已被验证的研究成果作为依据,实施相对标准化的实务工作。在"循证"的实践中,实务工作不断专业化、规范化和职业化,日渐趋于定型与成熟。

同时,伴随循证实践范式的稳定和固化,已有的循证模型亦显现出局限性,主要表现为:对于实践主体的主体性及主体间性、实践情境的具体性与复杂性、实践本质的政治与道德的价值关怀等,并未给予足够的重视,并因此受到批评和质疑。但是,质疑的核心并不在于否定循证评估的优势与合理性,而在于促使循证评估在发展中优化与完善。

一、行动主体的回归

在早期的循证医学领域,能作为指导临床实务、被认可的"证据"主要有:定量系统化评价、随机试验与准试验、多元时间序列分析、案例研究结果等,而即使是权威专家意见,也只能居于"证据"等级的低层,更未能涵括具体实务工作者及其服务对象的意见。在循证临床实践发展20余年之后,"行动者"才重新回到理论研究者与实务工作者的视野。2014年,在第22届循证医学年会上,最早提出循证医学的学者之一的戈登·盖亚特,将循证医学进一步定义为:临床医学实务与实践遵循和依凭的"证据","需结合临床医生个人经验、病患意愿和来自系统化评价和合成的研究证据"。[1] 自此,行动主体在循证医学的实务工作领域实现了回归,循证评估中亦呈现出"行动者"归来。

(一)多元利益主体参与

社会服务项目是一种人类服务实践,关联着多元的利益主体。如马克思所指出,作为行动者的人具有主体意识,"人不是简单的自然存在物,而是具有理智的人的自然存在物,人不像动物那样无意识地适应自然界,而是在

---

[1] 转引自李幼平、李静、孙鑫等:《循证医学在中国的起源与发展》,《中国循证医学杂志》2016年第1期。

适应自然界的同时使自然界适应自己,满足自己的需要"①。作为与项目关联的具有主体意识的行动者,其意愿、能力、主体性需要得到尊重。

因而,在项目评估中,需要让与项目关联的多元利益主体参与。参与并不等同于被动地参加,而是指以一种主动的身份、角色参与和加入,并在评估的权利和行动结构中占据一定的位置。参与常伴随着赋权,即赋予参与者一种权利,让那些受到项目显在或潜在影响或对项目关心的个体与群体,有权参与到项目评估之中,并尊重利益主体所珍视的价值。

(二)整合多元利益主体

人"具有有意识的生命活动,……有意识的生命活动把人同动物的生命活动直接区别开来"②。人总能意识到自己和其他人是联系在一起的,能意识到自己作为主体和其他主体展开互动和交往时的主体间性的存在。主体在与他人的互动中尽力地"弄懂"其所处的社会环境,"理解"各种象征性符号和言语传递的信息、意义、要求及限制。主体的行动及赋予行动的意义,并非朝着预定结果的单线展开,而是在与他人互动中积极地建构。③

在社会服务项目中,由于不同利益相关者的立场不同,对项目会有不同的理解与期待,亦会表现出不同的行动与策略。让多元利益主体参与项目评估:一方面,理解不同利益相关者的态度与行为,并分析隐藏于表象之后的深层原因;另一方面,观察不同利益相关者的关系与互动,在利益相关者围绕项目形成的关系网络与结构中,探索多元利益主体的共识。

综上,社会服务项目是以增进人类福祉、提供社会服务为宗旨的项目,围绕社会服务项目关联着多元化的利益相关主体,他们受到项目显在或潜在的影响。优化"循证"的项目评估,需考虑项目利益相关主体的权利,让他们有机会参与到给其带来影响的社会服务项目的评估之中,并考察利益相关主体之间围绕项目展开的关系和互动,及其对项目整体效果产生的影响。在此过程中,采集来自项目利益相关主体提供的"证据"。

二、情境场域的显现

早期的循证实践,致力于回应彼时社会实务领域普遍存在的困境,即针对于同一种类的问题,不同的实务工作者在不同情境下,采取的处置方式迥

---

① [法]奥古斯特·科尔纽:《马克思的思想起源》,王瑾译,中国人民大学出版社1987年版,第75页。
② 马克思:《1844年经济学哲学手稿》,人民出版社2014年版,第53页。
③ 参见 Meltzer, B., J. Petras and L. Reynolds: *Symbolic Interactionism: Genesis, Varieties and Criticism*, London: Routledge and Kegan Paul, 1975。

然相异,未能形成相对稳定的操作标准,而导致不同服务对象接受的服务内容千差万别,甚至造成社会福利的损失。因而,根植于理性主义的"循证"范式得到提倡,单纯的循证实践排斥主观性、情境性等因素的考量,目的是使实务工作完全标准化和流程化。然而,伴随循证实践的发展,理论研究者与实务工作者发现实务依然需在情境中展开。如理查德·伯恩斯坦指出:(片面的)理性主义对于自然科学与社会科学的认知,已被证明是过于简化和粗略的,对于科学、知识和意义的理解是不充分的。[1]

(一) 情境因素嵌入

依据"循证"理念,将实务工作中重要的议题及结构性要素加以抽取和提炼,构建出具有一定普适性和通用性的实务框架、标准化和程式化的操作流程,对于实务工作的专业性而言是一次显著的提升,增强了专业实务工作的社会认可度。在循证评估中,重视情境性因素,并非对标准化、结构化通用模型的否定,而是考虑在通用模型中嵌入情境性要素。

评估所介入的现实生活场域,原本就是复杂、多变、流动性的情境,能对情境展开准确界定与分析,本身是一种重要的实践能力。人类学家格尔茨指出:"以他人看待我们的眼光那样看我们自己,可能会令我们大开眼界。视他人与我们拥有同样的天性,只是最基本的礼貌。然而,置身于他人之中来看我们自己,把自己视作人类因地制宜而创造的生活形式之中的一则地方性案例,只不过是众多案例中的一个案例、诸多世界中的一个世界,却是困难得多的一种境界。此种境界,正是心灵宽宏博大之所本,苟无此,则所谓客观性不过是自矜自满,而所谓包容性不过是伪装。"[2]

(二) 情境创造新知

在普适主义理性看来,唯有单纯的、本质的、稳定的自然与社会规律才是科学认知的目标,由于情境的复杂性、多变性、流动性,而不适宜作为科学研究的对象。然而,现实情形并非如此,若实务工作者仅仅带着理性主义所提供的抽象知识和技术模型进入生活世界并用抽象的固有模型截取现实情境,则会失去对真正社会事实的辨识、敏感、觉察和思考的能力。

纷繁、复杂、具象的现实情境,对于项目评估实务工作的标准化、程式化而言是困难的,但同时,多元、变动不居的情境,亦是产生新知的重要泉源。当评估工作者观察到通用模型不能完全理解与解释具体情境时,即新问题

---

[1] 参见 Bernstein, R. J.: *The Restructuring of Social and Political Theory*, New York: Harcourt Brace Jovanovich, 1976。
[2] [美] 克利福德·格尔茨:《地方知识》,杨德睿译,商务印书馆 2016 年版,第 26 页。

出现的表征,而实务工作者通过描述和界定问题、探求问题产生的原因和机制,分析情境,并尝试找到在具体情境中解决问题的方案时,即可能孕育新知。同时,将新知反馈于通用模型,则可使模型得到持续优化。

综上,社会服务项目的实施及其评估,并非悬浮在一个真空、稳定、抽象的场景中,而恰恰相反,实务工作面对的场域是复杂、多变、流动的情境。因此,优化"循证"的项目评估,需考量项目及评估所处的现实情境,情境并非可有可无的背景,而是真实的社会结构与社会关系,需将情境性的要素嵌入已被证实有效的通用模型之中,并在情境化的实务工作中发展出实践智慧,反哺和完善通用模型。

三、价值伦理的观照

亚里士多德在《尼各马可伦理学》中开篇谈道:"人的每种实践与选择,都以某种善为目的。"[1]这指的是人的实践行动内蕴着某种价值伦理。尤其是在人类服务领域,如医学、教育、社会服务、项目评估等专业实践行动中,价值关怀是应有之义。作为实践行动之一的项目评估,不仅需要评估研究理论、实证研究方法、技术操作手段等,同时,也应具有价值关怀,既有对项目利益相关者的道德关怀,亦有推动社会进步的政治关切。

(一) 道德关怀

社会服务项目,是国家与社会福利资源配置的一种路径,通常是为社会生活中需要帮助的群体提供的,具有天然的人道关怀。实务工作者在开展社会服务的过程中,不仅需要专业的理论知识、技术方法、核心能力,更需要遵循普遍的、专业的价值伦理,承担起专业实务工作所应承担的伦理责任。具体而言:以服务对象的福利为根本,超越个人私利而为他人服务;给予服务对象以关怀和同理心,尊重个体差异及文化多元性;为社会弱势群体增权赋能等。

因而,社会服务项目的评估,在"循证"的基础上,同样需遵循价值伦理。项目评估者本身即专业价值伦理的载体,亦是每一次评估实践的支点,在评估实务中应体现价值关怀:对于所有影响项目或受项目影响的显在或潜在的利益相关者,给予平等的尊重;对于项目所涉及的弱势群体,给予优先的利益保护;增进利益相关群体的福祉,而非伤害;尊重所有利益相关群体的意见和建议,并促进达成共识;支持而不仅仅是评判等。

---

[1] [古希腊] 亚里士多德:《尼各马可伦理学》,廖申白译注,商务印书馆2011年版,第1~2页。

(二) 政治关怀

社会服务项目,在微观层面是通过运用福利资源,帮助所有需要帮助的群体面对社会生活中的困境,解决社会问题、改善社会关系、恢复社会功能等;在中观和宏观层面,则是要探寻社会困境产生的原因和机制,以推动社会变革与进步。同样,社会服务项目评估的功能,不仅在于评判与支持微观服务项目的改进,亦有通过评估,探讨更宏观层面的福利资源的配置与利用,以期完善社会福利体系的政治关怀。

综上,社会服务项目是社会福利的一种重要配置形式,具有天然的道德与政治实践性。原有的"循证"项目评估的研究与实务,更注重项目评估中专业化的理论知识与技术应用及实务工作者的核心能力等。因此,优化的"循证"评估,需给予项目利益相关者以价值关怀,优先保护项目弱势群体的福利与福祉,平等尊重利益相关群体的意见和建议及其文化与价值的多元性,倡导社会福利体系的革新与改善等。

结　　语

　　自20世纪90年代以来,"循证"理念在临床医学领域的出现与兴起,迅速扩展到教育、公共管理、社会工作、项目评估等诸多实务领域。"循证"实践的缘起主要在于:理论研究者与实务工作者皆感受到,在实务工作中,对于同一类问题而言,具体实务工作者在不同情境中的处置方案和举措千差万别,甚至造成社会福利的损失与伤害,进而影响到实务工作在社会评价与认可体系中的地位,其专业性受到质询与怀疑。因此,在临床实务领域产生出以证据为本(evidence-based)的"循证"理论方法体系。

　　以证据为本的"循证"理念,为实务工作提供了可依循的实践原则。一是让研究与实践相结合:在实务开始之前寻求最佳的研究证据,以指导临床实务中拟采取的方案与措施;在实务完成之后提供完整的实务数据,完善"循证"数据库,以及为研究提供新的"证据"。二是用量化和质性的实证研究方法收集数据资料,以确保证据的科学性与可信度。三是在参考研究文献与实务资料的基础上,提炼抽象的通用实务模型,诸如标准化的框架与结构化的流程等。在"循证"的指引下,项目评估等实务工作的专业化水平迅速提升。

　　然而,"循证"实践发展到一定阶段后,其主要根基于实证主义的理论与实践模式亦显现出诸多局限性,主要表现在三个方面:一是工具主义的目标-手段理性,较为关注行动的目标达成与手段的有效性,而可能回避实践行动者的主体性;二是普适主义理性,追求稳定、恒常、超越时空的普适性知识,习惯于用抽象的模型表现社会运行的客观规律,而未能说明在具体情境之下,普适性知识如何运用于实践;三是技术主义理性,让实用的技术与方法居于实践的中心位置,常常将实践化约为操作技术,而可能消解了实践内蕴的意义与价值关怀。

　　因此,已有的"循证"实践需要继续发展与优化。一方面,肯定"循证"的理念、理论与方法体系,让医学、教育、公共管理、社会工作、项目评估等诸多实务领域,持续提升专业性,获得社会认可,即坚持其本身拥有的良好特质。另一方面,针对原有"循证"实践的局限性进行优化,主要体现在:将主体带回循证实践,在实践中尊重多元主体的意愿、能力及其所珍视的价值;将普适知识进行情境化处置,并在互动与反思中获得新知;实践过程需怀有道德关怀与政治关切的价值伦理。

  本研究采用利益相关者视角对社会服务项目展开循证评估,归纳而言有两个主要特质。一方面,它是一种"循证"实践。一是采用了实证方法展开评估,采集了量化与质性的数据资料,以使评估具有专业性与可信度;二是让研究与实践互相循环,既以理论与已有研究文献指导评估实践,又以实务性的评估行动为理论研究提供新知;三是采用了具有广泛适用性的实务框架与程序。另一方面,它又是一种"扩展"的循证实践。一是在"循证"的同时,将实践主体——利益相关者带到评估的视野;二是在具体情境中展开评估,关注利益相关者的主体性及由于主体互动而形成的社会关系的主体间性;三是怀有对主体的道德关怀与主题的政治关切。总之,研究尝试以"循证"评估的范式为本,同时采纳优化循证理念的有益建议,进而推动更为综合的评估研究与实践的发展。